Konrad Lorenz:
Das sogenannte Böse
Zur Naturgeschichte der Aggression

Deutscher
Taschenbuch
Verlag

dtv

Dieses Buch erschien erstmals 1963
im Verlag Dr. G. Borotha-Schoeler, Wien

Von Konrad Lorenz
sind im Deutschen Taschenbuch Verlag erschienen:
Er redete mit dem Vieh, den Vögeln und den Fischen (173)
So kam der Mensch auf den Hund (329)
Die Rückseite des Spiegels (1249)
Das Jahr der Graugans (1795)
Noah würde Segel setzen (10750; zusammen mit
Kurt L. Mündl)

Über Konrad Lorenz:
Antal Festetics: Konrad Lorenz (11044)

Ungekürzte Ausgabe
1. Auflage Juni 1974 (dtv 1000)
17. Auflage April 1992: 281. bis 286. Tausend

Umschlaggestaltung: Celestino Piatti
Gesamtherstellung: C. H. Beck'sche Buchdruckerei,
Nördlingen
Printed in Germany · ISBN 3-423-30025-6

Inhalt

Meiner Frau gewidmet

Das Buch

Das ›Sogenannte Böse‹ ist ein Schlüsseltext unserer gegenwärtigen menschlichen Selbsterkenntnis. Konrad Lorenz hat das große Verdienst, in einer Zeit, in der die Menschheit zuweilen recht dilettantisch an ihren Zwängen und Widersprüchen herumdoktert, die – vergleichsweise primitiven, aber deshalb um so gefährlicheren – Grundantriebe menschlichen Verhaltens wieder ins Bewußtsein gebracht zu haben. Seitdem Lorenz die Aggression als einen wesentlichen Faktor menschlicher Handlungen und Reaktionen erkannte und in dem vorliegenden Buch überzeugend darstellte, ist dieser Begriff nicht nur zum Schlagwort der anthropologischen und soziologischen Diskussion geworden, sondern er hat auch eine Flut von Veröffentlichungen zu diesem Thema ausgelöst. Nicht zuletzt diese Tatsache unterstreicht eindrucksvoll den epochalen Rang des Werkes ›Das sogenannte Böse‹: es hat eine fruchtbare und nützliche Diskussion über die natürlichen Grundlagen des menschlichen Daseins in Gang gesetzt, die so rasch nicht wieder verstummen wird.

Der Autor

Konrad Lorenz, am 7. November 1903 in Wien geboren, studierte in seiner Heimatstadt Medizin und Biologie. 1949 gründete er das Institut für Vergleichende Verhaltensforschung in Altenberg (Österreich) und wurde 1951 an das Max-Planck-Institut berufen. Von 1961 bis 1973 war er Direktor am Max-Planck-Institut für Verhaltenspsychologie in Seewiesen bei Starnberg. Lorenz ist einer der Begründer der Vergleichenden Verhaltenskunde, der Ethologie. 1973 wurde ihm, zusammen mit Karl von Frisch und Nikolaas Tinbergen, der Nobelpreis für Medizin und Physiologie zuerkannt. Nach seiner Emeritierung 1973 schuf die Max-Planck-Gesellschaft für ihn die Forschungsstation in Grünau im Almtal (Oberösterreich), wo er im Rahmen des Instituts für Vergleichende Verhaltensforschung der Österreichischen Akademie der Wissenschaften seine Forschungen fortsetzte. Konrad Lorenz starb am 27. Februar 1989.

Vorwort

Ein Freund, der die wahre Freundespflicht auf sich genommen hatte, das Manuskript dieses Buches kritisch durchzulesen, schrieb mir, als er bereits bis über die Mitte vorgedrungen war: »Dieses ist nun schon das zweite Kapitel, das ich mit brennendem Interesse und steigendem Unsicherheitsgefühl lese. Warum? Weil ich nicht genau den Zusammenhang mit dem Ganzen sehe. Du mußt mir das leichter machen.« Diese Kritik hat sicher volle Berechtigung, und dieses Vorwort ist dazu da, dem Leser von vornherein klarzumachen, wo das Ganze hinaus will und in welchem Zusammenhang die einzelnen Kapitel zu diesem Ziele stehen.

Das Buch handelt von der *Aggression*, das heißt von dem *auf den Artgenossen* gerichteten Kampftrieb von Tier und Mensch. Der Entschluß, es zu schreiben, kam durch ein zufälliges Zusammentreffen zweier Umstände zustande. Ich war in den Vereinigten Staaten, erstens, um vor Psychiatern, Psychoanalytikern und Psychologen Vorlesungen über vergleichende Verhaltenslehre und Verhaltensphysiologie zu halten, zweitens, um auf den Korallenriffen Floridas in Freibeobachtung eine Hypothese nachzuprüfen, die ich auf Grund von Aquarienbeobachtungen über das Kampfverhalten und die arterhaltende Funktion der Färbung gewisser Fische gebildet hatte. An den Kliniken kam ich nun zum ersten Mal ins Gespräch mit Psychoanalytikern, von denen die Lehren Freuds nicht als unumstößliche Dogmen behandelt wurden, sondern, wie sich das in jeder Wissenschaft gehört, als Arbeitshypothesen. In dieser Weise betrachtet, wurde mir an Sigmund Freuds Theorien so manches verständlich, was bis dahin durch allzu große Kühnheit meinen Widerspruch erregt hatte. Diskussionen seiner Trieblehre ergaben unerwartete Übereinstimmungen zwischen den Ergebnissen der Psychoanalyse und der Verhaltensphysiologie, was gerade wegen der Verschiedenheit der Fragestellung, der Methoden und vor allem der Induktionsbasis beider Disziplinen bedeutsam scheint.

Unüberbrückbare Meinungsverschiedenheiten erwartete ich in Hinsicht auf den Begriff des Todestriebes, der nach einer Theorie Freuds allen lebenserhaltenden Instinkten als zerstörendes Prinzip polar gegenübersteht. Diese der Biologie fremde Hypothese ist in den Augen des Verhaltensforschers nicht nur unnötig, sondern falsch. Die Aggression, deren Auswirkungen häufig mit denen des Todestriebes gleichgesetzt werden, ist ein Instinkt wie jeder andere und unter natürlichen Bedingungen auch ebenso lebens- und arterhaltend. Beim Menschen, der durch eigenes Schaffen seine Lebensbedingungen allzu schnell verändert hat, zeitigt der Aggressionstrieb oft verderbliche Wirkungen, aber das tun in analoger, wenn auch weniger dramatischer Weise andere Instinkte ebenso. Als ich diese Stellungnahme zur Theorie des Todestriebes meinen psychoanalyrischen Freunden gegenüber vertrat, fand ich mich unversehens in der Lage dessen, der offene Türen einrennt. Sie wiesen mir an Hand vieler Stellen aus den Schriften Freuds nach, wie wenig Vertrauen er selbst in seine dualistische Hypothese setzte, die ihm als gutem Monisten und mechanistisch denkendem Naturforscher grundsätzlich wesensfremd und zuwider sein mußte.

Als ich bald danach im warmen Meere freilebende Korallenfische studierte, bei denen die arterhaltende Leistung der Aggression offensichtlich ist, bekam ich Lust, dieses Buch zu schreiben. Die Verhaltensforschung weiß immerhin so viel über die Naturgeschichte der Aggression, daß Aussagen über die Ursachen mancher ihrer Fehlfunktionen beim Menschen möglich werden. Einsicht in die Ursachen einer Krankheit ist noch nicht das Auffinden einer wirksamen Therapie, aber doch eine der Voraussetzungen.

Meine schriftstellerischen Fähigkeiten werden, wie ich fühle, von meiner Aufgabe überfordert. Es ist fast unmöglich, in Worten das Wirkungsgefüge eines Systems darzustellen, in dem jeder Teil mit jedem anderen in einem Verhältnis wechselseitiger ursächlicher Beeinflussung steht. Schon wenn man einen Benzinmotor erklären will, weiß man nicht, wo beginnen, weil der Empfänger der Information das Wesen der Kurbelwelle erst verstehen kann, wenn er dasjenige von Pleuelstangen, Kolben, Ventilen, Nockenwelle usw. usw. auch verstanden hat. Man kann eben die Glieder einer Systemganzheit nur in ihrer Gesamtheit oder überhaupt nicht verstehen. Je komplizierter ein System gebaut ist, desto größer wird diese von Forschung und Lehre gleicherweise zu überwindende Schwierigkeit, und leider ist das Wirkungsgefüge der triebmäßigen und der kulturell erworbenen Verhaltensweisen, die das Gesellschaftsleben des Menschen ausmachen, so ziemlich das komplizierteste System, das wir auf dieser Erde kennen. Um die wenigen kausalen Zusammenhänge verständlich zu machen, die ich, wie ich glaube, durch dieses Gewirr von Wechselwirkungen hindurch verfolgen kann, muß ich wohl oder übel weit ausholen.

Zum Glück sind die Beobachtungstatsachen jede für sich interessant. Die Revierkämpfe der Korallenfische, die moralähnlichen Triebe und Hemmungen sozialer Tiere, das lieblose Ehe- und Gesellschaftsleben der Nachtreiher, die blutrünstigen Massenkämpfe der Wanderratten und viele andere merkwürdige Verhaltensweisen der Tiere werden hoffentlich den Leser so lange zu fesseln vermögen, bis er zum Verständnis der tieferen Zusammenhänge gelangt ist.

Dorthin will ich ihn möglichst genau auf demselben Wege führen, den ich selbst gegangen bin, und zwar aus prinzipiellen Gründen. Die induktive Naturwissenschaft beginnt stets mit der voraussetzungslosen Beobachtung der Einzelfälle und schreitet von ihr zur Abstraktion der Gesetzlichkeit vor, der sie alle gehorchen. Die Mehrzahl der Lehrbücher schlägt der Kürze und leichteren Verständlichkeit halber den umgekehrten Weg ein und stellt den »Allgemeinen Teil« dem »Speziellen« voran. Die Darstellung gewinnt dabei an Übersichtlichkeit, verliert aber an Überzeugungskraft. Es ist leicht und billig, zuerst eine Theorie zu entwickeln und sie dann mit Beispielen zu »untermauern«, denn die Natur ist so vielgestaltig, daß man auch für völlig abstruse Hypothesen bei fleißigem Suchen scheinbar überzeugende Beispiele finden kann. Wirklich überzeugend wäre mein Buch dann, wenn der Leser allein auf Grund der Tatsachen, die ich vor ihm ausbreite, zu denselben Schlußfolgerungen käme wie ich. Da ich ihm einen so dornenvollen Weg nicht zumuten kann, sei hier eine kurze Inhaltsangabe der Kapitel, gewissermaßen als Wegweiser, vorweggenommen.

Ich beginne in den ersten beiden Kapiteln mit der Schilderung schlichter Beobachtungen von typischen Formen aggressiven Verhaltens, gehe dann im dritten zur Besprechung seiner arterhaltenden Leistung über und sage im vierten genug über die Physiologie der Instinktbewegung im allgemeinen und des Aggressionstriebes im besonderen, um die Spontaneität seines unaufhaltsamen, rhythmisch sich wiederholenden Hervorbrechens verständlich zu machen. Im fünften Kapitel erläutere ich den Vorgang der Ritualisierung und die Verselbständigung der von ihm neu geschaffenen instinktiven Antriebe so weit, wie dies für das spätere Verständnis ihrer aggressionshemmenden Wirkung nötig ist. Dem gleichen Zwecke dient das sechste Kapitel, das eine allgemeine Übersicht über das Wirkungsgefüge der instinktiven Antriebe zu vermitteln trachtet. Im siebenten Kapitel wird an konkreten Beispielen gezeigt, welche Mechanismen der Artenwandel »erfunden« hat, um die Aggression in unschädliche Bahnen zu leiten, welche Rolle der Ritus bei dieser Aufgabe übernimmt und wie ähnlich die so entstehenden Verhaltensweisen jenen sind, die beim Menschen durch verantwortliche Moral gesteuert werden. Mit diesen Kapiteln sind die Voraussetzungen dafür geschaffen, das Funktionieren von vier sehr verschiedenen Typen der Gesellschaftsordnung verstehen zu können. Der erste ist die anonyme Schar, die von jeder Aggression frei ist, aber auch des persönlichen Sich-Kennens und Zusammenhaltens von Individuen entbehrt. Der zweite ist das nur auf der örtlichen Struktur der zu verteidigenden Reviere aufgebaute Familien- und Gesellschaftsleben der Nachtreiher und anderer koloniebrütender Vögel. Der dritte ist die merkwürdige Großfamilie der Ratten, deren Mitglieder einander nicht persönlich, sondern am Sippengeruche erkennen und sich mustergültig sozial zueinander verhalten, gegen jeden Artgenossen jedoch, der zu einer anderen Sippe gehört, mit erbittertem Parteihaß kämpfen. Die vierte Art von Gesellschaftsordnung schließlich ist die, in der das Band der persönlichen Liebe und Freundschaft verhindert, daß die Mitglieder der Sozietät einander bekämpfen und beschädigen. Diese Form der Sozietät, die in vielen Punkten derjenigen der Menschen analog gebildet ist, wird am Beispiel der Graugans genau geschildert.

Nach dem in diesen elf Kapiteln Gesagten glaube ich, die Ursachen mancher Fehlfunktionen menschlicher Aggression verständlich machen zu können. Das 12. Kapitel, ›Predigt der Humilitas‹, soll eine weitere Voraussetzung dafür schaffen, indem es gewisse innere Widerstände beseitigt, die viele Menschen daran hindern, sich selbst als Glied des Universums zu sehen und anzuerkennen, daß auch ihr eigenes Verhalten Naturgesetzen gehorcht. Diese Widerstände liegen erstens in einer negativen Bewertung der Kausalität, die der Tatsache des freien Willens zu widersprechen scheint, zweitens im geistigen Hochmut des Menschen. Das 13. Kapitel hat die Aufgabe, die gegenwärtige Situation der Menschheit objektiv zu schildern, etwa so, wie ein Biologe vom Mars sie sähe. Im 14. Kapitel mache ich den Versuch, mögliche Gegenmaßnahmen gegen jene Fehlfunktionen der Aggression vorzuschlagen, deren Ursachen ich zu kennen glaube.

I

Prolog im Meer

Im weiten Meere mußt du anbeginnen!
Da fängt man erst im kleinen an
Und freut sich, Kleinste zu verschlingen;
Man wächst so nach und nach heran
Und bildet sich zu höherem Vollbringen.
Goethe

Der alte Traum vom Fliegen hat sich verwirklicht: Ich schwebe schwerefrei in unsichtbarem Medium und gleite mühelos über durchsonnten Gefilden dahin. Dabei bewege ich mich nicht, wie der philisterhaft auf seine Würde bedachte Mensch es sich schuldig zu sein glaubt, mit dem Bauch voran und dem Kopf nach oben, sondern in der durch uraltes Herkommen geheiligten Wirbeltierhaltung mit dem Rücken zum Himmel gewendet und mit dem Kopf nach vorn. Will ich vorwärts schauen, so werde ich durch die Unbequemlichkeit der Nackenbeuge daran erinnert, daß ich eigentlich Bewohner einer anderen Welt bin. Ich will dies aber gar nicht, oder doch nur selten, vielmehr ist mein Blick, wie das dem irdischen Forscher ziemt, meist abwärts, auf die Dinge unter mir gerichtet.

»Da unten aber ist's fürchterlich, und der Mensch, er versuche die Götter nicht und begehre nimmer und nimmer zu schauen, was sie gnädig bedecken mit Nacht und Grauen.« Soweit sie dies aber *nicht* tun, soweit sie ganz im Gegenteil den freundlichen Strahlen der südlichen Sonne gestatten, die Farben ihres Spektrums an Tiere und Pflanzen zu verleihen, soweit versuche der Mensch – und ich rate dies jedem – unbedingt vorzudringen, und sei es nur einmal in seinem Leben, bevor er zu alt dazu wird. Er braucht dazu nur eine Tauchermaske, einen Schnorchel und höchstens, wenn er es ganz nobel gibt, ein Paar Gummiflossen an den Füßen – und, wenn ihn nicht ein günstiger Wind noch weiter nach Süden weht, das Fahrgeld ans Mittelmeer oder an die Adria.

In vornehmer Lässigkeit mit den Flossen fächelnd, gleite ich über eine Märchenlandschaft. Es ist nicht die des eigentlichen Korallenriffes mit seinen wild zerklüfteten, lebendigen Bergen und Tälern, sondern die weniger heroische, aber keineswegs weniger belebte, unmittelbar an der Küste einer jener vielen kleinen Inseln aus Korallenkalk, der sogenannten Keys, die sich in langer Kette an das Südende der Halbinsel Florida anschließen. Überall über den aus altem Korallengeröll bestehenden Boden verteilt, sitzen die merkwürdigen Halbkugeln der Hirnkoralle, mehr vereinzelt die reichverzweigten Stöcke von Hirschhornkorallen, die wehenden Büsche der Hornkorallen oder Gorgonien der verschiedensten Arten und dazwischen, was man auf dem eigentlichen Korallenriff weiter draußen im Ozean nicht findet, eine wechselnde Vegetation brauner, roter und goldfarbener Tange. In großen Abständen stehen die in ihrer unschönen, aber regelmäßigen Form wie Menschenwerk anmutenden, mannsdicken und tischhohen »Loggerhead«-Schwämme. Freie Oberfläche leblosen Gesteins sieht man nirgends: Alle Räume zwischen den schon genannten Organismen sind ausgefüllt mit einem dichten Bewuchs von Moostierchen, Hydroidpolypen und Schwämmen, violette und orangerote Arten überziehen große Flächen, und von so manchen buntfarbigen knolligen Überzügen über das darunterliegende Geröll weiß ich nicht einmal, ob sie dem Tier- oder dem Pflanzenreiche angehören.

Mein müheloser Weg führt mich allmählich in immer seichteres Wasser, die Zahl der Korallen nimmt ab, die der Pflanzen dagegen zu. Große Wälder einer reizenden Alge, deren Formen und Proportionen genau denen afrikanischer Schirmakazien gleichen, breiten sich unter mir aus und lassen geradezu zwingend die Illusion aufkommen, daß ich nicht knapp mannshoch über atlantischem Korallengrund, sondern hundertmal höher über einer äthiopischen Baumsteppe dahinschwebe. Weite Felder von Seegras und kleinere des Zwergseegrases gleiten unter mir weg, und als ich nur mehr wenig über einen Meter Wasser unter mir habe, zeigt mir ein Blick nach vorn eine lange, dunkle, unregelmäßige Quermauer, die sich nach rechts und links so weit erstreckt, wie ich zu sehen vermag, und den Raum zwischen dem beleuchteten Meeresgrund und dem Spiegel der Oberfläche restlos ausfüllt, die bedeutungsvolle Grenze zwischen Meer und Land, die Küste von Lignum Vitae Key, der Lebensbauminsel.

Die Zahl der Fische steigt sprunghaft an. Dutzende schießen unter mir weg, und wiederum werde ich an Luftaufnahmen aus Afrika erinnert, in denen man Herden von Wild vor dem Schatten des Flugzeugs nach allen Seiten davonstieben sieht. In anderen Situationen, über den dichten Seegraswiesen, gemahnen die humorvollen dicken Kugelfische zwingend an Rebhühner, die aus einem Kornfeld auffliegen, um nach kürzerer oder längerer

Flucht wieder einzufallen. Andere Fische, viele davon in den unglaublichsten Farben, aber trotz aller Buntheit immer geschmackvoll, tun das Gegenteil und tauchen im Seegras unter, wo sie gerade sind, wenn ich herankomme. Ein dickes Stachelschwein mit wunderschönen Teufelshörnern über den ultramarinblauen Augen liegt ganz ruhig und grinst mich an, ich hab' ihm noch nicht weh getan – wohl aber einer seiner Art mir. Als ich vor einigen Tagen einen solchen Fisch, den Spiny Boxfish der Amerikaner, unvorsichtig griff, zwickte er mir mit seinem messerscharfen, aus zwei gegenüberstehenden Zähnen gebildeten Papageienschnabel mühelos ein nicht unbeträchtliches Hautstück aus dem rechten Zeigefinger. Ich tauche zu dem eben gesichteten Exemplar hinunter, indem ich mit der bewährten und kraftsparenden Technik der im seichten Wasser gründelnden Ente das Hinterende über die Oberfläche erhebe, ergreife den Burschen vorsichtig und tauche mit ihm auf. Nach einigen vergeblichen Beißversuchen beginnt er die Lage ernst zu nehmen und pumpt sich auf, meine umfassende Hand fühlt deutlich die »Kolbenstöße« der kleinen Pumpe, die von der Schlundmuskulatur des Fisches gebildet wird. Als er die Elastizitätsgrenze seiner Außenhaut erreicht hat und als prall gespannte Stachelkugel in meiner Hand liegt, lasse ich ihn frei und belustige mich an der drolligen Eile, mit der er das eingepumpte Wasser wieder ausspritzt und im Seegras verschwindet.

Dann wende ich mich der Randmauer zu, die hier das Meer vom Lande trennt. Auf den ersten Blick könnte man meinen, sie sei aus Tuffstein gebildet, so phantastisch zerrissen ist ihre Oberfläche und so viele Höhlungen starren mir wie Totenkopfaugenhöhlen dunkel und abgründig entgegen. Tatsächlich ist der Fels altes Korallen-Skelett, Überbleibsel des voreiszeitlichen Korallenriffs, das während der Sangammon-Eiszeit trocken lag und abstarb. Allenthalben im Fels sieht man die Strukturen derselben Korallenarten, die auch heute noch leben, zwischen ihnen eingebacken die Schalen von Muscheln und Schnecken, deren lebende Artgenossen auch heute noch diese Gewässer bevölkern. Wir befinden uns hier auf *zwei* Korallenriffen, einem alten, das seit Zehntausenden von Jahren tot ist, und einem neuen, das auf der Leiche des alten weiterwächst, wie eben Korallen und Kulturen auf den Skeletten ihrer Vorfahren zu wachsen pflegen.

Ich schwimme an die zerrissene »Waterfront« heran und an ihr entlang, bis ich einen handlichen, nicht allzu scharfkantigen Vorsprung finde, den ich mit der rechten Hand ergreife, um so an ihm vor Anker zu gehen. In himmlischer Schwerelosigkeit, ideal gekühlt und doch nicht frierend, als Fremdling in einer Märchenwelt allen irdischen Sorgen entrückt, lasse ich mich von den milden Wellen schaukeln, vergesse mich selbst und bin ganz Auge – ein beseelter und beseligter Fesselballon!

Um mich herum, auf allen Seiten, sind Fische – bei der geringen Wassertiefe fast nur kleine Fische. Sie kommen aus der Entfernung oder aus ihren Verstecken, in die sie sich bei meiner Annäherung zurückgezogen haben, neugierig an mich heran, prellen noch einmal kurz zurück, als ich mich bzw. meinen Schnorchel »räuspere«, indem ich durch einen kräftigen Luftstoß das eingedrungene und das durch Kondensation entstandene Wasser aushuste. Sowie ich aber dann ruhig und leise atme, kommen sie alsbald wieder näher, und wie sie im milden Wellenschlag genau synchron mit mir auf und nieder schweben, zitiere ich, klassischer Bildung voll: »Naht ihr euch wieder, schwankende Gestalten, die früh sich einst dem trüben Blick gezeigt? Versuch ich wohl, euch diesmal festzuhalten, fühl ich mein Herz noch jenem Wahn geneigt?« Fische waren es, an denen ich mit wahrlich noch sehr trübem Blick gewisse allgemeine Gesetzlichkeiten tierischen Verhaltens erschaute, ohne sie zunächst auch nur im geringsten zu verstehen, und dem Wahn, dies in meinem Leben doch noch zu erreichen, fühle ich mein Herz fürwahr noch immer geneigt! Und die Fülle der Gestalten zu erfassen ist das niemals endende Streben des Zoologen so gut wie das des bildenden Künstlers.

Die Fülle der Gestalten, die mich umdrängt, manche so nahe, daß meine alterssichtigen Augen sie nicht mehr scharf zu sehen vermögen, scheint zunächst überwältigend. Aber nach einer Weile werden die Physiognomien vertrauter, und die Gestaltwahrnehmung, dieses wunderbarste Organ der menschlichen Erkenntnis, beginnt einen Überblick über die Vielzahl der Erscheinungen zu gewinnen. Und dann sind es auf einmal gar nicht so sehr viele Arten, wie man zuerst dachte, immerhin aber noch genug. Zwei Kategorien von Fischen treten sofort als voneinander verschieden in Erscheinung: solche, die in Scharen angeschwommen kommen, und zwar meist vom freien Wasser her oder die Felswand entlang, und andere, die nach Abflauen der durch meine Ankunft verursachten Panik langsam und vorsichtig aus einer Höhle oder einem sonstigen Versteck hervorkommen, stets – *einzeln!* Von diesen weiß ich auch schon, daß man dasselbe Tier regelmäßig, auch nach Tagen und Wochen, in der gleichen Wohnung wiederfindet. Einen wunderschönen Pfauenaugen-Schmetterlingsfisch habe ich während meines ganzen Aufenthaltes auf Key Largo regelmäßig alle paar Tage in seiner Wohnung unter einer vom Hurricane Donna umgewehten Landungsbrücke besucht und immer zu Hause gefunden.

Zu den in Scharen umherziehenden, einmal hier, einmal dort anzutreffenden Fischen gehören die Millionenheere der kleinen, silbernen Ährenfische, verschiedene kleine, in Küstennähe lebende Heringsartige sowie deren gefährliche Jäger, die pfeilschnellen Nadelfische, ferner die unter Landungsstegen, Kaimauern und Steilküsten zu Tausenden herumstehenden graugrünen Barschgestalten der Schnapper und, neben vielen anderen, die reizend blau und gelb gestreiften Purpurmäuler, von den Amerikanern Grunts – Grunzer – genannt, weil sie, aus dem Wasser genommen, ein grunzendes Geräusch von sich geben. Besonders häufig und besonders schön sind das blaugestreifte, das weiße und das gelbgestreifte Purpurmaul, zum Teil völlig schlecht gewählte Namen, da alle drei Arten, wenn auch in verschiedener Weise, blau und gelb gemustert sind. Auch schwimmen alle drei nach meinen Beobachtungen häufig in gemischten Schwärmen. Der deutsche Name der Fische kommt von der merkwürdigen, brennend roten Färbung der Mundschleimhaut, die man nur zu sehen bekommt, wenn der Fisch mit weit aufgerissenem Maul einen Artgenossen bedroht, der dann in gleicher Weise antwortet. Doch habe ich weder im Freien noch auch im Aquarium je gesehen, daß dieses eindrucksvolle Sich-Androhen zu ernstem Kampfe geführt hätte.

Das Nette an den genannten und anderen farbenfreudigen Purpurmäulern und ebenso an manchen »Snappers«, die oft mit ihnen im Verbande schwimmen, ist die furchtlose Neugier, mit der sie den Schnorcheltaucher begleiten. Wahrscheinlich folgen sie harmlosen Großfischen und dem heute leider fast ausgestorbenen Manatee, der sagenhaften Seekuh, in ähnlicher Weise, in der Hoffnung, Fischchen oder andere Kleinlebewesen zu erschnappen, die von dem großen Tier aufgescheucht werden. Als ich zum ersten Male von meinem Heimathafen, der Mole des Key Haven Motels in Tavernier auf Key Largo, ausschwamm, war ich tief beeindruckt von der ungeheuren Menge der Grunts und Snappers, die mich so dicht umgaben, daß sie mir die Aussicht verwehrten, und die, wo immer ich hinschwamm, in gleicher Zahl vorhanden zu sein schienen. Erst allmählich kam ich dahinter, daß es immer *dieselben* Fische waren, die mich begleiteten – einige Tausend waren es bei vorsichtiger Schätzung immer noch! Schwamm ich uferparallel zur nächsten, etwa 700 m entfernten Mole hinüber, so folgte mir die Schar etwa die Hälfte des Weges, um dann plötzlich umzukehren und in schnellstem Tempo heimzurasen. Wenn die unter jener anderen Landungsbrücke beheimateten Fische mein Kommen bemerkten, kam erschreckend aus dem Dunkel unter dem Steg hervor ein mehrere Meter breites und fast ebenso hohes und viele Male längeres, auf dem besonnten Grund einen tiefschwarzen Schatten werfendes Ungeheuer auf mich zugeschossen, das sich erst beim nahen Herankommen in eine Unzahl freundlicher Purpurmäuler auflöste. Als mir solches zum ersten Mal passierte, erschrak ich zu Tode! Später haben gerade diese Fische in mir genau das gegenteilige Gefühl ausgelöst: Solange sie einen begleiten, hat man die äußerst beruhigende Gewähr dafür, daß in der näheren Umgebung kein großer Barrakuda steht!

Völlig anders geartet sind jene schneidigen kleinen Räuber, die Nadelfische oder Hornhechte, die in kleineren Verbänden zu fünft oder zu sechst dicht unter der Oberfläche dahinjagen, buchstäblich gertenschlanke Fischgestalten, schier unsichtbar aus meiner gegenwärtigen Perspektive, da ihre silbernen Flanken das Licht in genau gleicher Weise reflektieren wie die Unterfläche des Luftraums, die uns allen vertrauter ist in ihrem anderen Janusgesicht, als Oberfläche des Wassers. Von oben betrachtet aber schillern sie blaugrün, genau wie diese und sind fast noch schwerer zu entdecken als bei Ansicht von unten. In weit ausgeschwärmter Querformation durchstreifen sie die höchsten Wasserschichten und machen Jagd auf die kleinen Ährenfischchen, die Silversides, die zu Millionen und Abermillionen das Wasser durchsetzen, dicht wie Schneeflocken während eines Gestöbers und glänzend wie Silberlametta. Vor mir fürchten sich diese Zwerge überhaupt nicht, Fische von ihrer Größe würden solche von der meinigen als Beute nicht interessieren, ich kann mitten durch ihre Schwärme schwimmen, sie weichen so wenig aus, daß ich manchmal unwillkürlich den Atem anhalte, um sie nicht in die Luftröhre zu bekommen, wie einem dies bei ebenso dicht schwärmenden Mücken so leicht passiert. Daß ich durch meinen Schnorchel in einem anderen Medium atme, verhindert diesen Reflex keineswegs. Wenn aber ein noch so kleiner Hornhecht naht, spritzen die Silberfischchen blitzrasch nach allen Seiten auseinander, nach oben, nach unten und selbst springend über die Oberfläche empor und erzeugen in Sekundenschnelle große Räume lamettafreien Wassers, die sich erst allmählich wieder füllen, wenn die Jagdfische weitergezogen sind.

So verschieden die dickkopfigen Barschfiguren der Grunzer und Schnapper auch von der nadelförmig ausgezogenen Stromlinienform der Hornhechte sein mögen, in dem einen Punkte sind sie einander doch auch wieder ähnlich, daß sie nicht allzusehr von der herkömmlichen Vorstellung abweichen, die man gemeinhin mit der Bezeichnung »Fisch« verbindet. Bei den ortsansässigen Höhlenbewohnern ist dies anders. Den herrlichen blauen Engelfisch mit den gelben Querstreifen, die sein Jugendkleid zieren, kann man noch allenfalls als »Normalfisch« gelten lassen. Was sich aber dort aus jener Spalte zwischen zwei Korallenblöcken soeben mit zögernden, hin- und herwebenden Bewegungen hervorschiebt, diese samtschwarze Scheibe mit grellgelben, im Halbkreis geschwungenen Querbinden und leuchtend ultramarinblauer Einfassung des unteren Randes – ist das überhaupt ein Fisch? Oder jene beiden, wie irre vorbeisausenden, hummelgroßen und hummelartig runden kleinen Geschöpfe, auf deren knallig orangerotem Körper sich ein rundes schwarzes, hellblau eingefaßtes Auge abzeichnet, wohlgemerkt, im *hinteren* Drittel des Rumpfes? Oder das kleine Juwel, das dort aus einer Höhle hervorleuchtet, dessen Körper durch eine schräg von vorne unten nach hinten oben verlaufende Grenze in eine leuchtend violettblaue und eine zitronengelbe Hälfte zerlegt ist? Oder gar das einzigartige Stückchen dunkelblauen Sternenhimmels, übersät mit hellblauen Lichtchen, das in paradoxer Verkehrung aller Raumrichtungen gerade *unter* mir hinter einem Korallenblock hervorkommt? Bei näherer Betrachtung sind alle diese Märchenwesen selbstverständlich ganz biedere Fische, und zwar solche, die meinen alten Freunden und Mitarbeitern, den Buntbarschen, verwandtschaftlich nicht allzu ferne stehen. Das Sternenhimmelchen, Jewel Fish, und das Fischchen mit dem blauen Kopf und Rücken und dem gelben Bauch und Schwanz, Beau Gregory, sind sogar ganz nahe Verwandte. Die orangerote Hummel ist ein Baby des von den Einheimischen mit Recht »Rock Beauty« genannten Fisches, und die schwarzgelbe Scheibe ist ein junger schwarzer Engelfisch. Aber welche Farben – und welch unglaubliche Verteilung der Farben: man möchte fast meinen, sie sei darauf angelegt, eine knallige Wirkung auf größere Entfernung hin zu erzielen, wie eine Flagge, oder noch besser: ein Plakat!

Den wogenden Riesenspiegel über mir, Sternenhimmel, wenn auch nur kleine, unter mir, schwerelos im durchsichtigen Medium schwebend, von Engeln umschwärmt, hingegeben ans Schauen und versunken in anbetende Bewunderung der Schöpfung und ihrer Schönheit – – bin ich, dem Schöpfer sei Dank, immer noch durchaus imstande, wesentliche Einzelheiten zu beobachten. Dabei fällt mir nun folgendes auf: Von mattgefärbten oder – wie die Purpurmäuler – pastellfarbigen Fischen sehe ich fast stets viele oder doch mehrere Vertreter derselben Art *gleichzeitig*, ja oft in enggeschlossener Schwarmformation zusammen schwimmen. Von den bunten Arten aber sind in meinem Gesichtsfeld je *ein* blauer und *ein* schwarzer Engelfisch, *ein* Beau Gregory und *ein* Sternenhimmelchen, und von den beiden Felsenschönheit-Babys, die eben vorhin vorbeiflitzten, war das eine in höchster Wut hinter dem anderen her.

Ich beobachte weiter, obwohl mir bei meinem reglosen Fesselballonleben trotz der Wärme des Wassers allmählich kühl wird. Und eben jetzt sehe ich in weiter Ferne, und das sind auch in sehr klarem Wasser nur 10–12 Meter, einen zweiten Beau Gregory, der, offensichtlich futtersuchend, allmählich näher kommt. Der in meiner Nähe ansässige Beau kann den Eindringling erst sehr viel später entdecken als ich von meiner Warte und sieht ihn erst, als er auf etwa 4 Meter herangekommen ist. Da aber schießt der ansässige mit beispielloser Wut auf den Fremden zu, und obwohl dieser ein wenig größer ist als sein Angreifer, macht er sofort kehrt und flieht in angestrengten Schwimmstößen und in einem wilden Zickzack, das der Ortsansässige ihm durch seine tödlich ernst gemeinten Rammstöße aufzwingt, deren jeder eine schwere Wunde setzen würde, wenn er träfe. Mindestens einer trifft, denn ich sehe eine blinkende Schuppe wie ein welkes Baumblatt zu Boden gaukeln. Als der Fremde im dämmernden Blaugrün der Ferne verschwunden ist, kehrt der Sieger prompt zu seiner Höhle zurück. Friedlich schlängelt er sich durch eine dichtgedrängte Herde junger Purpurmäuler hindurch, die dicht vor dem Höhleneingang Futter suchen, und die völlige Gleichgültigkeit, mit der er diese Fische umgeht, erweckt den Eindruck, als vermeide er Steine oder andere bedeutungslose und unbelebte Hindernisse. Ja, selbst der kleine blaue Engel, der ihm selbst an Farbe und Form nicht allzu unähnlich ist, erregt seine Angriffslust nicht im geringsten.

Kurz darauf beobachte ich eine der eben geschilderten, in allen Einzelheiten entsprechende Auseinandersetzung zwischen zwei knapp fingerlangen schwarzen Engelfischchen, nur ist diese vielleicht noch um ein weniges dramatischer. Noch größer scheint die Erbitterung des Angreifers, noch offensichtlicher die panische Furcht des fliehenden Eindringlings, allerdings vielleicht nur deshalb, weil mein langsames Menschenauge den Bewegungen der Engelfische besser zu folgen vermag als den noch viel schnelleren der Beau Gregories, die ein allzu zeitgerafftes Schauspiel bieten.

Mir kommt allmählich zum Bewußtsein, daß mir ziemlich kalt geworden ist; während ich die Korallenmauer hinaufklettere, in die warme Luft und die goldene Sonne Floridas, formuliere ich das Geschaute in wenige kurze Sätze: Die schreiend bunten »plakat«farbigen Fische sind alle ortsansässig. Nur von ihnen habe ich gesehen, daß sie ein Revier verteidigen. Ihre wütende Angriffslust hat nur ihresgleichen zum Ziel, nie habe ich Fische zweier verschiedener Arten einander angreifen sehen, und seien beide noch so aggressiv.

2
Fortsetzung im Laboratorium

> Was ihr nicht faßt, das fehlt euch ganz und gar,
> Was ihr nicht rechnet, glaubt ihr, sei nicht wahr.
> Was ihr nicht wägt, hat für euch kein Gewicht;
> Was ihr nicht münzt, das, glaubt ihr, gelte nicht.
>
> Goethe

Ich habe im vorigen Kapitel von einer poetischen Lizenz Gebrauch gemacht. Ich habe nämlich verschwiegen, daß ich aus Aquarienbeobachtungen bereits wußte, wie wütend bunte Korallenfische ihresgleichen bekämpfen, und daß ich mir schon eine vorläufige Meinung über die biologische Bedeutung dieser Kämpfe gebildet hatte. Nach Florida fuhr ich, um diese Hypothesen zu prüfen. Ich war erzbereit, sie samt und sonders über Bord zu werfen, sollten die Tatsachen ihnen widersprechen, oder, besser gesagt, sie durch meinen Schnorchel ins Meer zu spucken, denn man kann wohl schlecht etwas über Bord werfen, wenn man unter Wasser schwimmt. Überhaupt ist es für den Forscher ein guter Morgensport, täglich vor dem Frühstück eine Lieblingshypothese einzustampfen – das erhält jung.

Als ich vor einigen Jahren begann, die farbenfrohen Fische des Riffs im Aquarium zu studieren, leitete mich – neben der ästhetischen Freude an der berauschenden Schönheit dieser Tiere – mein »Riecher« für interessante biologische Probleme. Die Frage, die sich mir als erste aufdrängte, war: Wozu in aller Welt sind diese Fische so bunt?

Wenn ein Biologe in dieser Form die Frage »wozu?« stellt, so will er nicht etwa den tiefsten Sinngehalt der Welt im allgemeinen und des betreffenden Phänomens im besonderen ergründen, sondern er möchte in weit bescheidenerer Fragestellung etwas ganz Einfaches und prinzipiell stets Erforschbares erfahren. Seit wir durch Charles Darwin von dem historischen Werden der Organismenwelt wissen und darüber hinaus sogar einiges über die Ursachen, die ein solches Werden bewirken, bedeutet für uns die Frage »wozu?« etwas scharf Umschriebenes. Wir wissen nämlich, daß es die *Leistung* des Organs ist, die seine Form verändert. Das Bessere ist überall der Feind des Guten. Wenn durch eine kleine, an sich zufällige Erbänderung ein Organ ein klein wenig besser und leistungsfähiger ausfällt, so wird der Träger dieses Merkmals samt seinen Nachkommen für alle nicht gleicherweise begabten Artgenossen zu einer Konkurrenz, der sie nicht gewachsen sind. Über kurz oder lang verschwinden sie vom Erdball. Dieses allgegenwärtige Geschehen nennt man natürliche Zuchtwahl oder Selektion. Die Selektion ist der eine von den beiden großen Konstrukteuren des Artenwandels; der andere, der ihr das Material liefert, ist die Erbänderung oder Mutation, die Darwin in genialer Voraussicht als eine Notwendigkeit postulierte, zu einer Zeit, als ihre Existenz noch nicht nachgewiesen war.

All die zahllosen komplexen und zweckmäßigen Baupläne der Tier- und Pflanzenkörper verschiedenster Art verdanken ihr Dasein der geduldigen Arbeit, die seit Jahrmillionen von Mutation und Selektion vollbracht wird. Davon sind wir fester überzeugt, als Darwin selbst es war, und, wie wir bald sehen werden, mit größerer Berechtigung. Manchem mag es enttäuschend erscheinen, daß die Formenfülle des Lebendigen, deren harmonische Gesetzmäßigkeit unsere Ehrfurcht erweckt und deren Schönheit unseren Sinn für Ästhetik entzückt, auf so prosaische und vor allem kausal determinierte Weise zustande gekommen ist. Dem Naturforscher aber ist es ein Grund zu immer wiederkehrender neuer Bewunderung, daß die Natur alle ihre hohen Wert schafft, ohne dabei je gegen ihre eigenen Gesetze zu verstoßen.

Unsere Frage »wozu?« kann eine sinnvolle Antwort nur dort erhalten, wo *alle beiden* großen Konstrukteure in der eben skizzierten Weise am Werke waren. Sie ist gleichbedeutend mit der Frage nach der arterhaltenden Leistung. Wenn wir fragen »Wozu hat die Katze spitze, krumme Krallen?« und schlicht darauf antworten »Zum Mäusefangen«, so ist dies kein Bekenntnis zu einer metaphysischen Teleologie, sondern besagt einfach, daß Mäusefangen die besondere Leistung ist, deren Arterhaltungswert allen Katzen eben diese Form von Krallen angezüchtet hat. Dieselbe Frage kann keine sinnvolle Antwort finden, wenn die Erbänderung allein rein Zufälliges vollbrachte. Wenn also zum Beispiel beim Haushuhn und anderen domestizierten Tieren, die der Mensch schützt und der natürlichen Zuchtwahl auf Schutzfärbigkeit entzieht, alle möglichen bunten und scheckigen Färbungen auftreten, so ist es sinnlos zu fragen, wozu diese Wesen so gefärbt seien. Wenn wir aber hochdifferenzierte, regelhafte Gebilde vorfinden, die eben ihrer Gesetzmäßigkeit wegen von sehr hoher genereller Unwahrscheinlichkeit sind, wie etwa die komplizierte Struktur einer Vogelfeder oder die einer instinktiven Verhaltensweise, können wir ausschließen, daß sie zufällig entstanden sind. Hier müssen wir fragen, welcher Selektionsdruck sie herausgezüchtet hat, mit anderen Worten, wozu sie da sind. Wir stellen diese Frage in der berechtigten Hoffnung auf eine verständliche Antwort, denn wir haben eine solche schon sehr oft, ja, bei genügendem Fleiß des Fragestellers fast immer erhalten. Daran ändern die wenigen Ausnahmefälle nichts, in denen die Forschung uns diese wichtigste aller biologischen Fragen nicht – oder noch nicht – beantwortet hat. Wozu, zum Beispiel, die wundervollen Formen und Farben der Molluskenschalen, die das schlechte Auge der Artgenossen selbst dann nicht zu sehen vermöchte, wenn sie nicht, wie so oft, unter der Hautfalte des Mantels und außerdem noch durch die Finsternis am tiefen Meeresgrund verhüllt würden?

Die schreiend bunten Farben der Korallenfische schreien nach einer Erklärung. Welche arterhaltende Leistung hat sie herausgezüchtet?

Ich kaufte mir die allerbuntesten Fische, die ich bekommen konnte, und zum Vergleich auch einige weniger bunte, zum Teil auch schlicht tarnfarbige Arten. Nun machte ich eine mir unerwartete Entdeckung: Bei den allermeisten der wirklich bunten »plakat«- oder »flaggen«farbigen Korallenfische ist es völlig unmöglich, in einem kleineren Aquarium mehr als ein Individuum von einer Art zu halten. Setzte ich mehrere Fische derselben Art ein, so war binnen kurzer Zeit nach wütenden Kämpfen nur mehr der stärkste am Leben. Später in Florida hat es mich tief beeindruckt, im freien Meer das Bild wiederzufinden, das sich in meinem Becken nach Mord und Totschlag immer wieder entwickelt hatte: je *ein* Fisch von einer Art, friedlich zusammenwohnend mit andersartigen, ebenso bunt, aber anders gefärbten, von jeder weiteren Art auch immer nur je einer. An einer kleinen Mole, nahe bei meinem Quartier, lebten *ein* Beau Gregory, *ein* kleiner schwarzer Engelfisch und *ein* Augenfleck-Schmetterlingsfisch in trautem Vereine. Ein friedliches Zusammenleben von zwei Individuen einer plakatfarbigen Art kommt im Aquarium wie im freien Meere nur bei solchen Fischen vor, die in *Dauer-Ehe* leben, ganz wie viele Vögel es tun. Solche Ehepaare konnte ich im Freien bei blauen Engelfischen und Beau Gregories, im Aquarium bei braunen und bei weiß-gelben Schmetterlingsfischen beobachten. Die Gatten solcher Paare sind wahrhaft unzertrennlich und interessanterweise gegen andere Artgenossen noch angriffslustiger als unverheiratete Fische ihrer Art. Warum das so ist, wird später noch genau erklärt werden.

Im freien Meere verwirklicht sich das Prinzip »Gleich und gleich gesellt sich *nicht* gern« in unblutiger Weise, indem der Besiegte aus dem Territorium des Siegers flieht und von diesem nicht weit verfolgt wird. Im Aquarium dagegen, wo es keinen Ausweg gibt, bringt der Sieger den Besiegten oft kurzweg um. Zumindest beansprucht er das ganze Becken als sein Revier und quält fortan die Besitzlosen durch ständige Angriffe so sehr, daß sie viel langsamer wachsen als er selbst, so daß sein Übergewicht immer größer wird, bis zum tragischen Ausgang.

Um zu beobachten, wie sich Revierbesitzer normalerweise gegeneinander verhalten, muß man ein Becken haben, das genügend groß ist, um die Territorien von mindestens zwei Individuen der untersuchten Art aufzunehmen. Wir bauten daher ein Aquarium, das bei 2,5 Meter Länge mehr als 2 t Wasser faßte und für kleinere, in Küstennähe lebende Fische Platz für mehrere Territorien bot. Die Jungen sind bei den plakatfarbigen Arten fast immer noch bunter, noch ortstreuer und noch bösartiger als die Erwachsenen, so daß man die zu untersuchenden Vorgänge an diesen Miniaturfischchen auf verhältnismäßig beschränktem Raum gut beobachten kann.

In diesen Behälter kamen nun 2 bis 4 cm lange Fischchen folgender Art: 7 Arten Schmetterlingsfische, 2 Arten Engelfische, 8 Arten »Demoiselles«, jener Gruppe, zu der das Sternenhimmelchen und der Beau Gregory gehören, 2 Arten Drückerfische, 3 Arten Lippfische, 1 Art Doktorfisch und manche andere, nicht plakatfarbige und nicht aggressive Arten wie Kofferfische, Kugelfische u. a. m. Es waren also rund 25 Arten plakatfarbiger Fische in dem Becken und von jeder Art durchschnittlich 4 Stücke, von einigen mehr, von anderen nur einer, im ganzen also über 100 Individuen. Die Fische hielten sich bestens, fast ohne Verluste, lebten sich ein, lebten auf – und begannen völlig programmgemäß sich zu prügeln.

Und nun ergab sich eine wunderbare Gelegenheit, etwas zu *zählen*. Wenn der »exakte« Naturforscher etwas zählen oder messen kann, empfindet er darüber stets eine dem Fernerstehenden manchmal schwer begreifliche Freude. »Ist die Natur nur groß, weil sie zu zählen euch gibt?« – so fragt Friedrich Schiller den nur aufs Messen bedachten Wissenschaftler. Ich muß dem Dichter zugestehen, daß ich zwar selbst nur unwesentlich weniger über das Wesen der innerartlichen Aggression wüßte, wenn ich *nicht* gezählt hätte, aber meine Aussage darüber, was ich weiß, würde erheblich weniger Sicherheit besitzen, wenn ich sie nur in die schlichten Worte kleiden dürfte: Bunte Korallenfische beißen *fast* nur Artgenossen. Die *Bisse* nämlich waren es, die wir gezählt haben, und zwar mit folgendem Ergebnis: Für jeden der mit 3 Artgenossen unter 96 anderen Fischchen das Becken bewohnenden Fische ist die Wahrscheinlichkeit, *zufällig* auf einen der drei Brüder zu treffen, 3 in 96. Dennoch verhielt sich die Zahl der auf Artgenossen gerichteten Bisse zu derjenigen der zwischen-artlichen wie rund 85 zu 15. Und selbst diese letztgenannte winzige Zahl war in bezug auf das wirkliche Geschehen irreführend, denn die betreffenden Angriffe fielen fast sämtlich aufs Konto der »Demoiselles«. Diese sitzen nämlich fast dauernd, von außen unsichtbar, in ihrer Höhle und greifen wütend, ohne Rücksicht auf die Art, jeden Fisch an, der in ihr Versteck eindringt. Im freien Wasser ignorieren auch sie jeden andersartigen Fisch. Läßt man, wie wir es inzwischen getan haben, diese Gruppe aus dem geschilderten Versuch weg, so erhält man noch um sehr viel eindrucksvollere Zahlen.

Ein weiterer Teil der gegen andersartige Fische gerichteten Angriffe fiel jenen wenigen Individuen zur Last, die im ganzen Becken keinen Artgenossen hatten und ihren gesunden Ärger daher notgedrungen an anderen Objekten abreagieren mußten. Die Wahl dieser Objekte aber war eine ebenso schöne Bestätigung für die Richtigkeit meiner Annahme wie die genaueren Zahlen. Da war zum Beispiel ein einzelner wunderschöner Fisch von einer uns unbekannten Art von Schmetterlingsfischen, die zwischen dem weiß-gelben und dem weiß-schwarzen Schmetterlingsfisch in Form und Zeichnungsweise so genau die Mitte hielt, daß wir ihn kurzerhand den Weißgelbschwarzen tauften. Dieser Bursche teilte offenbar durchaus unsere Meinung über seine systematische Stellung, denn er verteilte seine Angriffe zu fast genau gleichen Teilen auf die anwesenden Vertreter jener beiden Arten. Ein auf einen Fisch von einer dritten Art gerichteter Biß wurde nie beobachtet. Fast noch interessanter verhielt sich unser, ebenfalls nur in einem einzelnen Stück vorhandener blauer Drückerfisch, der lateinisch Odonus niger, »schwarzer Zahnfisch«, heißt. Der Zoologe, der den Fisch so taufte, kann ihn nur als verfärbte Leiche in Formalin gesehen haben, denn der lebende Fisch ist nicht schwarz, sondern leuchtend blau, mit zartem Violett und Rosa übermalt, das besonders an den Flossenrändern hervortritt. Als bei der Firma Andreas Werner ein Transport dieser Fische eintraf, kaufte ich von Anfang an nur ein Einzelstück, da ich aus den Kämpfen, welche die Fische schon im Verkaufsbecken ausfochten, nur allzu deutlich entnehmen konnte, daß mein großes Becken für zwei dieser etwa 6 cm langen Gesellen viel zu klein war. Mangels eines Artgenossen war mein blauer Drückerfisch zunächst einige Zeit hindurch ziemlich friedlich, verteilte jedoch die wenigen Bisse, die er austeilte, in sehr vielsagender Weise auf *zwei* völlig verschiedene Arten: Erstens verfolgte er die sogenannten Blauen Teufel, nahe Verwandte des Beau Gregory, die mit ihm die herrliche blaue Farbe gemein hatten, zweitens aber auch die beiden Stücke einer anderen Drückerfisch-Art, des sogenannten Picasso-Fisches. Dieser, wie der Liebhaber-Name sagt, äußerst bunt und bizarr gezeichnete Fisch gleicht dem Blauen Drücker ziemlich weitgehend in der Form, aber ganz und gar nicht in der Farbe. Als nach einigen Monaten der stärkere der beiden Picassos den schwächeren ins Fischjenseits, ins Formalin, befördert hatte, entwickelte sich eine starke Rivalität zwischen dem Überlebenden und dem blauen Drückerfisch, wobei zweifellos zu der Aggressivität des letzteren der Umstand beitrug, daß die blauen Teufel sich inzwischen aus dem grellblauen Jugendkleid in die stumpf taubenblaue Tönung des Erwachsenen umgefärbt hatten und deshalb weniger kampfauslösend wirkten. Schließlich hat dann auch der Blaue den Picasso umgebracht. Ich könnte noch viele Fälle aufzählen, in denen von den im eben geschilderten Versuch gebrauchten Fischen nur einer übrigblieb, wie vom Königsfisch. In Fällen, wo Verpaarung zwei Fisch-Seelen zu einer einzigen verbunden hatte, blieb ein Paar übrig, wie vom braunen und vom weiß-gelben Schmetterlingsfisch. Es sind eine Unzahl Fälle bekannt, in denen Tiere, nicht nur Fische, die ihre Aggression mangels von Artgenossen an anderen Objekten abreagieren mußten, dazu nächstverwandte oder aber in der Färbung ähnliche Arten wählten.

Diese Aquarienbeobachtungen und ihre Auswertung erweisen somit einwandfrei die auch von meinen Freimeerstudien bestätigte Regel, daß Fische gegen Artgenossen um ein Vielfaches aggressiver sind als gegen andersartige Fische.

Nun gibt es aber, wie ja schon aus der Schilderung hervorgeht, die ich im ersten Kapitel vom Verhalten freilebender Fische gab, eine ganze Anzahl von Arten, die keineswegs so aggressiv sind wie die zu meinem Versuch herangezogenen Korallenfische. Läßt man die Unverträglichen und die mehr oder weniger Verträglichen in der Vorstellung an sich vorüberziehen, so drängt sich einem unverzüglich ein enger Zusammenhang zwischen Färbung, Aggressivität und Ortstreue auf: Die extreme, mit örtlicher Seßhaftigkeit einhergehende und auf Artgenossen konzentrierte Angriffslust findet sich unter den von mir in Freiheit beobachteten Fischen ausschließlich bei jenen Formen, deren grelle, in plakathafter Großflächigkeit aufgetragene Farben ihre Artzugehörigkeit schon auf große Entfernung hin kundtun. In der Tat war es ja, wie schon erwähnt, diese außerordentlich charakteristische Färbung, die meine Neugierde erregte und mich auf das Vorhandensein eines Problems aufmerksam machte. Auch die Fische des süßen Wassers können sehr schön und bunt sein, manche von ihnen können in der Hinsicht gut und gerne mit denen des Meeres sich messen, der Gegensatz liegt nicht in der Schönheit, sondern in anderen Punkten. Bei den allermeisten bunten Süßwasserfischen liegt ein hoher Reiz der märchenhaften Färbung in ihrer Vergänglichkeit: Die Buntbarsche, deren Pracht ihren deutschen Namen bestimmte, die Labyrinthfische, von denen viele die erstgenannten an Buntheit noch übertreffen, der rotgrünblaue Stichlingskönig und der regenbogenfarbige Bitterling unserer heimischen Gewässer sowie unzählige andere der uns aus dem Heimaquarium vertrauten Fischgestalten, sie alle lassen ihren Schmuck nur dann leuchten, wenn sie entweder in Liebe oder in der Begeisterung des Kampfes erglühen. Zu jedem Zeitpunkte kann man bei vielen von ihnen die Färbung als Gradmesser der Stimmungen benutzen und aus ihr entnehmen, in welchem Maße Aggression, sexuelle Erregung und Fluchttrieb miteinander um die Herrschaft streiten. Schnell, wie ein Regenbogen verschwindet, wenn eine Wolke die Sonne deckt, erlischt die ganze Pracht, wenn die Erregung abflaut, die sie erzeugte, oder wenn sie einer anderen, vor allem der Furcht, Platz macht, die den Fisch alsbald mit unauffälligen Tarnfarben überzieht. Mit anderen Worten, die Farben sind bei all diesen Fischen *Ausdrucksmittel*, die nur da sind, wenn sie gebraucht werden. Dementsprechend sind auch bei ihnen allen die Jungen, oft auch die Weibchen, schlicht tarnfarbig.

Anders bei den aggressiven Korallenfischen. Ihr prächtiges Kleid ist so konstant, als ob es ihnen mit Deckfarben auf den Rumpf gemalt wäre. Nicht etwa, daß sie des Farbwechsels nicht fähig wären; fast alle beweisen die Fähigkeit dazu dadurch, daß sie beim Schlafengehen ein Nachthemd anziehen, dessen Färbungsmuster von dem tagsüber gezeigten aufs erstaunlichste abweicht. Aber tagsüber, solange sie wach und aktiv sind, behalten sie ihre grellen Plakatfarben um jeden Preis bei, ob sie nun als siegreiche Verfolger hinter einem Artgenossen hersausen oder als Besiegte in tollem Zickzack zu entkommen trachten. Sie ziehen die ihre Art kennzeichnende Flagge so wenig ein wie ein englisches Kriegsschiff in einem Seeroman von Forester. Selbst im Transportbehälter, wo ihnen fürwahr nicht wohl in ihrer Haut ist, oder als dahinsiechende Kranke zeigen sie ihre Farbenpracht unverändert, ja selbst im Tode dauert es lange, bis sie ganz verschwindet.

Auch sind bei allen typisch plakatfarbigen Korallenfischen nicht nur Männer und Weiber gleich gefärbt, sondern auch die ganz kleinen Kinder zeigen knallbunte Farben, und zwar erstaunlicherweise sehr oft solche, die völlig anders und noch bunter sind als die der erwachsenen Fische. Ja, was das Tollste ist, bei manchen Formen sind *nur* die Kinder bunt, wie zum Beispiel bei dem auf S. 17 geschilderten Sternenhimmelchen und dem auf S. 25 erwähnten blauen Teufel, die sich beide mit Eintreten der Geschlechtsreife in stumpf taubengraue Fische mit blaßgelber Schwanzflosse verwandeln.

Die zum Vergleich mit Plakaten herausfordernde Verteilung der Farben auf verhältnismäßig große, in scharfem Kontrast miteinander stehende Flächen ist nicht nur vom Färbungsmuster der meisten Süßwasserfische verschieden, sondern überhaupt von dem der allermeisten weniger aggressiven und weniger ortsgebundenen Fische. Bei diesen entzückt uns die Feinheit der Farbverteilung, die geschmackvolle Abtönung milder Pastellfarben und die geradezu »liebevolle« Ausführung der Einzelheit. Wenn man eines der von mir so sehr geliebten Purpurmäuler von weitem sieht, sieht man nur einen grünlich-silbernen und durchaus unauffälligen Fisch, erst wenn man ihn dicht vor den Augen hat, was bei der Furchtlosigkeit dieser neugierigen Gesellen auch im Freien leicht zu erreichen ist, nimmt man die goldenen und himmelblauen Hieroglyphen wahr, die in mäandrischer Verschlingung den ganzen Fisch wie kunstvoller Brokat bekleiden. Ohne allen Zweifel sind auch diese Muster Signale für das Erkennen der eigenen Art, aber sie sind darauf abgestimmt, aus nächster Nähe vom dicht nebenher schwimmenden Artgenossen gesehen zu werden. Ganz ebenso sind ohne allen Zweifel die Plakatfarben der territorial-aggressiven Korallenfische daran angepaßt, auf möglichst große Entfernung gesehen und erkannt zu werden. Daß das Erkennen der eigenen Art bei diesen Tieren wütende Aggression auslöst, wissen wir zur Genüge.

Viele Menschen, und zwar auch solche, die im übrigen Verständnis für die Natur haben, betrachten es als merkwürdig und durchaus überflüssig, wenn wir Biologen bei jedem bunten Farbfleck, den wir auf einem Tiere sehen, allsogleich die Frage nach der arterhaltenden Leistung stellen, die er entfalten könnte, und nach der natürlichen Auslese, die zu seiner Ausbildung geführt haben könnte. Ja, erfahrungsgemäß legen uns dies so manche als verdammenswerten, weil wertblinden Materialismus aus. Nun ist aber *jede* Frage berechtigt, auf die es eine vernünftige Antwort gibt, und es kann unmöglich den Wert und die Schönheit irgendeiner Naturerscheinung beeinträchtigen, wenn wir in Erfahrung bringen können, *warum* sie so und nicht anders beschaffen ist. Der Regenbogen ist dadurch nicht weniger ergreifend schön geworden, daß wir die Lichtbrechungsgesetze verstehen lernten, denen er sein Dasein verdankt, und die begeisternde Schönheit und Regelmäßigkeit von Zeichnung, Farbe und Bewegungsweise unserer Fische kann unsere Bewunderung nur um so mehr erregen, wenn wir wissen, daß sie für die Arterhaltung jener Lebensformen, die sie schmückt, von wesentlicher Bedeutung ist. Und gerade von den herrlichen Kriegsfarben der Korallenfische wissen wir schon ziemlich sicher, welcher besonderen Leistung sie dienen: Sie lösen beim Artgenossen – und *nur* bei diesem – wütende Revierverteidigung aus, wenn jener sich im eigenen Gebiete befindet, und künden ihm furchterweckende Kampfbereitschaft an, wenn er in ein fremdes Territorium eindringt. In beiden Funktionen gleichen sie geschwisterlich einem anderen begeisternd schönen Naturphänomen, dem Vogelgesang, dem Lied der Nachtigall, dessen Schönheit »den Dichtern in die Verse drang«, wie Ringelnatz so treffend gesagt hat. Wie die Färbung der Korallenfische, so dient auch der Sang der Nachtigall dazu, den Artgenossen – denn nur diese geht es an – weithin kundzutun, daß hier am Orte ein Revier seinen festen und kampfesfreudigen Besitzer gefunden hat.

Wenn wir diese Theorie dadurch nachprüfen, daß wir das Kampfverhalten von plakatfarbigen und nicht plakatfarbigen Fischen derselben Verwandtschaftsgruppen und Lebensräume vergleichen, so bestätigt sie sich durchaus, besonders eindrucksvoll dann, wenn je eine plakatfarbige und eine anders gefärbte Art derselben Gattung angehören. So ist zum Beispiel ein zu den Demoiselle-Fischen gehöriger schlicht quergebänderter Fisch, den die Amerikaner Oberfeldwebel – Sergeant major – nennen, ein friedlicher Schwarmfisch. Sein Gattungsverwandter, der Spitzzahn-Abudefduf dagegen, ein prächtig samtschwarzer Fisch mit hellblauer Streifenzeichnung an Kopf und Vorderkörper sowie einem schwefelgelben Querband mitten über den Rumpf, ist so ziemlich der böseste aller bösen Revierbesitzer, die ich im Laufe meiner Korallenfisch-Studien kennenlernte. Unser großes Becken erwies sich als zu klein für zwei winzige, knapp 2,5 cm lange Jungfische dieser Art. Einer beanspruchte das ganze Aquarium, der andere führte ein kurzes Scheindasein in der linken, oberen, vorderen Ecke, hinter dem Blasenschwall der Durchlüftungsausströmer, der ihn den Blicken des feindlichen Bruders entzog. Ein anderes gutes Beispiel liefert der Vergleich der Schmetterlingsfische. Die einzige verträgliche Art unter ihnen, die ich kenne, ist gleichzeitig die einzige, deren charakteristisches Zeichnungsmuster in so kleine Einzelheiten aufgelöst ist, daß es erst auf nächste Entfernung richtig erkannt werden kann.

Am bemerkenswertesten aber ist die Tatsache, daß Korallenfische, die während ihrer Jugend plakatfarbig und als geschlechtsreife Tiere schlicht gefärbt sind, die gleiche Korrelation zwischen Färbungsweise und Aggressivität zeigen: Sie sind als Kinder wütende Revierverteidiger und als Erwachsene unvergleichlich viel verträglicher, ja, bei manchen hat man den Eindruck, sie müßten die kampfauslösende Färbung ablegen, um eine friedliche Annäherung der Geschlechter überhaupt möglich zu machen. Ganz sicher gilt letzteres für die bunten, oft scharf schwarzweiß gezeichneten Fischchen einer Gattung von »Demoiselles«, die ich mehrmals im Aquarium ablaichen sah und die zu diesem Behufe ihre kontrastreiche Färbung gegen eine einfarbig stumpfgraue vertauschen, um nach Vollzug des Laichaktes alsbald wieder die Kriegsflagge zu hissen.

3
Wozu das Böse gut ist

> Ein Teil von jener Kraft,
> Die stets das Böse will und stets das Gute schafft.
> Goethe

Wozu kämpfen Lebewesen überhaupt miteinander? Kampf ist in der Natur ein allgegenwärtiger Vorgang, die Verhaltensweisen ebenso wie die Angriffs- und Verteidigungswaffen, die ihm dienen, sind so hoch entwickelt und so offensichtlich unter dem Selektionsdruck ihrer jeweiligen arterhaltenden Leistung entstanden, daß es uns zweifellos zur Pflicht gemacht ist, diese Frage Darwins zu stellen.

Der Laie, mißleitet vom Sensationsbedürfnis der Presse und des Films, stellt sich das Verhältnis zwischen den »wilden Bestien« der »grünen Hölle« des Dschungels erfahrungsgemäß als einen blutdürstigen Kampf aller gegen alle vor. Noch jüngst gab es Filme, in denen man zum Beispiel einen Bengaltiger mit einem Python und gleich darauf diesen mit einem Krokodil kämpfen sah. Ich darf mit gutem Gewissen versichern, daß dergleichen unter natürlichen Bedingungen nie vorkommt. Welches Interesse hätte auch eines dieser Tiere daran, das andere zu vernichten? Keines von ihnen stört die Lebensinteressen des anderen!

Auch denken Fernerstehende erfahrungsgemäß bei Darwins Ausdruck »Kampf ums Dasein«, der zum oft mißbrauchten Schlagwort wurde, irrtümlicherweise meist an den Kampf zwischen verschiedenen Arten. In Wirklichkeit aber ist der »Kampf«, an den Darwin dachte und der die Evolution vorwärts treibt, in erster Linie die *Konkurrenz* zwischen Nahverwandten. Das, was eine Art, so wie sie heute ist, verschwinden läßt oder in eine andere verwandelt, das ist die vorteilhafte »Erfindung«, die einem oder wenigen Artgenossen ganz zufällig durch einen Treffer im ewigen Würfelspiel der Erbänderungen in den Schoß fällt. Die Nachkommen des Glücklichen übervorteilen, wie schon S. 20 dargestellt, alsbald alle anderen, bis die betreffende Art nur aus Individuen besteht, denen die neue »Erfindung« zu eigen ist.

Es *gibt* allerdings auch kampf-artige Auseinandersetzungen zwischen verschiedenen Arten. Ein Uhu schlägt und frißt des

Nachts selbst scharf bewaffnete Raubvögel trotz ihrer gewiß recht energischen Gegenwehr. Wenn diese dann die große Eule am hellen Tage antreffen, greifen sie ihrerseits voll Haß an. Fast jedes einigermaßen wehrhafte Tier, vom kleinen Nagetier aufwärts, kämpft wütend, wenn ihm zur Flucht kein Ausweg bleibt. Neben diesen drei besonderen Typen des zwischen-artlichen Kampfes gibt es noch andere, weniger spezifische Fälle. Zwei höhlenbrütende Vögel verschiedener Arten mögen um eine Nisthöhle, beliebige gleichstarke Tiere ums Futter streiten usw. Über die drei oben durch Beispiele illustrierten Fälle zwischenartlichen Kämpfens muß hier einiges gesagt werden, um ihre Eigenart aufzuzeigen und sie von der inner-artlichen Aggression abzugrenzen, die der eigentliche Gegenstand dieses Buches ist.

Viel offensichtlicher als bei inner-artlichen ist bei allen zwischen-artlichen Auseinandersetzungen die arterhaltende Funktion. Die wechselseitige Beeinflussung der Evolution von Raubtier und Beute liefert geradezu Musterbeispiele dafür, wie der Selektionsdruck einer bestimmten Leistung entsprechende Anpassung bewirkt. Die Schnelligkeit der gejagten Huftiere züchtet den sie jagenden Großkatzen gewaltige Sprungkraft und fürchterlich bewehrte Tatzen an, diese ihrerseits der Beute immer feinere Sinne und immer flinkere Läufe. Ein eindrucksvolles Beispiel eines solchen evolutiven Wettlaufs zwischen Angriffs- und Verteidigungswaffen liefert die palaeontologisch gut belegte Differenzierung immer härter und kaufähiger werdender Zähne bei grasfressenden Säugetieren und die parallel verlaufende Entwicklung der Nahrungspflanzen, die sich durch Einlagerung von Kieselsäure und andere Schutzmaßnahmen gegen das Zerkautwerden nach Möglichkeit schützen. Doch führt diese Art von »Kampf« zwischen dem Fresser und dem Gefressenen *nie* dazu, daß das Raubtier die Beute ausrottet, *immer* stellt sich zwischen ihnen ein Gleichgewichtszustand her, der für beide, als Arten betrachtet, durchaus erträglich ist. Die letzten Löwen würden Hungers gestorben sein, lange ehe sie das letzte zuchtfähige Paar von Antilopen oder Zebras getötet hätten, oder, ins Menschlich-Kommerzielle übersetzt, die Walfang-Schifferei würde längst bankrott machen, ehe die letzten Wale ausgerottet wären. Was eine Tierart unmittelbar in ihrer Existenz bedroht, ist nie der »Freßfeind«, sondern, wie gesagt, immer nur der Konkurrent. Als in grauer Vorzeit der Dingo, ein primitiver Haushund, vom Menschen nach Australien gebracht wurde und dort verwilderte, rottete er keine einzige Art seiner Beutetiere aus, wohl aber die großen Beutelraubtiere, die auf die gleichen Tiere Jagd machten wie er. An Kampfeskraft waren ihm die einheimischen großen Beutelraubtiere, der Beutelwolf und der Beutelteufel, erheblich überlegen, aber die Jagdart dieser altertümlichen, verhältnismäßig dummen und langsamen Wesen war der des »modernen« Säugetieres unterlegen. Der Dingo verminderte die Populationsdichte der Beutetiere so sehr, daß die Methoden der Konkurrenten nicht mehr »lohnten«. So leben sie heute nur mehr in Tasmanien, wo der Dingo nicht hingekommen ist.

Aber auch in anderer Hinsicht ist die Auseinandersetzung zwischen Raubtier und Beute kein Kampf im eigentlichen Sinne des Wortes. Zwar mag das Zuschlagen der Tatze, mit dem der Löwe seine Beute ergreift, in seiner Bewegungsform demjenigen gleichen, mit dem er seinem Nebenbuhler eins auswischt, wie ja auch ein Jagdgewehr und ein Militärkarabiner einander äußerlich ähneln. Aber die inneren, verhaltensphysiologischen Beweggründe des Jägers sind von denen des Kämpfers grundverschieden. Der Büffel, den der Löwe niederschlägt, ruft dessen Aggression so wenig hervor, wie der schöne Truthahn, den ich soeben voll Wohlgefallen in der Speisekammer hängen sah, die meine erregt. Schon in den Ausdrucksbewegungen ist die Verschiedenheit der inneren Antriebe deutlich abzulesen. Der Hund, der sich voll Jagdpassion auf einen Hasen stürzt, macht dabei genau dasselbe gespannt-freudige Gesicht, mit dem er seinen Herrn begrüßt oder ersehnten Ereignissen entgegensieht. Auch dem Gesicht des Löwen kann man, wie aus vielen ausgezeichneten Photographien zu entnehmen ist, im dramatischen Augenblick vor dem Sprunge ganz eindeutig ansehen, daß er keineswegs böse ist: Knurren, Ohrenzurücklegen und andere vom Kampfverhalten her bekannte Ausdrucksbewegungen sieht man von jagenden Raubtieren nur, wenn sie sich vor einer wehrhaften Beute erheblich fürchten – und selbst dann nur in Andeutungen.

Näher mit echter Aggression verwandt als der Angriff des Jägers auf seine Beute ist der interessante umgekehrte Vorgang, die »Gegenoffensive« des Beutetieres gegen den Freßfeind. Besonders sind es gesellschaftlich lebende Tiere, die zu vielt das sie gefährdende Raubtier angreifen, wo immer sie ihm begegnen. Deshalb nennt die englische Sprache den in Rede stehenden Vorgang »mobbing«, der deutschen Umgangssprache fehlt ein entsprechendes Wort, nur die alte Jägersprache hat eins, die sagt: Krähen oder andere Vögel »hassen auf« den Uhu, die Katze oder sonst einen nächtlich jagenden Freßfeind, wenn sie seiner bei Tageslicht ansichtig werden. Man würde indessen selbst bei Hubertusjüngern Anstoß erregen, wollte man etwa sagen, eine Rinderherde habe »auf« einen Dackel »gehaßt«, obwohl es sich tatsächlich, wie wir sogleich hören werden, um einen durchaus vergleichbaren Vorgang handelt.

Die arterhaltende Leistung des Angriffs auf den Freßfeind ist offensichtlich. Selbst wenn der Angreifer klein und waffenlos ist, tut er dem Angegriffenen sehr fühlbaren Schaden. Alle einzeln jagenden Tiere haben ja nur dann Aussicht auf Erfolg, wenn ihr Angriff die Beute überrascht. Dem Fuchs, dem ein Eichelhäher laut kreischend durch den Wald folgt, dem Sperber, hinter dem ein Schwarm zwitschernder, warnschreiender Bachstelzen herfliegt, ist die Jagd für heute gründlich verdorben. Durch das Hassen vieler Vögel auf Eulen, die sie bei Tage entdeckt haben, soll offenbar der nächtliche Jäger so weit vertrieben werden, daß er am nächsten Abend anderswo jagt. Besonders interessant ist die Funktion des Hassens bei manchen sehr sozialen Vögeln, wie bei den Dohlen und vielen Gänsen. Bei ersteren liegt der wichtigste Arterhaltungswert des Hassens darin, den unerfahrenen Jungen beizubringen, wie der gefährliche Freßfeind aussieht. Angeborenermaßen wissen sie dies nämlich nicht. Ein für Vögel einzigartiger Fall von traditionell weitergegebenem Wissen!

Die Gänse »wissen« zwar auf Grund recht selektiver angeborener Auslösemechanismen, daß etwas Pelziges, Rotbraunes, langgestreckt Dahinschleichendes höchst gefährlich ist, aber dennoch ist auch bei ihnen die arterhaltende Leistung des »mobbing« mit all seiner ungeheuren Aufregung und dem Zusammenströmen vieler, vieler Gänse von weither im wesentlichen lehrhafter Natur. Wer es noch nicht gewußt hat, lernt dabei: *Hier* kommen Füchse vor! Als an unserem See nur ein Teil des Ufers durch ein fuchssicheres Gitter vor Raubtieren geschützt war, mieden die Gänse jegliche Deckung, die einen Fuchs hätte verbergen können, auf einen Abstand von 15 und mehr Meter, während sie im geschützten Gebiet furchtlos in die Dickichte junger Fichten eindrangen. Neben dieser didaktischen Leistung hat das Hassen auf Raubsäugetiere bei Dohlen wie bei Gänsen selbstverständlich auch noch seine ursprüngliche Wirkung, dem Feinde das Leben sauer zu machen. Dohlen stoßen nachdrücklich und tätlich auf ihn, und die Gänse scheinen ihn durch ihr Geschrei, ihre Menge und ihr furchtloses Auftreten einzuschüchtern. Die schweren Kanadagänse gehen dem Fuchs sogar zu Lande in geschlossener Phalanx nach, und nie habe ich gesehen, daß er dabei versucht hätte, einen seiner Quälgeister zu fangen. Mit zurückgelegten Ohren und ausgesprochen geekeltem Gesicht sieht er über die Schulter weg nach der trompetenden Gänseschar und trollt sich langsam, sein »Gesicht wahrend«, von dannen.

Besonders wirkungsvoll ist natürlich das »mobbing« bei größeren und wahrhaften Pflanzenfressern, die, wenn ihrer viele sind, selbst große Raubtiere aufs Korn nehmen. Zebras sollen nach einem glaubhaften Bericht sogar den Leoparden belästigen, wenn sie ihn einmal auf deckungsarmer Steppe erwischen. Unseren Hausrindern und -schweinen liegt der soziale Angriff gegen den Wolf noch so sehr im Blut, daß man durch sie in ernste Gefahr geraten kann, wenn man eine von einer größeren Herde bevölkerte Weide in Begleitung eines ängstlichen jungen Hundes betritt, der, anstatt die Angreifer zu verbellen oder selbständig zu fliehen, zwischen den Beinen des Herrn Schutz sucht. Ich selbst mußte einmal samt meiner Hündin Stasi in einen See springen und schwimmend mein Heil suchen, als eine Herde von Jungrindern einen Halbkreis um uns gebildet hatte und drohend vorrückte. Mein Bruder hat im Ersten Weltkrieg in Südungarn einen angenehmen Nachmittag auf einer Kopfweide verbracht, auf die er mit seinem Scotchterrier unter dem Arm geklettert war, weil eine Herde der frei im Walde weidenden, halbwilden ungarischen Schweine die beiden eingekreist hatte und den Kreis, in unverkennbarer Absicht die Hauer entblößend, immer enger zog.

Man könnte noch viel über diese wirksamen Angriffe auf den – wirklichen oder vermeintlichen – Freßfeind sagen. Bei manchen Vögeln und Fischen haben sich im Dienste dieses besonderen Vorgangs grellbunte »aposematische« oder Warn-Farben herausgebildet, die sich das Raubtier gut merken und mit den unangenehmen Erfahrungen assoziieren kann, die es mit der betreffenden Art gemacht hat. Giftige, übelschmeckende oder sonstwie geschützte Tiere der verschiedensten Verwandtschaftsgruppen sind bei der »Wahl« dieser Warnsignale auffallend oft auf Zusammenstellung von Rot, Weiß und Schwarz verfallen, und höchst merkwürdigerweise taten zwei Wesen, die außer ihrer wirklich »springgiftigen« Angriffslust weder miteinander noch mit den erwähnten Giftwesen etwas gemein haben, genau dasselbe: die Brandente und die Sumatrabarbe. Von der Brandente ist seit langem bekannt, daß sie auf Raubtiere intensiv haßt und dem Fuchs den Anblick ihres bunten Gefieders so verekelt, daß sie ungestraft in bewohnten Fuchsbauten brüten kann. Sumatrabarben kaufte ich mir, weil ich mich fragte, wozu die Fischchen so ausgesprochen giftig aussähen, eine Frage, die sie mir sofort beantworteten, indem sie in einem großen Gemeinschaftsaquarium große Buntbarsche derart »mobbten«, daß ich die räuberischen Riesen vor den nur scheinbar harmlosen Zwergen schützen mußte.

Ebenso leicht wie beim Angriff des Raubtiers auf seine Beute und beim Hassen des Beutetieres auf seinen Freßfeind ist die Frage nach der arterhaltenden Leistung bei einer dritten Art von Kampfverhalten zu beantworten, die wir mit H. Hediger die *kritische Reaktion* nennen. Der Ausdruck »fighting like a cornered rat« ist bekanntlich im Englischen zum Symbol des Verzweiflungskampfes geworden, in dem der Kämpfer alles einsetzt, weil er nicht entkommen kann und keinerlei Gnade zu erwarten hat. Diese heftigste Form des Kampfverhaltens ist von *Furcht* motiviert, von intensivstem Fluchtdrang, dem seine gewöhnliche Auswirkung im Davonlaufen dadurch verwehrt ist, daß die Gefahr *zu nahe* ist. Das Tier wagt dann gewissermaßen nicht mehr, dieser den Rücken zuzuwenden, und greift mit dem sprichwörtlichen »Mute der Verzweiflung« an. Genau dasselbe kann eintreten, wenn, wie bei der in die Ecke getriebenen Ratte, räumliche Ausweglosigkeit die Flucht verhindert; ebenso aber auch, wenn dies der Drang zur Verteidigung der Brut oder der Familie tut. Auch der Angriff einer Hühnerglucke oder eines Ganters auf jedwedes Objekt, das den Kücken zu nahe kommt, ist als kritische Reaktion zu werten. Bei überraschendem Erscheinen eines furchterregenden Feindes innerhalb einer bestimmten kritischen Entfernung greifen sehr viele Tiere ihn heftigst an, während sie schon auf viel größeren Abstand geflohen wären, hätten sie ihn von weitem sich nähern gesehen. Zirkusdompteure manövrieren große Raubtiere an beliebige Stellen der Manege, indem sie mit dem Schwellenwert zwischen Fluchtdistanz und kritischer Distanz ein gefährliches Spiel treiben, was Hediger sehr anschaulich geschildert hat. Wie in tausend Jagdgeschichten zu lesen steht, sind Großraubtiere in dichter Deckung höchst gefährlich. Dies ist vor allem deshalb so, weil dort die Fluchtdistanz besonders klein wird; das Tier fühlt sich geborgen und rechnet damit, daß der durchs Dickicht brechende Mensch es selbst dann nicht bemerkt, wenn er ziemlich nahe an ihm vorbeikommt. Unterschreitet er aber dabei die kritische Distanz des betreffenden Tieres, so passiert schnell und tragisch ein sogenannter Jagdunfall.

Den eben besprochenen besonderen Fällen, in denen Tiere verschiedener Arten miteinander kämpfen, ist das eine gemeinsam, daß der Vorteil klar zutage liegt, den jeder der Streitenden durch sein Verhalten erringt oder doch im Interesse der Arterhaltung erringen »soll«. Auch die inner-artliche Aggression, die Aggression im eigentlichen und engeren Sinne des Wortes, vollbringt eine arterhaltende Leistung. Auch in bezug auf sie kann und muß die Darwinsche Frage »wozu?« gestellt werden. Dies wird so manchem nicht unmittelbar einleuchten und dem des klassischen psychoanalytischen Denkens Gewohnten vielleicht als der frevelhafte Versuch einer Apologie des lebensvernichtenden Prinzips, des Bösen schlechthin, erscheinen. Der normale Zivilisationsmensch bekommt ja echte Aggression meistens nur dann zu sehen, wenn zwei seiner Mitbürger oder seiner Haustiere sich in die Wolle kriegen, und sieht so begreiflicherweise nur die üblen Auswirkungen solchen Zwistes. Dazu kommt die wahrhaft erschreckende Reihe fließender Übergänge, die von zwei Hähnen, die auf dem Mist raufen, weiter aufwärts führt über Hunde, die sich beißen, Buben, die sich abwatschen, Burschen, die einander Bierkrügel auf die Köpfe hauen und weiter aufwärts zu schon ein wenig politisch getönten Wirtshausraufereien bis schließlich zu Kriegen und Atombomben.

Wir haben guten Grund, die intraspezifische Aggression in der gegenwärtigen kulturhistorischen und technologischen Situation der Menschheit für die schwerste aller Gefahren zu halten. Aber wir werden unsere Aussichten, ihr zu begegnen, gewiß nicht dadurch verbessern, daß wir sie als etwas Metaphysisches und Unabwendbares hinnehmen, vielleicht aber dadurch, daß wir die Kette ihrer natürlichen Verursachung verfolgen. Wo immer der Mensch die Macht erlangt hat, ein Naturgeschehen willkürlich in bestimmter Richtung zu lenken, verdankt er sie seiner Einsicht in die Verkettung der Ursachen, die es bewirken. Die Lehre vom normalen, seine arterhaltende Leistung erfüllenden Lebensvorgang, die sogenannte Physiologie, bildet die unentbehrliche Grundlage für die Lehre von seiner Störung, für die Pathologie. Wir wollen also für den Augenblick vergessen, daß der Aggressionstrieb unter den Lebensbedingungen der Zivilisation sehr gründlich »aus dem Gleise geraten« ist, und uns möglichst unbefangen der Erforschung seiner natürlichen Ursachen zuwenden. Als gute Darwinisten und aus bereits ausführlich dargestellten guten Gründen fragen wir zunächst nach der arterhaltenden Leistung, die das Kämpfen gegen Artgenossen unter natürlichen, oder besser gesagt vorkulturellen, Bedingungen vollbringt und die jenen Selektionsdruck ausgeübt hat, dem es seine hohe Entwicklung bei so vielen höheren Lebewesen verdankt. Es sind ja keineswegs nur die Fische, die in der bereits geschilderten Weise ihre Artgenossen bekämpfen, die große Mehrzahl aller Wirbeltiere tut es ebenso.

Die Frage nach dem Arterhaltungswert des Kämpfens hat bekanntlich schon Darwin selbst gestellt und auch schon eine einleuchtende Antwort gegeben: Es ist für die Art, für die Zukunft, immer von Vorteil, wenn der stärkere von zwei Rivalen das Revier oder das umworbene Weibchen erringt. Wie so oft, ist diese Wahrheit von gestern zwar keine Unwahrheit, aber doch nur ein Spezialfall von heute, und die Ökologen haben in jüngerer Zeit eine noch viel wesentlichere arterhaltende Leistung der Aggression nachgewiesen. Ökologie kommt von griechisch οἶχος, das Haus, und ist die Lehre von den vielfältigen Wechselbeziehungen, die zwischen dem Organismus und seinem natürlichen Lebensraum, seinem »Zu-Hause«, bestehen, zu dem natürlich auch alle anderen, ebenfalls dort lebenden Tiere und Pflanzen zu rechnen sind. Wenn nicht etwa die Sonder-Interessen einer sozialen Organisation ein enges Zusammenleben fordern, ist es aus leicht einsehbaren Gründen am günstigsten, die Einzelwesen einer Tierart möglichst gleichmäßig über den auszunutzenden Lebensraum zu verteilen. In einem Gleichnis aus dem menschlichen Berufsleben ausgedrückt: Wenn in einem bestimmten Gebiet auf dem Lande eine größere Anzahl von Ärzten oder Kaufleuten oder Fahrradmechanikern ihr Auslangen finden soll, werden die Vertreter jedes dieser Berufe gut daran tun, sich möglichst weit weg voneinander anzusiedeln.

Die Gefahr, daß in einem Teil des zur Verfügung stehenden Biotops eine allzu dichte Bevölkerung einer Tierart alle Nahrungsquellen erschöpft und Hunger leidet, während ein anderer Teil ungenutzt bleibt, wird am einfachsten dadurch gebannt, daß die Tiere einer Art einander *abstoßen*. Dies ist, in dürren Worten, die wichtigste arterhaltende Leistung der intraspezifischen Aggression. Und nun sind wir auch imstande, uns einen Reim darauf zu machen, warum gerade die ortsansässigen

Korallenfische so verrückt gefärbt sind. Es gibt auf der Erde wenige Biotope, in denen so viel und vor allem *so verschiedenartige* Nahrung zur Verfügung steht wie auf dem Korallenriff. Eine Fischart kann hier, stammesgeschichtlich gesprochen, »die verschiedensten Berufe ergreifen«. Der Fisch kann sich als »ungelernter Arbeiter« sehr wohl mit dem durchbringen, was ein Durchschnittsfisch sowieso kann, indem er Jagd auf kleinere, nicht giftige, nicht gepanzerte, nicht stachelige oder sonstwie wehrhafte Lebewesen macht, die vom offenen Meere her in Massen auf das Riff zukommen, teils als »Plankton« passiv von Wind und Wellen getrieben, teils aber aktiv anschwimmend in der »Absicht«, sich auf dem Riff selbst niederzulassen, wie das die Millionen und Abermillionen der freischwimmenden Larven aller riffbewohnenden Organismen tun.

Andererseits kann sich eine Fischart darauf spezialisieren, auf dem Riff selbst lebende und dann stets in irgendeiner Weise geschützte Lebewesen zu fressen, deren Schutzmaßnahmen sie in irgendeiner Weise unwirksam machen muß. Die Korallen selbst liefern einer ganzen Reihe von Fischarten Nahrung, und zwar auf ganz verschiedene Art. Die spitzschnäuzigen Schmetterlingsfische oder Borstenzähner ernähren sich meist als Nahrungsparasiten der Korallen und anderer Nesseltiere. Sie suchen dauernd die Korallenstöcke nach kleinen Beutetieren ab, die sich in den Nesselarmen der Korallenpolypen gefangen haben. Sowie sie solches bemerken, erzeugen sie durch Fächeln mit den Brustflossen einen Wasserstrom, der so genau auf die Beute gerichtet ist, daß an der betreffenden Stelle ein »Scheitel« zwischen den Korallentieren entsteht, die samt ihren nesselbewehrten Fangarmen nach allen Seiten hin flachgedrückt werden, so daß der Fisch, fast ohne sich die Nase zu verbrennen, die Beute wegzupfen kann. Ein bißchen brennt es doch immer, man sieht den Fisch »niesen« und ein wenig die Nase schütteln, aber dies scheint wie Paprika nur als angenehmer Reiz auf ihn zu wirken. Jedenfalls fressen solche Fische, wie etwa meine schönen gelben und braunen Schmetterlingsfische, dieselbe Beute, etwa ein Fischstückchen, lieber, wenn es bereits in den Tentakeln eines Nesseltieres klebt, als wenn es frei im Wasser schwimmt. Andere Verwandte haben sich eine stärkere Immunität gegen das Nesselgift zugelegt und fressen die Beute samt dem Korallentier, das sie gefangen hat, wieder andere machen sich überhaupt nichts aus den Nesselkapseln der Hohltiere und fressen Korallentiere, Hydroidpolypen und selbst große, stark nesselnde Seeanemonen in sich hinein, wie eine Kuh Gras frißt. Die Papageifische gar haben sich zur Gift-Immunität hinzu noch ein kraftvolles Brechscherengebiß angezüchtet und fressen die Korallenstöcke buchstäblich mit Butz und Stingel. Wenn man in der Nähe einer weidenden Herde dieser herrlich bunten Fische taucht, hört man es krachen und knacken, als ob eine kleine Schottermühle am Werk sei – was ja auch den Tatsachen entspricht. Wenn sich so ein Fisch entleert, so rieselt ein kleiner Regen weißen Sandes hernieder, und der Beobachter wird sich mit Staunen bewußt, daß all der schneeig reine Korallensand, der sämtliche Lichtungen im Korallenwalde bedeckt, offenbar den Weg durch einen Papageifisch hinter sich hat.

Andere Fische wiederum, die Haftkiefer, zu denen die humorvollen Kugel-, Koffer- und Igelfische gehören, haben sich auf das Knacken hartschaliger Mollusken, Krebstiere und Seeigel eingestellt, wiederum andere, so die Kaiserfische, sind Spezialisten im blitzraschen Abpflücken der schönen Federkronen, die gewisse Röhrenwürmer aus ihren harten Kalkröhren hervorstrecken und die durch ihre Fähigkeit zum schnellen Zurückzucken vor dem Zugriff anderer, etwa langsamerer Räuber geschützt sind. Die Kaiserfische aber haben eine Art, sich seitlich anzuschleichen und mit einem blitzartigen Seitwärtsrucken des Maules nach dem Wurmkopf zu greifen, dem die Reaktionsgeschwindigkeit des Wurmes nicht gewachsen ist. Auch wenn sie im Aquarium andere, nicht des raschen Wegzuckens fähige Beute aufnehmen, können die Kaiserfische nicht anders als mit der geschilderten Bewegungsweise zuschnappen.

Noch viele andere »Berufsmöglichkeiten« für spezialisierte Fische bietet das Riff. Da sind Fische, die anderen Fischen Parasiten ablesen. Sie werden von den bösesten Raubfischen geschont, selbst wenn sie in deren Mund- und Kiemenhöhlen eindringen, um dort ihr segensvolles Werk zu vollbringen. Da sind, noch verrückter, andere Fische, die als Parasiten von großen Fischen leben, denen sie Stücke aus der Oberhaut stanzen, und unter diesen sind, was das Verrückteste ist, solche, die den vorerwähnten Putzerfisch in Farbe, Form und Bewegungsweise täuschend nachahmen und sich so unter Vorspiegelung falscher Tatsachen an ihre Opfer heranmachen. Wer zählt die Völker, nennt die Namen?

Wesentlich für unsere Betrachtung ist, daß sich oft alle oder doch fast alle diese Möglichkeiten für Spezialberufe, die man als »ökologische Nischen« bezeichnet, in dem gleichen Kubikmeter

Ozeanwasser darbieten. Da jedes einzelne Individuum, was immer seine Spezialität sein mag, bei dem ungeheuren Nahrungsangebot des Korallenriffes nur weniger Quadratmeter Bodenfläche zu seinem Unterhalt bedarf, so ergibt sich, daß in diesem kleinen Areal so viele Fische zusammenleben können und »wollen«, wie in ihm ökologische Nischen vorhanden sind – und das sind sehr viele, wie jeder weiß, der staunenden Auges das Gewimmel auf einem Riff beobachtet hat. Jeder dieser Fische aber ist ausschließlich daran interessiert, daß sich in seinem kleinen Revier kein anderer der gleichen Art ansiedelt. Die Spezialisten anderer »Berufe« schädigen seinen Geschäftsgang genauso wenig, wie in unserem weiter oben gebrauchten Gleichnis die Anwesenheit eines Arztes im gleichen Dorf dem des Fahrradmechanikers Eintrag tut.

In weniger dicht besiedelten Biotopen, in denen die gleiche Einheit des Raums nur für drei oder vier Arten Lebensmöglichkeiten bietet, kann es ein ortsbeständiger Fisch oder Vogel »sich leisten«, auch alle andersartigen und seinen Unterhalt eigentlich nicht beeinträchtigenden Lebewesen fernzuhalten. Wollte nun ein reviertreuer Korallenfisch Gleiches versuchen, so würde er sich völlig erschöpfen und doch nicht imstande sein, das eigene Territorium von dem Gewimmel der Nicht-Konkurrenten verschiedener Professionen freizuhalten. Es ist im ökologischen Interesse *aller* ortsansässigen Arten, daß jede von ihnen die räumliche Verteilung ihrer Individuen für sich und ohne Rücksicht auf andere Arten vollzieht. Die im ersten Kapitel beschriebenen bunten »Plakat«-Farben und die durch sie selektiv ausgelösten Kampfreaktionen bewirken, daß jeder Fisch jeder Art nur von dem gleichartigen Nahrungskonkurrenten gemessenen Abstand hält. Dies ist die sehr einfache Antwort auf die viel und oft diskutierte Frage nach der Funktion der Farben der Korallenfische.

Wie schon gesagt, hat der artbezeichnende Gesang der Singvögel eine sehr ähnliche arterhaltende Wirkung wie die optischen Signale der eben geschilderten Fische. Ganz sicher erkennen aus ihm andere, noch kein Revier besitzende Vögel, daß an der betreffenden Stelle ein Männchen territoriale Ansprüche geltend macht und wes Nam' und Art es ist. Vielleicht ist es außerdem noch von Wichtigkeit, daß aus dem Gesang bei vielen Arten sehr deutlich hervorgeht, wie stark, möglicherweise auch, wie alt der betreffende Vogel sei, mit anderen Worten, wie sehr er für den ihn hörenden Eindringling zu fürchten sei. Bei manchen akustisch ihr Revier markierenden Vögeln fällt die große individuelle Verschiedenheit der Lautäußerungen auf, manche Untersucher sind der Ansicht, daß bei solchen Arten die persönliche Visitenkarte von Bedeutung sei. Wenn Heinroth das Krähen des Hahnes in die Worte übersetzt: »Hier ist ein Hahn«, so hört Bäumer, der beste aller Hühnerkenner, die weit speziellere Botschaft heraus: »Hier ist der Hahn Balthasar!«

Bei den Säugetieren, die meist »durch die Nase denken«, ist es wenig zu verwundern, daß die *geruchliche* Markierung des eigenen Grundbesitzes bei ihnen eine große Rolle spielt. Die verschiedensten Wege wurden beschritten, die verschiedensten Duftdrüsen entwickelt, die merkwürdigsten Zeremonien beim Absetzen von Harn und Kot ausgebildet, von denen das Beinchenheben des Haushundes jedem wohlvertraut ist. Der von verschiedenen Säugetierkundigen erhobene Einwand, daß derlei Geruchsmarken mit Revierbesitz nichts zu tun hätten, da sie sowohl bei sozial lebenden, keine Einzelreviere verteidigenden Säugern vorkommen als auch bei solchen, die weit umherzigeunern, besteht nur teilweise zu Recht. Erstens erkennen sich Hunde – und sicher auch andere in Rudeln lebende Tiere – nachweislich *individuell* am Duft der Marken, und es würde also den Mitgliedern eines Packs sofort auffallen, wenn ein Nicht-Mitglied sich erkühnen sollte, in ihrem Jagdgebiet das Hinterbein zu heben. Zweitens aber besteht die von Leyhausen und Wolff nachgewiesene, sehr interessante Möglichkeit, daß eine räumliche Verteilung gleichartiger Tiere über den verfügbaren Biotop nicht nur durch einen Raumplan, sondern ebensogut durch einen *Zeitplan* bewirkt werden kann. Sie haben an freilaufenden, auf offenem Lande lebenden Hauskatzen gefunden, daß mehrere Individuen dasselbe Jagdgebiet benutzen können, ohne je miteinander in Streitigkeiten zu geraten, indem sie seine Benutzung nach einem festen Stundenplan einteilen, ganz wie die Hausfrauen unseres Seewiesener Instituts die Benützung der gemeinsamen Waschküche. Eine zusätzliche Sicherung gegen unliebsame Begegnungen besteht in den Duftmarken, die diese Tiere – die Katzen, nicht die Hausfrauen – in regelmäßigen Abständen, wo immer sie gehen und stehen, abzusetzen pflegen. Diese wirken genau wie das Blocksignal auf der Eisenbahn, das ja in analoger Weise darauf abzielt, ein Zusammenstoßen zweier Züge zu verhindern: Die Katze, die auf ihrem Pirschweg das Signal einer anderen vorfindet, dessen Alter sie sehr wohl zu beurteilen vermag, zögert oder schlägt einen anderen Weg ein, wenn es frisch abgesetzt ist, bzw. setzt ruhig ihren Weg fort, wenn es ein paar Stunden alt ist.

Auch bei Wesen, deren »Territorium« nicht in dieser Weise zeitlich, sondern nur einfach räumlich bestimmt ist, darf man sich das Revier nicht als einen Grundbesitz vorstellen, der durch feste geographische Grenzen bestimmt und gewissermaßen im Grundbuch eingetragen ist. Vielmehr wird es nur durch den Umstand bestimmt, daß die Kampfbereitschaft des betreffenden Tieres an dem ihm besten vertrauten Orte, eben dem Mittelpunkt des Revieres, am größten ist, anders ausgedrückt, es sind die Schwellenwerte der kampfauslösenden Reize dort am niedrigsten, wo das Tier sich »am sichersten fühlt«, d. h. wo seine Aggression am wenigsten durch Fluchtstimmung unterdrückt wird. Mit zunehmender Entfernung von diesem »Hauptquartier« nimmt die Kampfbereitschaft in gleichem Maße ab, wie die Umgebung für das Tier fremder und furchterregender wirkt. Die Kurve dieser Abnahme ist daher nicht in allen Raumrichtungen gleich steil; bei Fischen, die ihren Reviermittelpunkt fast stets am Boden haben, ist das Gefälle der Angriffslust in der Lotrechten am stärksten, sicherlich deshalb, weil dem Fisch von oben her besondere Gefahren drohen.

Das Territorium, das ein Tier zu besitzen scheint, ist also nur die Funktion einer ortsabhängigen Verschiedenheit der Angriffslust, bedingt durch verschiedene ortsgebundene Faktoren, die sie hemmen. Bei Annäherung an den Gebietsmittelpunkt wächst der Aggressionsdrang im geometrischen Verhältnis zur Entfernungsabnahme. Dieser Anstieg ist so groß, daß er alle zwischen erwachsenen geschlechtsreifen Tieren einer Art je vorkommenden Unterschiede der Größe und Stärke ausgleicht. Kennt man also bei territorialen Lebewesen, etwa bei Gartenrotschwänzen vor dem Hause oder bei Stichlingen im Aquarium, die Gebiets-Mittelpunkte von zwei eben in Streit geratenen Revierbesitzern, so kann man aus dem Ort des Zusammentreffens mit Sicherheit voraussagen, wer siegen wird, nämlich ceteris paribus derjenige, der im Augenblick seinem Heim näher ist.

Wenn dann der Besiegte flieht, so führt die Trägheit der Reaktionen beider Tiere zu jenem Vorgang, der immer dann eintritt, wenn ein sich selbst regelndes Geschehen sich mit einer Verzögerung abspielt, nämlich zu einer Schwingung. Dem Verfolgten kehrt mit Annäherung an sein Hauptquartier der Mut wieder, während der des Verfolgers in dem Maße sinkt, in dem er ins Feindesland vordringt. Schließlich macht der eben noch

Fliehende kehrt und greift ebenso unvermittelt wie energisch den vorherigen Sieger an, den er nun völlig voraussagbarerweise schlägt und vertreibt. Das Ganze wiederholt sich dann noch mehrere Male, bis die beiden Kämpfer schließlich ausgependelt sind und an einer ganz bestimmten Stelle zum Stillstand kommen, an der sie, nunmehr im Gleichgewicht, gegeneinander drohen ohne anzugreifen.

Diese Stelle, die Revier-»Grenze«, ist also keineswegs auf dem Erdboden eingezeichnet, sondern ausschließlich durch ein Kräftegleichgewicht bestimmt und kann, wenn sich dieses im geringsten ändert, sei es auch nur, daß einer der Fische gerade vollgefressen und daher faul ist, an einer anderen Stelle, etwas näher dem Hauptquartier des Gehemmten liegen. Ein altes Beobachtungsprotokoll über das Revierverhalten zweier Paare des Zebrabuntbarsches mag dieses Schwanken der Reviergrenzen illustrieren. Von vier in ein großes Becken eingesetzten Fischen dieser Art besetzte sofort das stärkste Männchen A die linke, hintere, untere Ecke und jagte die drei übrigen Fische mitleidlos im ganzen Becken umher, mit anderen Worten, er beanspruchte das ganze Aquarium als »sein« Revier. Nach einigen Tagen hatte sich Männchen B ein winziges Plätzchen dicht unter der Oberfläche in der diagonal gegenüberliegenden rechten, vorderen, oberen Raumecke des Beckens zu eigen gemacht und hielt hier den Angriffen des ersten Männchens tapfer stand. Das Besetzen eines Raumgebietes nahe der Oberfläche ist gewissermaßen eine Verzweiflungsmaßnahme von seiten des Fisches, der große Gefahren in Kauf nimmt, um sich gegen den überlegenen Artgenossen durchzusetzen, der aus den schon erwähnten Gründen in solchen Gegenden weniger entschlossen angreift. Der Besitzer eines solchen gefährdeten Revieres hat die Oberflächenfurcht des bösen Nachbarn zum Verbündeten. Im Laufe der nächsten Tage wuchs der von B verteidigte Raum zusehends und dehnte sich vor allem mehr und mehr nach unten aus, bis er schließlich seinen Standplatz in die rechte, vordere, untere Aquarienecke verlegt und damit ein vollwertiges Hauptquartier erkämpft hatte. Nun erst hatte er A gegenüber gleiche Chancen und drängte diesen rasch soweit zurück, daß beide Fische das Becken in zwei annähernd gleich große Gebiete geteilt hatten. Es war ein schönes Bild, wie die beiden, dauernd die Grenze patrouillierend, einander drohend gegenüberstanden. Dann, eines Morgens, taten sie dies aber wieder ganz rechts im Becken, auf B's ursprünglicher Seite, kaum einige Quadratdezimeter Bodens nannte dieser nunmehr sein eigen! Ich wußte sofort, was geschehen war: A hatte sich verpaart, und da bei allen großen Buntbarschen die Aufgabe der Revierverteidigung von beiden Gatten treulich geteilt wird, hatte B nunmehr einem verdoppelten Druck standzuhalten, der sein Revier entsprechend zusammengepreßt hatte. Schon am nächsten Tag standen die einander frontal androhenden Fische wieder in der Mitte des Beckens, aber nun waren ihrer vier, denn auch B hatte eine Gattin errungen, so daß das Gleichgewicht der Familie A gegenüber wiederhergestellt war. Eine Woche später wieder fand ich die Grenze ganz weit nach links hinten, in das A-Territorium hinein verschoben, und der Grund dafür war, daß das Ehepaar A soeben abgelaicht hatte, und da nunmehr immer einer der Gatten mit dem Bewachen und Pflegen der Eier beschäftigt war, konnte sich nur jeweils einer von ihnen der Grenzverteidigung widmen. Als kurz darauf das Ehepaar B ebenfalls gelaicht hatte, war die vorherige, gleichmäßige Raumverteilung alsbald wiederhergestellt. Julian Huxley hat dieses Verhalten einmal sehr hübsch in einem physikalischen Gleichnis dargestellt, in dem er die Territorien mit Luftballons verglich, die in einem allseits geschlossenen Behälter sich gegeneinander abplatten und die sich mit dem etwas wechselnden Innendruck jedes einzelnen vergrößern und verkleinern.

Dieser verhaltensphysiologisch recht einfache Mechanismus des territorialen Kämpfens löst in geradezu idealer Weise die Aufgabe, gleichartige Tiere in »gerechter«, das heißt für die *Gesamtheit* der betreffenden Art günstiger Weise über das verfügbare Areal zu verteilen. Auch der Schwächere kann sich, wenn auch nur in bescheidenerem Raum, erhalten und fortpflanzen. Dies ist besonders bei solchen Lebewesen von Bedeutung, die wie manche Fische und Reptilien schon früh, lange vor Erreichen der Endgröße, geschlechtsreif werden, dabei aber noch weiterwachsen. Welch friedlicher Erfolg des »bösen Prinzips«!

Derselbe Erfolg wird bei manchen Tieren auch ohne aggressives Verhalten erzielt. Es genügt ja theoretisch, daß sich die Tiere derselben Art »nicht riechen können« und einander dementsprechend vermeiden. Bis zu einem gewissen Grade ist dies ja schon bei den von den Katzen gesetzten Duftmarken (S. 41) der Fall, wenn auch hinter deren Wirkung die stille Drohung tätlicher Aggression steht. Es gibt aber auch einige Wirbeltiere, die jeder intraspezifischen Aggression völlig bar sind und dennoch Artgenossen streng vermeiden. Manche Frösche, vor allem die baumbewohnenden, sind, von der Fortpflanzungszeit abgesehen, ausgesprochene Einzelgänger und offensichtlich sehr gleichmäßig über den verfügbaren Lebensraum verteilt. Dies wird, wie amerikanische Forscher neuerdings herausgefunden haben, ganz einfach dadurch bewirkt, daß jedes Tier vor dem Quaken eines Artgenossen davonläuft. Wie sich allerdings die Weibchen, die bei den meisten Fröschen stumm sind, über das Gebiet verteilen, wird durch diese Befunde nicht geklärt.

Wir dürfen als sicher annehmen, daß die gleichmäßige Verteilung gleichartiger Tiere im Raum die wichtigste Leistung der intraspezifischen Aggression ist. Doch ist sie keineswegs ihre einzige! Schon Charles Darwin hat richtig gesehen, daß die geschlechtliche Zuchtwahl, die Auswahl der besten und stärksten Tiere zur Fortpflanzung sehr wesentlich dadurch gefördert wird, daß rivalisierende Tiere, vor allem Männchen, miteinander kämpfen. Einen unmittelbaren Vorteil für das Gedeihen der Kinderschar bietet die Stärke des Vaters natürlich bei solchen Arten, bei denen er an der Fürsorge für die Jungen und vor allem an ihrer Verteidigung aktiv teilnimmt. Die enge Beziehung zwischen männlicher Brutfürsorge und Rivalenkämpfen wird vor allem bei solchen Tieren deutlich, die nicht im weiter oben geschilderten Sinne »territorial« sind, sondern mehr oder weniger nomadenhaft umherstreifen, wie dies zum Beispiel große Huftiere, bodenbewohnende Affen und viele andere tun. Bei solchen Tieren spielt die intraspezifische Aggression keine wesentliche Rolle für die Raumverteilung, das »spacing out« der betreffenden Arten, man denke etwa an Bisons, Antilopen, Pferde u. a., die sehr große Verbände bilden und denen Revierabgrenzung und Raum-Eifersucht deshalb völlig fremd sind, weil Nahrung in Hülle und Fülle zur Verfügung steht. Dennoch kämpfen die Männer dieser Tierformen heftig und dramatisch miteinander, und es besteht kein Zweifel darüber, daß die von diesem Kampfverhalten getriebene Selektion zur Herauszüchtung besonders großer und wehrhafter Familien- und Herdenverteidiger führt, umgekehrt aber ebensowenig daran, daß die arterhaltende Leistung der Herdenverteidigung eine Zuchtwahl auf Ausbildung scharfer Rivalenkämpfe getrieben hat. Auf diese Weise sind solche imposanten Kämpfer entstanden, wie es etwa Bisonbullen oder die Männer der großen Pavianarten sind, die bei jeder Bedrohung der Gemeinschaft einen Ringwall mutiger Verteidigung um die schwächeren Herdenmitglieder errichten.

Im Zusammenhang mit den Rivalenkämpfen sei einer Tatsache Erwähnung getan, die erfahrungsgemäß dem Nicht-Biologen überraschend, ja paradox erscheint und die im Verlaufe dessen, was in diesem Buche später noch gesagt werden soll, von allergrößter Wichtigkeit ist: Die rein *intra*-spezifische Zuchtwahl kann zur Ausbildung von Formen und Verhaltensweisen führen, die nicht nur bar jedes Anpassungswertes sind, sondern die Arterhaltung direkt schädigen können. Deshalb habe ich auch im vorangehenden Absatz so ausdrücklich erwähnt, daß die Familienverteidigung – also eine Form der Auseinandersetzung mit der *außer*-artlichen Umwelt – den Rivalenkampf herausgezüchtet hat und dieser erst seinerseits die wehrhaften Männer. Wenn geschlechtliche Rivalität allein, ohne funktionelle Beziehung zu einer auf die Außenwelt gerichteten arterhaltenden Leistung, in bestimmter Richtung Zuchtwahl treibt, kann es unter Umständen zu bizarren Bildungen kommen, die der Art als solcher durchaus nicht nützlich sind. Das Geweih der Hirsche zum Beispiel wurde ausgesprochen im Dienste des Rivalenkampfes entwickelt, ein Exemplar, das seiner entbehrt, hat nicht die geringste Aussicht, Nachkommen zu erzeugen. Sonst ist das Geweih bekanntermaßen zu nichts gut. Gegen Raubfeinde verteidigen sich auch männliche Hirsche nur mit den Vorderhufen, nie mit dem Geweih. Daß die verbreiterte Augensprosse des Rentieres zum Schneeschaufeln verwendet wird, hat sich als Märchen erwiesen. Sie dient vielmehr dem Schutz der Augen bei einer ganz bestimmten ritualisierten Bewegungsweise, bei der der Rentierhirsch sein Geweih heftig gegen niedere Büsche schlägt.

Genau wie der Rivalenkampf wirkt sich oft die vom Weibchen getriebene geschlechtliche Zuchtwahl aus. Wo immer wir extreme Ausbildung bunter Federn, bizarrer Formen usw. beim Männchen finden, liegt der Verdacht nahe, daß die Männer nicht mehr kämpfen, sondern daß das letzte Wort in der Gattenwahl vom Weibchen gesprochen wird und daß dem Mann gegen diese Entscheidung keine »Rechtsmittel« zur Verfügung stehen. Paradiesvögel, Kampfläufer, Mandarinente und Argusfasan sind Beispiele solchen Verhaltens. Die Argusfasanhenne reagiert auf die großen, mit wunderschönen Augenflecken gezierten Armschwingen des Hahnes, der sie in der Balz vor den Augen der Umworbenen spreizt. Sie sind so riesig, daß der Hahn kaum mehr fliegen kann, und je größer sie sind, desto stärker wird die Henne erregt. Die Zahl der Nachkommen, die ein Hahn in einer gewissen Zeiteinheit erzeugt, steht im geraden Verhältnis zur Länge jener Federn. Selbst wenn ihm deren extreme Ausbildung in anderer Hinsicht zum Nachteil gereicht, wenn er beispielsweise viel früher von einem Raubtier gefressen wird als ein Rivale mit weniger verrückter Übertreibung des Balzorgans, wird er doch ebensoviel oder mehr Nachkommenschaft hinterlassen als jener, und so erhält sich die Anlage zu gewaltigen Armschwingen, völlig entgegen den Interessen der Arterhaltung. Es wäre genausogut denkbar, daß die Argushenne auf einen kleinen roten Fleck auf den Armschwingen des Männchens reagierte, der beim Zusammenfalten der Flügel verschwände und weder der Flugfähigkeit noch der Schutzfärbigkeit des Vogels Eintrag täte. Aber die Evolution des Argusfasans hat sich nun einmal in die Sackgasse verrannt, die darin besteht, daß die Männer in bezug auf möglichst große Armschwingen miteinander konkurrieren, mit anderen Worten, die Tiere dieser Art werden niemals die vernünftige Lösung finden und »beschließen«, diesen Unsinn hinfort sein zu lassen.

Wir stoßen hier zum ersten Mal auf ein stammesgeschichtliches Geschehen, das uns befremdlich und bei tieferem Nachdenken geradezu unheimlich anmutet. Zwar ist uns der Gedanke vertraut, daß die Methode des blinden Versuchs und Irrtums, die von den großen Konstrukteuren angewandt wird, notwendigerweise manchmal zu Bauplänen führt, die nicht gerade die zweckmäßigsten sind. Ganz selbstverständlich gibt es im Tier- und Pflanzenreiche neben dem Zweckmäßigen auch alles, was nicht *so* unzweckmäßig ist, daß die Selektion es ausmerzt. Hier aber liegt etwas völlig anderes vor. Der strenge Wächter über die Zweckmäßigkeit »drückt nicht nur ein Auge zu« und läßt eine zweitklassige Konstruktion passieren, nein, die Selektion selbst ist es, die sich hier in verderbenbringende Sackgassen verirrt. *Sie tut dies immer dann, wenn der Wettbewerb der Artgenossen, ohne Beziehung zur außer-artlichen Umwelt, allein Zuchtwahl treibt.*

Mein Lehrer Oskar Heinroth pflegte im Scherz zu sagen: »Neben den Schwingen des Argusfasans ist das Arbeitstempo des westlichen Zivilisationsmenschen das dümmste Produkt intraspezifischer Selektion.« Die Hast, in die sich die industrialisierte und kommerzialisierte Menschheit hineingesteigert hat, ist in der Tat ein gutes Beispiel einer unzweckmäßigen Entwicklung, die ausschließlich durch den Wettbewerb zwischen Artgenossen bewirkt wird. Die heutigen Menschen kriegen die Managerkrankheit, arteriellen Hochdruck, genuine Schrumpfnieren, Magengeschwüre und quälende Neurosen, sie verfallen der Barbarei, weil sie keine Zeit mehr für kulturelle Interessen haben, und all dies unnötigerweise, denn sie könnten ja eigentlich ganz gut ein Abkommen treffen, hinfort etwas langsamer zu arbeiten, d. h., sie könnten das theoretisch, denn praktisch bringen sie es offensichtlich ebensowenig fertig, wie Argushähne beschließen können, sich weniger lange Schwungfedern wachsen zu lassen.

Den bösen Wirkungen intraspezifischer Selektion ist der Mensch aus naheliegenden Gründen besonders ausgesetzt. Wie kein anderes Lebewesen vor ihm ist er aller feindlichen Mächte der außerartlichen Umwelt Herr geworden. Bär und Wolf hat er ausgerottet und ist nun tatsächlich, wie das lateinische Sprichwort sagt, sein eigener Feind, Homo homini lupus. Moderne amerikanische Soziologen haben diese Tatsache auf ihrem eigenen Forschungsgebiet klar erfaßt; in seinem Buche ›Die geheimen Verführer‹ gibt Vance Packard eine eindrucksvolle Darstellung der beinahe hoffnungslosen Lage, in die sich kommerzielle Konkurrenz hineinsteigern kann. Bei seiner Lektüre ist man versucht zu glauben, der intraspezifische Wettbewerb sei in einem unmittelbareren Sinne die »Wurzel alles Bösen«, als die Aggression es je sein kann.

Der Grund dafür, daß ich hier im Kapitel über die arterhaltende Leistung der Aggression auf die Gefahren der intraspezifischen Selektion so ausführlich eingegangen bin, ist folgender: Mehr als andere Eigenschaften und Leistungen kann gerade das aggressive Verhalten durch seine verderbliche Wirkung ins Groteske und Unzweckmäßige übersteigert werden. Wir werden in späteren Kapiteln hören, welche Folgen dies bei manchen Tieren, so bei der Nilgans und bei der Wanderratte, gezeitigt hat. Vor allem aber ist es mehr als wahrscheinlich, daß das verderbliche Maß an Aggressionstrieb, das uns Menschen heute noch als böses Erbe in den Knochen sitzt, durch einen Vorgang der intraspezifischen Selektion verursacht wurde, der durch mehrere Jahrzehntausende, nämlich durch die ganze Frühsteinzeit, auf unsere Ahnen eingewirkt hat. Als die Menschen eben gerade soweit waren, daß sie kraft ihrer Bewaffnung, Bekleidung und ihrer sozialen Organisation die von außen drohenden Gefahren des Verhungerns, Erfrierens und Gefressenwerdens von Großraubtieren einigermaßen gebannt hatten, so daß diese nicht mehr die wesentlichen selektierenden Faktoren darstellten, muß eine böse intraspezifische Selektion eingesetzt haben. Der nunmehr

Auslese treibende Faktor war der Krieg, den die feindlichen benachbarten Menschenhorden gegeneinander führten. Er muß eine extreme Herauszüchtung aller sogenannten »kriegerischen Tugenden« bewirkt haben, die leider noch heute vielen Menschen als wirklich anstrebenswerte Ideale erscheinen – worauf wir in den letzten Kapiteln dieses Buches zurückkommen werden.

Wir kehren zum Thema der arterhaltenden Leistung des Rivalenkampfes mit der Feststellung zurück, daß dieser nur dort eine nützliche Auslese treibt, wo er Kämpfer züchtet, die nicht nur auf das innerartliche Duell-Reglement, sondern auf die Auseinandersetzung mit außerartlichen Feinden geeicht sind. Seine wichtigste Funktion liegt im Auswählen eines kämpferischen Familienverteidigers, was eine weitere Funktion der intraspezifischen Aggression bei der Brutverteidigung voraussetzt. Diese ist so selbstverständlich, daß wir über sie wohl nichts weiter zu sagen brauchen. Wollte man an ihr zweifeln, so genügte zum Beweise ihrer Existenz wohl die Tatsache, daß bei vielen Tieren, bei denen nur *ein* Geschlecht Brutpflege treibt, nur dieses eine Geschlecht wirklich aggressiv gegen Artgenossen wird, zumindest unvergleichlich mehr als das andere. Beim Stichling ist dies das Männchen, bei manchen Zwergbuntbarschen das Weibchen. Auch bei Hühnern und Entenvögeln, bei denen nur die Weibchen brutpflegen, sind diese weit unverträglicher als die Männer – vom Rivalenkampf natürlich abgesehen. Beim Menschen soll das ähnlich sein.

Es wäre falsch zu glauben, daß die drei im vorliegenden Kapitel bereits besprochenen Leistungen aggressiven Verhaltens, nämlich die Verteilung gleichartiger Lebewesen über den verfügbaren Lebensraum, die Selektion durch Rivalenkämpfe und die Verteidigung der Nachkommenschaft, die einzigen für die Arterhaltung wichtigen Funktionen seien. Wir werden später noch hören, welche unentbehrliche Rolle die Aggression im großen Konzert der Triebe spielt und wie sie als Motor und »Motivation« auch solche Verhaltensweisen treibt, die äußerlich mit Aggression nichts zu tun haben, ja sogar ihr Gegenteil zu sein scheinen. Daß gerade in den innigsten persönlichen Bindungen, die es zwischen Lebewesen überhaupt gibt, ein gerütteltes Maß von Aggression steckt, ist eine Tatsache, von der man nicht weiß, ob man sie als ein Paradoxon oder als einen Gemeinplatz bezeichnen soll. Indessen muß noch sehr viel anderes gesagt werden, ehe wir auf diese zentralen Probleme unserer Naturgeschichte der Aggression zu sprechen kommen. Die wichtige Leistung, die von der Aggression in der demokratischen Wechselwirkung der Antriebe innerhalb der Ganzheit des Organismus vollbracht wird, ist nicht leicht zu verstehen und noch weniger leicht darzustellen.

Was dagegen schon an dieser Stelle geschildert werden kann, ist die Rolle, die der Aggression im Gefüge einer übergeordneten und dennoch leichter zu verstehenden Systemganzheit zufällt, nämlich innerhalb der aus vielen Individuen zusammengesetzten Gesellschaft sozialer Tiere. Ein Ordnungsprinzip, ohne das sich ein organisiertes Gemeinschaftsleben höherer Tiere offenbar nicht entwickeln kann, ist die sogenannte *Rangordnung*.

Sie besteht ganz einfach darin, daß von den in einer Gemeinschaft lebenden Individuen jedes einzelne weiß, welches stärker und welches schwächer ist als es selbst, so daß sich jedes von dem Stärkeren kampflos zurückziehen und seinerseits von dem Schwächeren erwarten kann, daß dieser kampflos weicht, wann immer eins dem anderen in den Weg kommt. Schjelderup-Ebbe hat als erster das Rangordnungsphänomen an Haushühnern untersucht und von »Hackordnung«, englisch »pecking order«, gesprochen, ein Ausdruck, der sich vor allem in der englischen Fachliteratur bis heute erhalten hat. Es wirkt auf mich stets etwas komisch, wenn man von »pecking order« bei großen Säugern spricht, die sich nicht hacken, sondern beißen oder mit den Hörnern stoßen. Die weite Verbreitung der Rangordnung spricht, wie schon angedeutet, eine beredte Sprache für ihren großen Arterhaltungswert, und wir müssen uns daher die Frage vorlegen, worin dieser eigentlich besteht.

Die nächstliegende Antwort ist natürlich, daß sie Kampf zwischen den Mitgliedern der Gemeinschaft vermeidet, worauf man allerdings die Gegenfrage stellen kann, weshalb dann nicht besser die Aggressivität zwischen den zur Sozietät gehörigen Individuen unter Hemmung gesetzt werde. Auf diese Frage hinwiederum lassen sich eine ganze Reihe von Antworten geben. Erstens kann, wie wir in einem späteren Kapitel (11. Das Band) noch sehr ausführlich zu besprechen haben werden, durchaus der Fall eintreten, daß eine Sozietät, etwa ein Wolfsrudel oder eine Affenherde, der Aggressivität gegen andere, gleichartige Gemeinschaften dringend bedarf und daß das Kämpfen nur *innerhalb* der Horde vermieden werden muß. Zweitens aber können die Spannungsverhältnisse, die durch den Aggressionstrieb und durch seine Auswirkung, die Rangordnung, innerhalb der

Gemeinschaft entstehen, dieser eine in vielen Hinsichten segensreiche Struktur und Festigkeit verleihen. Bei den Dohlen, und wohl bei vielen anderen sehr sozialen Vögeln, führt die Rangordnung unmittelbar zum Schutz des Schwächeren. Da jedes Individuum stets bestrebt ist, seine Stellung im Rang zu verbessern, herrscht zwischen den unmittelbar über- bzw. untereinander stehenden Individuen stets eine besonders große Spannung, ja Feindseligkeit, und diese ist umgekehrt um so geringer, je weiter zwei Tiere rangmäßig voneinander entfernt sind. Da nun aber ranghohe Dohlen, vor allem Männchen, sich unbedingt in jeden Streit zwischen zwei Untergebenen einmischen, hat diese abgestufte Verschiedenheit sozialer Spannung die erwünschte Folge, daß die höher-rangige Dohle in den Kampf stets zugunsten des jeweils Unterlegenen eingreift, scheinbar nach dem ritterlichen Prinzip »Wo es Stärkere gibt, auf Seite des Schwächeren!«.

Schon bei Dohlen verbindet sich mit der aggressiv erkämpften Rangstellung des Einzeltieres eine andere Form der »Autorität«: Die Ausdrucksbewegungen eines ranghohen, besonders eines alten Männchens werden von den Koloniemitgliedern viel stärker beachtet als die eines rangtiefen Jungtieres. Erschrickt zum Beispiel ein Jungvogel über irgendeinen bedeutungslosen Reiz, so schenken die anderen, vor allem die älteren Vögel, seinen Schreckensäußerungen kaum Beachtung. Geht dagegen ein gleicher Alarm von einem der alten Männer aus, so fliegen alle Dohlen, die ihn wahrnehmen können, in heftiger Flucht davon. Da bei der Dohle interessanterweise die Kenntnis der Raubfeinde nicht angeboren ist, sondern von jedem Individuum aus dem Verhalten der erfahreneren Altvögel gelernt wird, mag es erhebliche Bedeutung haben, wenn in der eben geschilderten Weise der »Meinung« alter, hochrangiger und erfahrener Vögel ein besonders großes »Gewicht« beigelegt wird.

Mit der Entwicklungshöhe einer Tierart nimmt im allgemeinen die Bedeutung der Rolle zu, die individuelle Erfahrung und Lernen spielen, während das angeborene Verhalten zwar nicht an Wichtigkeit verliert, aber auf einfachere Elemente reduziert wird. Mit diesem allgemeinen Fortschreiten der Evolution wird die Bedeutung immer größer, die dem erfahrenen alten Tier zukommt, ja, man kann geradezu sagen, daß das soziale Zusammenleben bei den klügsten Säugetieren eben dadurch eine neue arterhaltende Leistung entwickelt, daß es ein traditionelles Weitergeben individuell erworbener Information ermöglicht.

Die umgekehrte Feststellung enthält natürlich ebensoviel Wahres. Zweifellos übt soziales Zusammenleben einen Selektionsdruck in der Richtung einer besseren Entwicklung der Lernfähigkeit aus, weil diese bei geselligen Tieren nicht nur dem Individuum, sondern auch der Gemeinschaft zugute kommt. Damit erhält auch eine lange Lebensdauer, die weit über die Periode der Fortpflanzungsfähigkeit hinausreicht, arterhaltenden Wert. Wie wir von Fraser Darling und Margaret Altmann wissen, wird bei vielen Hirschartigen das Rudel von einer uralten Dame angeführt, die längst nicht mehr durch die Pflichten der Mutterschaft von ihren sozialen Verpflichtungen abgehalten wird.

Nun steht aber mit großer Regelmäßigkeit – woferne alle anderen Begleitumstände als gleich vorausgesetzt werden dürfen – das Alter eines Tieres in geradem Verhältnis zur Stellung, die es in der Rangordnung seiner Sozietät einnimmt. Es ist daher nicht unzweckmäßig, wenn sich die »Konstruktion« des Verhaltens auf diese Regelmäßigkeit verläßt und die Mitglieder der Gemeinschaft, die ja das Alter der erfahrenen Leittiere nicht in deren Taufschein nachlesen können, den Grad der Vertrauenswürdigkeit ihrer Leiter nach deren Rangstellung bemessen. Von Mitarbeitern Yerkes' wurde schon vor längerer Zeit die außerordentlich interessante, ja aufregende Feststellung gemacht, daß Schimpansen, die bekanntlich des Lernens durch echte Nachahmung wohl fähig sind, grundsätzlich nur ranghöheren Artgenossen etwas nachmachen. Man entfernte einen rangniedrigen aus einer Gruppe dieser Affen und brachte ihm allein bei, durch einige recht komplizierte Manipulationen Bananen aus einem besonders hierzu konstruierten Futterapparat herauszubekommen. Als man diesen Affen dann samt dem Bananenapparat zu der Gruppe zurückbrachte, versuchten die ranghöheren zwar, ihm die Bananen wegzunehmen, die er sich erarbeitet hatte, aber keiner kam auf den Gedanken, dem Verachteten bei der Arbeit zuzusehen und etwas von ihm zu lernen. Dann ließ man den Ranghöchsten in gleicher Weise die Bedienung des Apparates erlernen, und als man ihn in die Gemeinschaft zurückversetzte, beobachteten ihn die anderen Mitglieder voll Interesse und hatten ihm im Nu das Erlernte abgesehen.

S. L. Washburn und Irven de Vore haben an freilebenden Pavianen beobachtet, daß die Horde nicht durch einen einzigen, sondern durch ein »Gremium« von mehreren uralten Männern geführt wird, die ihre Vorherrschaft über jüngere und körperlich weit stärkere Mitglieder der Horde dadurch aufrechterhalten, daß sie wie Pech und Schwefel zusammenhalten und vereint jedem einzelnen jüngeren Mann überlegen sind. Im genauer beobachteten Fall war einer der drei Senatoren ein beinahe zahnloser Greis, und die beiden anderen standen durchaus nicht mehr in der Blüte ihrer Jahre. Als die Horde einmal in Gefahr geriet, in baumlosem Gebiet einem Löwen in die Arme – oder besser gesagt in den Rachen – zu laufen, machten die Tiere halt, und die jungen starken Männchen formierten einen Verteidigungsring um die schwächeren Tiere. Der Greis aber ging *allein* voraus, löste umsichtig die gefährliche Aufgabe, den Standort des Löwen festzustellen, ohne von ihm gesehen zu werden, kam zur Horde zurück und führte sie auf einem weiten Umweg um den Löwen herum zu der Sicherheit der Schlafbäume. Alle folgten ihm in blindem Gehorsam, niemand zweifelte seine Autorität an.

Blicken wir zurück auf alles, was wir in diesem Kapitel aus der objektiven Beobachtung von Tieren darüber gelernt haben, in welcher Weise die intraspezifische Aggression der Erhaltung einer Tierart nützlich ist: Der Lebensraum wird unter den Artgenossen in solcher Weise verteilt, daß nach Möglichkeit jeder sein Auskommen findet. Der beste Vater, die beste Mutter wird zum Segen der Nachkommenschaft ausgewählt. Die Kinder werden beschützt. Die Gemeinschaft wird so organisiert, daß einigen weisen Männern, dem Senat, diejenige Autorität zukommt, die vorhanden sein muß, um Entscheidungen zum Wohle der Gemeinschaft nicht nur zu treffen, sondern auch durchzusetzen. Niemals haben wir gefunden, daß das Ziel der Aggression die Vernichtung der Artgenossen sei, wenn auch durch einen unglücklichen Zufall gelegentlich im Revier- oder Rivalenkampf ein Horn ins Auge oder ein Zahn in die Halsschlagader dringen kann und wenn auch unter unnatürlichen Umständen – unter solchen, die von der »Konstruktion« des Artenwandels nicht vorgesehen sind, zum Beispiel in Gefangenschaft – aggressives Verhalten vernichtende Wirkungen entfalten kann. Blicken wir ein wenig in unser Inneres und versuchen wir ohne Überheblichkeit, aber auch ohne uns selbst von vornherein als bösartige Sünder zu betrachten, einmal unvoreingenommen festzustellen, was wir bei höchster aggressiver Erregung dem Mitmenschen, der sie auslöst, zufügen wollen. Ich glaube, ich mache mich nicht besser, als ich bin, wenn ich behaupte, daß die zielbildende, trieb-beruhigende Endhandlung *nicht* das Umbringen meines Feindes ist. Das mich beglückende Erlebnis besteht vielmehr in solchem Falle zweifellos im Austeilen von möglichst laut klatschenden Watschen, allenfalls von leise knirschenden Kinnhaken, keinesfalls aber im Bauchaufschlitzen oder Totschießen. Und auch die angestrebte Endsituation besteht nicht darin, daß der Gegner tot daliegt, o nein, *windelweich geprügelt* soll er sein und demütig meine körperliche und, wenn er ein Pavian ist, auch meine geistige Überlegenheit anerkennen. Und da ich grundsätzlich nur solche Kerle prügeln möchte, denen eine derartige Unterwerfung nichts schaden würde, kann ich meine diesbezüglichen Instinkte nicht so ganz verurteilen. Natürlich muß man sich eingestehen, daß leicht aus dem Verprügelnwollen ein Totschlag entstehen kann, zum Beispiel wenn man zufällig eine Waffe in der Hand hat. Überblicken wir dies alles in umfassender Zusammenschau, so erscheint uns die intraspezifische Aggression durchaus nicht als der Teufel, als das vernichtende Prinzip, ja nicht einmal als »Teil von jener Kraft, die stets das Böse will und stets das Gute schafft«, sondern ganz eindeutig als Teil der system- und lebenserhaltenden Organisation aller Wesen, der zwar, wie alles Irdische, in Fehlfunktionen verfallen und Leben vernichten kann, der aber doch vom großen Geschehen des organischen Werdens zum Guten bestimmt ist. Und dabei ist noch nicht einmal in Rechnung gestellt, was wir erst im 11. Kapitel hören werden, daß nämlich die beiden großen Konstrukteure Mutation und Selektion, die alle Stammbäume wachsen lassen, gerade den ruppigen Ast der intraspezifischen Aggression ausersehen haben, um aus ihm die Blüte der persönlichen Freundschaft und Liebe sprießen zu lassen.

4
Die Spontaneität der Aggression

> Du siehst, mit diesem Trank im Leibe,
> Bald Helenen in jedem Weibe.
>
> Goethe

Im vorigen Kapitel wurde, wie ich glaube, zur Genüge gezeigt, daß die gegen Artgenossen gerichtete Aggression so vieler Tiere im allgemeinen keineswegs nachteilig für die betreffende Art, sondern ganz im Gegenteil ein zu ihrer Erhaltung unentbehrlicher Instinkt ist. Dies soll nun aber keineswegs etwa zum Optimismus bezüglich der gegenwärtigen Lage der Menschheit verführen, ganz im Gegenteil. Angeborene Verhaltensweisen können durch eine an sich geringfügige Änderung von Umweltbedingungen völlig aus dem Gleichgewicht gebracht werden. Sie sind so unfähig, sich diesen rasch anzupassen, daß unter ungünstigen Umständen eine Art zugrunde gehen kann. Die Veränderungen, die der Mensch in seiner eigenen Umwelt selbst bewirkt hat, sind aber keineswegs nur geringfügig. Sähe man als voraussetzungsloser Beobachter den Menschen, wie er heute dasteht, in der Hand die Wasserstoffbombe, die ihm sein Geist beschert hat, im Herzen den von Anthropoiden-Ahnen ererbten Aggressionstrieb, den seine Vernunft nicht zu meistern vermag, man würde ihm kein langes Leben voraussagen! Betrachtet man nun gar diese Situation als mitbetroffener Mensch, so erscheint sie als irrer Angsttraum, und es fällt einem schwer zu glauben, daß die Aggression nicht ein an sich pathologisches Symptom des gegenwärtigen Kulturverfalls sei.

Und dabei könnte man nur wünschen, daß sie das wäre! Gerade die Einsicht, daß der Aggressionstrieb ein echter, primär arterhaltender Instinkt ist, läßt uns seine volle Gefährlichkeit erkennen: Die Spontaneität des Instinktes ist es, die ihn so gefährlich macht. Wäre er nur eine *Re*aktion auf bestimmte Außenbedingungen, was viele Soziologen und Psychologen annahmen, dann wäre die Lage der Menschheit nicht ganz so gefährlich, wie sie tatsächlich ist. Dann könnte man grundsätzlich die reaktions-auslösenden Faktoren erforschen und ausschalten. Freud darf den Ruhm für sich beanspruchen, die Aggression erstmalig in ihrer Eigenständigkeit erkannt zu haben, auch hat er gezeigt, daß der Mangel an sozialem Kontakt, vor allem sein Verlorengehen (Liebesverlust), zu den stark begünstigenden Faktoren zählen. Die falsche Konsequenz aus dieser an sich richtigen Vorstellung, die von vielen amerikanischen Erziehern gezogen wurde, lag in der Annahme, daß Kinder zu weniger neurotischen, an die Umwelt besser angepaßten und vor allem weniger aggressiven Menschen heranwachsen würden, wollte man ihnen von klein auf jede Enttäuschung (frustration) ersparen und ihnen in allem und jedem nachgeben. Eine diesen Annahmen entsprechende amerikanische Erziehungsmethode zeigte nur, daß der Aggressionstrieb, wie so viele andere Instinkte auch, »spontan« aus dem Inneren des Menschen quillt. Es entstanden unzählige ganz unerträglich freche Kinder, die alles andere als unaggressiv waren. Die tragische Seite der tragikomischen Angelegenheit aber folgte, wenn diese Kinder der Familie entwuchsen und nun plötzlich statt ihren unterwürfigen Eltern der mitleidlosen öffentlichen Meinung gegenüberstanden, wie etwa beim Eintreten in ein College. Unter dem Druck der nun sehr hart erzwungenen sozialen Einordnung wurden, wie mir amerikanische Psychoanalytiker versichert haben, sehr viele so erzogene Jugendliche erst recht neurotisch. Die in Rede stehende Erziehungsweise scheint noch nicht ganz ausgestorben zu sein, denn noch im Vorjahre bat mich ein hochangesehener amerikanischer Kollege, der als Gast in unserem Institut arbeitete, noch drei Wochen länger bleiben zu dürfen, und gab als Grund keineswegs weitere wissenschaftliche Vorhaben an, sondern schlicht und ohne weiteren Kommentar die Tatsache, daß seine Frau eben ihre Schwester zu Gaste hätte und deren drei Buben seien »Nonfrustration children«.

Die völlig irrige Lehrmeinung, daß tierisches wie menschliches Verhalten überwiegend *re*aktiv und, woferne es überhaupt angeborene Elemente enthalten sollte, doch durchwegs durch Lernen veränderlich sei, hat tiefe und schwer auszurottende Wurzeln in einem Mißverständnis an sich richtiger demokratischer Prinzipien. Diesen geht es irgendwie »gegen den Strich«, daß die Menschen von Geburt aus doch nicht so ganz gleich sind und daß doch nicht alle in »gerechter« Weise gleiche Aussichten haben, ideale Staatsbürger zu werden. Dazu kommt, daß durch viele Jahrzehnte die *Re*aktion, der »Reflex«, allein das Element des Verhaltens darstellte, dem die ernst zu nehmenden Psychologen ihre Aufmerksamkeit widmeten, während alle

»Spontaneität« des tierischen Verhaltens die Domäne vitalistisch eingestellter, das heißt stets ein wenig mystischer, Naturbetrachter war.

In der Verhaltensforschung im engeren Sinne war es vor anderen Wallace Craig, der die Erscheinung der Spontaneität zum Gegenstand wissenschaftlicher Untersuchung machte. Schon vor ihm hatte William McDougall dem Schlagworte des Descartes »Animal non agit, agitur«, das die amerikanische Psychologenschule der sogenannten Behavioristen auf ihren Schild geschrieben hatte, seinen weit richtigeren Kampfruf entgegengeschleudert »The healthy animal is up and doing« – Ein gesundes Tier ist aktiv und tut etwas. Er selbst hielt aber eben diese Spontaneität für die Folge der mystischen Lebenskraft, von der niemand weiß, was damit eigentlich gemeint ist. So kam er auch nicht auf den Gedanken, die rhythmische Wiederholung spontaner Verhaltensweisen genau zu beobachten und die Schwellenwerte auslösender Reize fortlaufend zu messen, wie sein Schüler Craig es später getan hat.

Dieser hat mit männlichen Lachtauben Serien von Versuchen angestellt, in denen er ihnen das Weibchen in abgestufter Folge für immer längere Zeiträume entzog und experimentell untersuchte, welche Objekte eben noch imstande waren, das Balzen des Täubers hervorzurufen. Wenige Tage nach Verschwinden des artgleichen Weibchens war der Lachtauber bereit, eine weiße Haustaube anzubalzen, die er vorher völlig ignoriert hatte. Einige Tage später ließ er sich herbei, vor einer ausgestopften Taube seine Verbeugungen und sein Gurren vorzuführen, noch später vor einem zusammengeknüllten Tuch, und schließlich, nach Wochen der Einzelhaft, richtete er seine Balzbewegungen in die leere Raumecke seines Kistenkäfigs, in der das Zusammenlaufen der geraden Kanten wenigstens einen optischen Anhaltspunkt bot. In die Sprache der Physiologie übersetzt, besagen diese Beobachtungen, daß bei längerem Still-Legen einer instinktiven Verhaltensweise, im geschilderten Falle der des Balzens, *der Schwellenwert der sie auslösenden Reize absinkt.* Dies ist ein so allgemein verbreitetes und gesetzmäßiges Geschehen, daß die Volksweisheit längst seiner habhaft wurde, die es in dem schlichten Sprichwort ausdrückt: »In der Not frißt der Teufel Fliegen.« Goethe drückt analoge Gesetzlichkeiten in dem Ausspruch Mephistos aus: »Du siehst mit diesem Trank im Leibe bald Helenen in jedem Weibe« – ja, wenn du ein Lachtauber bist, zuletzt sogar in einem alten Staubtuch oder in der leeren Ecke deines Gefängnisses!

Die Schwellenerniedrigung auslösender Reize kann in Sonderfällen gewissermaßen den Grenzwert Null erreichen, insoferne nämlich, als unter Umständen die betreffende Instinktbewegung *ohne* nachweisbaren äußeren Reiz »losgehen« kann. Ein jungaufgezogener Star, den ich vor vielen Jahren hielt, hatte nie in seinem Leben Fliegen gefangen, noch auch einen anderen Vogel dies tun sehen. Er hatte sein Leben lang alles Futter aus dem Näpfchen in seinem Käfig bezogen, das ich ihm täglich füllte. Eines Tages nun sah ich ihn auf dem Kopfe einer Bronzestatue im Speisezimmer der Wiener Wohnung meiner Eltern sitzen und sich ganz merkwürdig gebärden. Mit schiefgehaltenem Kopfe schien er die weiße Zimmerdecke über sich zu mustern, dann wieder schienen seine Augen- und Kopfbewegungen unmißverständlich zu zeigen, daß er aufmerksam beweglichen Objekten folgte. Schließlich flog er ab und zur Decke empor, schnappte nach etwas mir Unsichtbarem, kehrte zu seiner Warte zurück, vollführte die allen insektenfressenden Vögeln eigenen Bewegungsweisen des Totschlagens einer Beute und machte Schluckbewegungen. Dann schüttelte er sich, wie es so viele Vögel beim Eintreten innerer Entspannung tun, und setzte sich zur Ruhe. Dutzende von Malen bin ich auf einen Stuhl geklettert, ja, eine Stehleiter habe ich ins Speisezimmer geschleppt – Wiener Wohnungen jener Zeit hatten hohe Zimmer –, um nach der Beute zu suchen, die mein Star erschnappte: es waren keine auch noch so kleinen Insekten vorhanden!

Der »Stau« einer Instinktbewegung, der durch längeren Entzug der sie auslösenden Reize eintritt, hat aber nicht nur die beschriebene Vermehrung der Reaktionsbereitschaft zur Folge, er bewirkt viel tiefergreifende, den Organismus als Ganzes in Mitleidenschaft ziehende Vorgänge. Grundsätzlich hat jede echte Instinktbewegung, der in der geschilderten Weise die Möglichkeit zum Abreagieren entzogen ist, die Eigenschaft, *das Tier als Ganzes in Unruhe zu versetzen und es nach den sie auslösenden Reizen suchen zu machen*. Dieses Suchen, das im einfachsten Falle in regellosem Umherlaufen, -fliegen oder -schwimmen besteht, im kompliziertesten aber alle Verhaltensweisen des Lernens und der Einsicht in sich schließen kann, ist von Wallace Craig als Appetenzverhalten bezeichnet worden. Faust sitzt nicht ruhig da und wartet, bis Weiber in sein Gesichtsfeld laufen, er wagt bekanntlich den nicht ganz unbedenklichen Gang zu den Müttern, um Helenen zu gewinnen!

Schwellenerniedrigung und Appetenzverhalten sind nun, leider muß es gesagt werden, bei wenigen instinktmäßigen Verhaltensweisen so deutlich ausgeprägt wie gerade bei denen der intraspezifischen Aggression. Wir haben im ersten Kapitel schon Beispiele für die erstgenannte kennengelernt, man erinnere sich des Schmetterlingsfisches, der mangels Artgenossen die nächstverwandten Arten zum Ersatzobjekt erkor, und ebenso an den blauen Drückerfisch, der in der gleichen Situation nicht nur die nächstverwandten Drückerfische, sondern sogar völlig andersgeartete Fische angriff, die nur den einen auslösenden Reiz der blauen Farbe mit seiner eigenen Art gemein hatten. An gefangen gehaltenen Buntbarschen, mit deren geradezu nervenverzehrend interessantem Familienleben wir uns noch sehr ausführlich werden beschäftigen müssen, kann eine »Stauung« der Aggression, die unter natürlichen Lebensbedingungen am feindlichen Reviernachbarn abreagiert werden würde, ungemein leicht zum Gattenmord führen. Fast jeder Aquarienwirt, der sich mit der Pflege dieser einzigartigen Fische befaßt, hat den folgenden beinahe unvermeidlichen Fehler begangen: man hat in einem großen Aquarium eine Anzahl von Jungfischen einer Art herangezogen, um ihnen die Möglichkeit zu geben, sich in ungezwungener, natürlicher Weise zu verpaaren. Dieser erwünschte Erfolg ist auch eingetreten, und man hat nun in dem Becken, das für die vielen großgewordenen Fische sowieso schon etwas zu klein ist, ein in den herrlichsten Prachtkleidfarben strahlendes Liebespaar, das in vollster Eintracht bestrebt ist, die Geschwister aus seinem Revier zu vertreiben. Da die Unglücklichen aber nicht fortkönnen, stehen sie ängstlich und mit zerfetzten Flossen in Oberflächennähe in den Winkeln herum, wenn sie nicht, aus ihrem Versteck aufgescheucht, in wilder Flucht durchs Becken rasen. Als humane Tierpfleger hat man nun Mitleid sowohl mit den Gejagten als mit dem Paar, das inzwischen vielleicht gar schon abgelaicht hat und sich in Sorge um die Nachkommenschaft quält. Man fängt also schleunigst die überzähligen Fische heraus und sichert so dem Pärchen den Alleinbesitz des Aquariums. Dann meint man, das Seinige getan zu haben – und achtet vielleicht eben deshalb in den nächsten Tagen nicht besonders auf jenen Behälter und seinen lebenden Inhalt. Einige Tage später sieht man mit Erstaunen und Entsetzen, wie das Weibchen des Paares völlig zerfetzt tot im Wasser schwimmt, während von Eiern und Jungen nichts mehr zu sehen ist.

Diesem traurigen Ereignis, das sich besonders beim ostindischen gelben Buntbarsch und beim brasilianischen Perlmutterfisch mit voraussagbarer Regelmäßigkeit wie eben geschildert abspielt, kann man in sehr einfacher Weise vorbeugen, indem man entweder einen »Prügelknaben« – d. h. einen Fisch der gleichen Art – im Becken beläßt, oder aber, in humaner Weise, indem man das Becken von vornherein genügend groß für zwei Paare wählt, durch eine Trennscheibe in zwei Hälften teilt und in jeder ein Paar ansiedelt. Dann hat jeder Fisch seinen gesunden Ärger mit dem gleichgeschlechtlichen Nachbarn – man sieht fast stets Weibchen gegen Weibchen und Männchen gegen Männchen anrennen –, und keiner der Gatten denkt auch nur daran, seine Wut an seinem Ehegespons auszulassen. Es klingt wie ein Witz, daß wir bei dieser bewährten Anordnung unserer Cichliden-Zuchtbecken häufig auf das Veralgen, und damit auf das Undurchsichtigwerden der Trennscheibe, dadurch aufmerksam wurden, daß wir sahen, wie ein Männchen begann, gegen seine Gattin rüpelhaft zu werden. Putzte man dann die von der »Nebenwohnung« scheidende Trennwand wieder klar, gab es sofort einen wütenden, aber notwendigerweise harmlos verlaufenden Krach mit den Nachbarn, und die »dicke Luft« innerhalb der beiden Reviere war wieder geklärt.

Analoges kann man am Menschen beobachten. In der guten alten Zeit, da die Donaumonarchie noch bestand und es noch Dienstmädchen gab, habe ich an meiner verwitweten Tante folgendes gesetzmäßige und voraussagbare Verhalten beobachtet. Sie hatte ein Dienstmädchen nie länger als etwa 8–10 Monate. Von der neu eingestellten Hausgehilfin war sie regelmäßig aufs höchste entzückt, lobte sie in allen Tönen als eine sogenannte Perle und schwor, jetzt endlich die Richtige gefunden zu haben. Im Laufe der nächsten Monate kühlte ihr Urteil ab, sie fand erst kleine Mängel, dann Tadelnswertes und gegen das Ende der erwähnten Periode ausgesprochen hassenswerte Eigenschaften an dem armen Mädchen, das dann schließlich, regelmäßig unter ganz großem Krach, fristlos entlassen wurde. Nach dieser Entladung war die alte Dame bereit, in dem nächsten Dienstmädchen wieder einen wahren Engel zu erblicken.

Ich bin weit davon entfernt, mich über meine längst verstorbene und im übrigen sehr liebe Tante überheblich lustig zu machen. Ich habe an ernsten und aller nur denkbaren Selbstbeherrschung fähigen Männern, und selbstverständlich auch an mir selbst, genau die gleichen Vorgänge beobachten können – oder besser gesagt – müssen, und zwar in Kriegsgefangenschaft. Die sogenannte Polarkrankheit, auch Expeditionskoller genannt, befällt bevorzugt kleine Gruppen von Männern, wenn diese in den durch obige Namen angedeuteten Situationen ganz aufeinander angewiesen und damit verhindert sind, sich mit fremden, nicht zum Freundeskreis gehörigen Personen auseinanderzusetzen. Aus dem Gesagten wird bereits verständlich sein, daß der Stau der Aggression um so gefährlicher wird, je besser die Mitglieder der betreffenden Gruppe einander kennen, verstehen und lieben. In solcher Lage unterliegen, wie ich aus eigener Erfahrung versichern kann, alle Reize, die Aggression und innerartliches Kampfverhalten auslösen, einer extremen Erniedrigung ihrer Schwellenwerte. Subjektiv drückt sich dies darin aus, daß man auf kleine Ausdrucksbewegungen seiner besten Freunde, darauf, wie sich einer räuspert oder sich schneuzt, mit Reaktionen anspricht, die adäquat wären, wenn einem ein besoffener Rohling eine Ohrfeige hineingehauen hätte. Einsicht in die physiologische Gesetzmäßigkeit dieses begreiflicherweise äußerst quälenden Phänomens verhindert zwar den Freundesmord, verhilft aber keineswegs zur Linderung der Qual. Der Ausweg, den der Einsichtige schließlich findet, besteht darin, daß er still aus der Baracke (Expeditionszelt, Iglu) schleicht und einen nicht zu teueren, aber mit möglichst sinnfälligem Krach in Stücke springenden Gegenstand zuschanden haut. Das hilft ein wenig und heißt in der Sprache der Verhaltensphysiologie eine umorientierte oder neuorientierte Bewegung – redirected activity nach Tinbergen. Wir werden noch hören, daß dieser Ausweg in der Natur sehr häufig beschritten wird, um schädliche Auswirkungen der Aggression zu verhindern. Der Un-Einsichtige aber bringt den Freund um – das ist oft geschehen!

5

Gewohnheit, Zeremonie und Zauber

Hast Du noch keinen Mann, nicht Manneswort gekannt?

Goethe

Die Um- und Neuorientierung des Angriffs ist wohl das genialste Auskunftsmittel, das der Artenwandel erfunden hat, um die Aggression in unschädliche Bahnen zu leiten. Indessen ist sie keineswegs das einzige derartige Mittel: Selten nur beschränken sich die großen Konstrukteure des Artenwandels, Erbänderung und Zuchtwahl, auf eine *einzige* Methode. Es liegt im Wesen ihres Würfelns mit Experimenten, daß sie oft auf *mehrere* mögliche Maßnahmen verfallen und diese in doppelter und dreifacher Sicherung auf das gleiche Problem anwenden. Besonders gilt das für die verschiedenen verhaltensphysiologischen Mechanismen, deren Funktion es ist, das Beschädigen und Töten von Artgenossen zu verhindern. Um sie verständlich zu machen, muß ich zunächst noch etwas weiter ausholen. Vor allem muß ich ein immer noch sehr rätselhaftes stammesgeschichtliches Geschehen zu schildern versuchen, welches schier unverbrüchliche Gesetze schafft, denen das soziale Verhalten sehr vieler höherer Tiere in ähnlicher Weise gehorcht wie das Handeln des Kulturmenschen seinen heiligsten Sitten und Gebräuchen.

Als mein Lehrer und Freund Sir Julian Huxley kurz vor dem Ersten Weltkrieg seine im wahrsten Sinne des Wortes bahnbrechenden Studien über das Verhalten des Haubentauchers anstellte, entdeckte er die außerordentlich merkwürdige Tatsache, daß bestimmte Bewegungsweisen im Laufe der Phylogenese ihre eigentliche, ursprüngliche Funktion verlieren und zu rein »symbolischen« Zeremonien werden. Diesen Vorgang bezeichnete er als *Ritualisation*. Er gebrauchte diesen Terminus ohne jede Anführungszeichen, mit anderen Worten, er setzte die kulturhistorischen Vorgänge, die zur Ausbildung menschlicher Riten führen, kurzerhand jenen stammesgeschichtlichen Prozessen gleich, die solche merkwürdigen Zeremonien der Tiere hervorbringen. Vom rein funktionellen Standpunkt ist diese Gleichsetzung wohl berechtigt, so sehr wir uns der Unterschiede zwischen historischen und stammesgeschichtlichen Vorgängen bewußt bleiben wollen. Es obliegt mir nun, die erstaunlichen Analogien zwischen dem phylogenetisch und dem kulturhistorisch entstandenen Ritus herauszuarbeiten und zu zeigen, wie sie in der Gleichheit der Funktion ihre Erklärung finden.

Ein schönes Beispiel dafür, wie ein Ritus phylogenetisch entsteht, wie er seine Bedeutung erlangt und wie er sie im Laufe weiterer Entwicklung verändert, liefert uns das Studium einer bestimmten Zeremonie der weiblichen Entenvögel, des sogenannten *Hetzens*. Wie bei vielen Vögeln mit ähnlichem Familienleben sind bei den Enten die Weiber zwar kleiner, aber nicht weniger aggressiv als ihre Männer. Bei Auseinandersetzungen zwischen zwei Paaren kommt es daher oft vor, daß eine Ente, vom Zorn hingerissen, allzu weit gegen das feindliche Paar vorstößt, dann »Angst vor der eigenen Courage« bekommt, kehrtmacht und zu dem starken, sie schützenden Gatten zurückeilt. Bei ihm angelangt, fühlt sie neuen Mut erwachen und beginnt erneut, nach den feindlichen Nachbarn hin zu drohen, ohne sich indessen noch einmal aus der sicheren Nähe ihres Erpels zu entfernen.

In ihrer ursprünglichen Form ist diese Folge von Verhaltensweisen durchaus veränderlich, je nach dem Wechselspiel der widerstreitenden Triebe, von denen die Ente bewegt wird. Die zeitliche Aufeinanderfolge des Überwiegens von Angriffslust, Furcht, Schutzsuchen und neuerlicher Angriffsstimmung ist an den Ausdrucksbewegungen und vor allem auch an den verschiedenen Orientierungen der Ente im Raum leicht und klar abzulesen. Bei unserer europäischen Brandente zum Beispiel enthält der ganze Vorgang außer einer bestimmten, mit einer besonderen Stimmäußerung gekoppelten Kopfbewegung keinerlei durch Ritualisierung festgelegte Bestandteile. Die Ente läuft, wie es jeder Vogel ihrer Art beim Angriffe tut, mit lang und niedrig vorgestrecktem Hals auf die Gegner zu und gleich darauf mit erhobenem Kopf zum Gatten zurück. Sehr häufig läuft die Ente auf der Flucht hinter den Erpel und im Halbkreis um ihn herum, so daß sie anschließend, wenn sie ihr Drohen wieder aufnimmt, neben den Gatten und mit dem Kopfe gerade auf das feindliche Paar zum Stillstand kommt. Oft aber, wenn die Flucht nicht besonders angsterfüllt war, begnügt sie sich damit, zu ihrem Erpel hinzulaufen und vor ihm stehen zu bleiben, und da sie nun mit der Brust zum Gatten steht, muß sie, um nach den Feinden zu drohen, Kopf und Hals über ihre Schulter weg nach hinten strecken. Steht sie, was auch vorkommt, quer vor oder hinter ihrem Erpel, so streckt sie den Hals im rechten Winkel zur Körperlängsachse, kurz, der Winkel zwischen ihrer Körperlängsachse und der Richtung des vorgestreckten Halses hängt ausschließlich davon ab, wo sie selbst, wo ihr Erpel und wo der angedrohte Feind sich befindet. Keine Raumlage oder Bewegungsweise wird von ihr bevorzugt (Abb. unten). Bei der nahverwandten osteuropäisch-asiatischen Rostente ist das Hetzen einen kleinen Schritt weiter ritualisiert. Während bei dieser Art das Weibchen »noch« neben dem Gatten stehend gerade nach vorne droht oder, um ihn herumlaufend, alle denkbaren Winkel zwischen Körperlängsachse und Drohrichtung bilden kann, steht es beim Hetzen doch in der großen Mehrzahl der Fälle mit der Brust dem Erpel zugewendet und droht über die Schulter weg nach hinten. Auch als ich einmal die Ente eines isoliert gehaltenen Paares dieser Art »auf Leerlauf«, das heißt in Abwesenheit eines auslösenden Objektes, die Bewegungsweise des Hetzens durchführen sah, drohte sie über die Schulter weg nach rückwärts, ganz, als sähe sie den nicht vorhandenen Feind in dieser Richtung.

Bei den Schwimmenten, zu denen auch unsere Stockente, die Stammform der gewöhnlichen Hausente, gehört, ist das Hetzen über die Schulter weg nach hinten zur einzig möglichen, obligaten Bewegungskoordination geworden, und die Ente stellt

sich, ehe sie zu hetzen beginnt, immer mit der Brust zum Erpel gewendet so dicht wie möglich zu diesem hin, bzw. sie läuft oder schwimmt ihm, wenn er sich in Bewegung befindet, dicht aufgeschlossen nach. In der Kopfbewegung über die Schulter weg nach hinten sind nun interessanterweise die ursprünglichen Orientierungsreaktionen auch noch mit enthalten, die bei den Tadorna-Arten eine phänotypisch, d. h. in ihrem äußeren Erscheinungsbild gleiche, aber variable Bewegungsweise hervorbrachten. Am besten sieht man dies, wenn die Ente mit ganz geringem Erregungsgrade zu hetzen beginnt und sich erst allmählich »in Wut hineinsteigert«. Dann kann es nämlich vorkommen, daß sie zuerst, wenn der Feind gerade vor ihr steht, auch gerade nach vorn nach ihm hindroht, in dem Maße aber, in dem sie aufgeregter wird, scheint ihr eine unüberwindliche Gewalt den Kopf über die Schulter weg rückwärts zu ziehen. Daß dabei immer noch eine Orientierungsreaktion vorhanden ist, die ihre Drohbewegung nach dem Feinde hin zu richten bestrebt ist, kann man ihr buchstäblich »an den Augen ablesen«: diese bleiben nämlich, obwohl die neue, fest gebahnte Bewegung den Kopf in andere Richtung zieht, unabänderlich auf den Gegenstand ihres Zornes geheftet! Könnte die Ente sprechen, sie würde sicher sagen: »Ich will nach jenem verhaßten fremden Erpel hindrohen, aber *es* zieht mir den Kopf in eine andere Richtung.« Das Vorhandensein zweier miteinander in Wettstreit stehender Bewegungstendenzen läßt sich objektiv und quantifizierend nachweisen. Steht nämlich der bedrohte fremde Vogel vor der Ente, so ist der Ausschlag der über die Schulter rückwärts reichenden Kopfbewegung am geringsten und steigt genau um so viel weiter an, je größer der Winkel zwischen der Längsachse der Ente und der Richtung wird, in welcher der Feind steht. Steht er genau hinter ihr, d. h., beträgt dieser Winkel 180 Grad, so berührt die Ente beim Hetzen mit ihrem Schnabel beinahe ihren eigenen Schwanz.

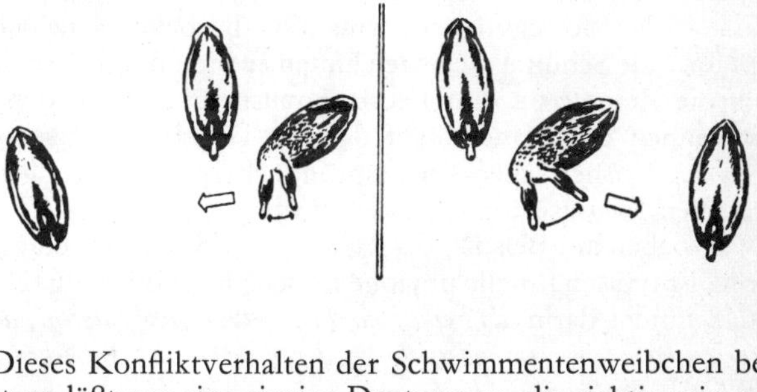

Dieses Konfliktverhalten der Schwimmentenweibchen beim Hetzen läßt nur eine einzige Deutung zu, die richtig sein muß, so merkwürdig sie zunächst auch scheinen mag. Zu den leicht zu durchschauenden Faktoren, von denen die beschriebenen Bewegungen ursprünglich hervorgebracht wurden, kommt im Laufe stammesgeschichtlicher Entwicklung *ein weiterer, neuer*. Wie geschildert, reichen bei der Brandente die Flucht zum Gatten hin und der Angriff auf den Feind »noch« völlig aus, um das Verhalten der Ente restlos zu erklären. Bei der Stockente sind die gleichen Antriebe offensichtlich auch am Werke, aber den Bewegungsweisen, die von ihnen diktiert werden, überlagert sich eine unabhängige neue. Das Verwirrende, was die Analyse des Gesamtablaufs so erschwert, liegt nun darin, daß die durch »Ritualisierung« neuentstandene Instinktbewegung eine erblich festgelegte *Kopie* jener Bewegungsweise ist, die ursprünglich an anderen Antrieben verursacht wird. Diese fällt selbstverständlich mit der wechselnden Stärke ihrer voneinander unabhängigen Antriebe von Fall zu Fall recht verschieden aus, die neuentstehende starre Bewegungskoordination repräsentiert davon nur *einen* häufigen Durchschnitt. Dieser wird nun in einer Weise »schematisiert«, die stark an die Bildung von Symbolen in der menschlichen Kulturgeschichte erinnert. Bei der Stockente wird die ursprüngliche Veränderlichkeit der Richtungen, in denen sich Gatte und Feind befinden können, schematisch dahin eingeengt, daß ersterer vor und letzterer hinter der Ente zu stehen hat: aus dem fluchtmotivierten Her zum Gatten und dem aggressiven Hin zum Feinde wird ein zur starren Zeremonie zusammengeschweißtes Hin und Her von großer Regelmäßigkeit, die allein schon geeignet ist, den Ausdruckswert der Bewegung zu steigern. Die neuentstandene Instinktbewegung reißt die Herrschaft nicht plötzlich an sich, sie besteht zunächst stets *neben* ihrem unritualisierten Vorbild, über das sie sich anfangs nur ganz schwach überlagert. Bei der Rostente zum Beispiel (S. 64) sieht man von der Bewegungskoordination, die beim Hetzen den Kopf über die Schulter weg nach hinten zwingt, nur dann etwas, wenn die Zeremonie »auf Leerlauf« ausgeführt wird, d. h. in Abwesenheit des Feindes, auf den die Drohbewegung sonst durch das Vorherrschen der ursprünglichen Orientierungsmechanismen zwangsläufig gerichtet würde.

Was soeben am Beispiel des Hetzens der Stockente erläutert wurde, ist typisch für alle phylogenetische Ritualisierung. Diese besteht immer darin, *daß eine neue Instinktbewegung entsteht, deren Form diejenige einer veränderlichen und von mehreren Antrieben verursachten Verhaltensweise nachahmt.*

Für den an Erblehre und Stammesgeschichte Interessierten sei hier hinzugefügt, daß der eben besprochene Vorgang das genaue Gegenteil einer sogenannten Phänokopie darstellt. Von einer solchen spricht man, wenn durch äußere, individuell wirksame Einflüsse ein Erscheinungsbild, ein »Phänotypus«, hervorgebracht wird, der einem in anderen Fällen durch Erbfaktoren bestimmten gleicht, ihn also »kopiert«. Bei der Ritualisierung kopiert nun unbegreiflicherweise eine neuentstehende Erbanlage Formen des Verhaltens, die vorher phänotypisch durch das Zusammentreffen sehr verschiedener Umwelteinflüsse verursacht wurden. Man könnte gut von Genokopie sprechen; in unserem satirisch gefärbten Institutsjargon, dem auch Fachausdrücke nicht heilig sind, wird häufig der Ausdruck Phopokänie gebraucht.

Das Beispiel des Hetzens mag auch noch weiterhin dazu dienen, die Eigenart der Ritenbildung anschaulich zu machen. Bei den Tauchenten ist das Hetzen der Weibchen in etwas anderer und komplizierterer Weise ritualisiert. Bei der Kolbenente zum Beispiel ist nicht nur die Bewegung des Drohens, nach dem Feinde hin, sondern auch die schutzsuchende Hinwendung zum eigenen Gatten rituell, d. h. durch eine ad hoc entstandene Instinktbewegung festgelegt. Die Kolbenente wechselt rhythmisch zwischen Vorstoßen des Kopfes über die Schulter weg nach hinten und einem betonten Hinwenden des Kopfes zu ihrem Gatten, wobei sie jedesmal den Kopf mit erhobenem Kinn auf- und wieder abwärts bewegt, was einer mimisch übertriebenen Flucht-Bewegung entspricht. Bei der Moorente schwimmt das hetzende Weibchen drohend ein ganzes Stück auf den Feind zu und kehrt dann unter wiederholtem Kinnheben, das hier nicht oder kaum von der Auffiegbewegung verschieden ist, zum Erpel zurück.

Bei den Schellenten schließlich ist das Hetzen vom Vorhandensein eines Artgenossen, der einen »Feind« repräsentiert, fast völlig unabhängig geworden. Die Ente schwimmt hinter ihrem Erpel her und vollführt in rhythmischer Regelmäßigkeit weitausholende Hals- und Kopfbewegungen abwechselnd nach rechts hinten und nach links hinten, die kaum noch als Drohbewegungen zu erkennen wären, wenn man nicht um die stammesgeschichtlichen Zwischenstufen wüßte.

Ebenso wie sich die Form dieser Bewegungsweisen im Laufe ihrer fortschreitenden Ritualisierung weit von derjenigen des nicht ritualisierten Vorbildes entfernt, so tut das auch ihre Bedeutung. Das Hetzen der Brandente gleicht »noch« völlig dem gewöhnlichen Drohen dieser Art, und auch seine Wirkung auf den Erpel unterscheidet sich nicht wesentlich von derjenigen, die es bei nicht hetzenden Enten- und Gänsearten hat, wenn ein befreundetes Individuum ein fremdes angreift: man wird von dem Zorne des guten Bekannten angesteckt und ebenfalls zu einem Angriff auf den Fremden veranlaßt. Bei der etwas kräftigeren und auch angriffslustigeren Rostente, und erst recht bei der Nilgans, ist diese ursprünglich nur milde aneifernde Wirkung des Hetzens um ein Vielfaches stärker. Bei diesen Vögeln verdient es wirklich seinen Namen, denn die Männer reagieren hier wie scharfe Hunde, die nur auf das Wort des Herrn warten, um auf dieses willkommene Zeichen hin ihrer Wut die Zügel schießen zu lassen. Bei den besprochenen Arten hängt die Funktion des Hetzens enge mit derjenigen der Revierverteidigung zusammen. Heinroth fand bei der Rostente, daß sich die Männer miteinander in einem gemeinsamen Gehege gut vertragen, wenn man alle Weiber daraus entfernt.

Bei den Schwimm- und Tauchenten ist die Entwicklung der Bedeutung, die dem Hetzen zukommt, in genau umgekehrter Richtung gegangen. Bei den erstgenannten kommt es verhältnismäßig sehr selten vor, daß der Erpel auf das Hetzen seiner Ente hin den von ihr bezeichneten »Feind«, der hier der Anführungszeichen wirklich bedarf, tätlich angreift. Bei einer unverpaarten Stockente zum Beispiel bedeutet das Hetzen schlicht einen Heiratsantrag, wohlgemerkt *nicht* eine Begattungsaufforderung: diese, das sogenannte Pumpen, sieht ganz anders aus. Das Hetzen ist der Antrag zur dauernden Verpaarung. Ist der Erpel geneigt, diesen Antrag anzunehmen, so hebt er das Kinn und sagt, indem er den Kopf etwas von der Ente wegwendet, sehr schnell »räbräb, räbräb!«, oder aber, was besonders auf dem Wasser vorkommt, er antwortet mit einer ganz bestimmten, ebenfalls ritualisierten Zeremonie, dem »Antrinken und Scheinputzen«. Beides bedeutet, daß der Stockerpel der ihn umwerbenden Ente sein »Jawort« gibt; das »räbräb« enthält noch eine Spur von Aggression, das Wegwenden mit erhobenem Kinn ist eine typische Befriedungsgeste. Es kann bei sehr hoher Erregung des Vogels vorkommen, daß er tätsächlich einen kleinen Scheinangriff auf einen anderen, zufällig danebenstehenden Erpel macht. Bei der zweiten Zeremonie, dem Antrinken und Scheinputzen, kommt das nie vor. Hetzen auf der einen, Antrinken und Scheinputzen auf der anderen Seite lösen sich gegenseitig aus, und das Paar kann daher sehr lange darin fortfahren. Wenn auch Antrinken und Scheinputzen aus einer Verlegenheitsgeste entstanden sind, an deren Zustandekommen ursprünglich Aggression beteiligt war, ist diese in der ritualisierten Bewegung, wie wir sie bei Schwimmenten zu sehen bekommen, nicht mehr enthalten. Die Zeremonie fungiert bei ihnen als reine Befriedungsgeste. Bei Kolben- und anderen Tauchenten habe ich erst recht nie gesehen, daß das Hetzen der Ente den gehetzten Erpel zu ernstlichen Angriffen veranlaßt hätte.

Während also das Hetzen bei Rostenten und Nilgänsen in Worte gefaßt heißen würde: »Schmeiß den Kerl hinaus, bring ihn um, faß! Putz weg!«, besagt es bei den Tauchenten eigentlich nur mehr: »Ich liebe dich!« Als Übergangsstufe bei manchen Gattungen, die zwischen diesen Extremen etwa in der Mitte stehen, wie etwa bei der Schnatter- und Pfeifente, findet sich die Bedeutung: »Du bist mein Held, dir vertraue ich!« Natürlich schwankt die Mitteilungsfunktion dieser Symbole je nach der Situation auch innerhalb ein und derselben Art, aber der schrittweise Bedeutungswechsel des Symbols ist zweifellos in der angedeuteten Richtung vor sich gegangen.

Es ließen sich für analoge Vorgänge noch viele, viele Beispiele anführen, etwa, wie bei den Buntbarschen eine gewöhnliche Schwimmbewegung zum Locken der Jungen wurde, in einem Spezialfall sogar zu einem an die Jungen gerichteten Warnsignal, wie bei Hühnern der Freßlaut zum Lockruf des Hahnes und zu Lautäußerungen scharf bestimmter geschlechtlicher Bedeutung wurde, usw. usf. Nur eine aus dem Insektenleben gegriffene Differenzierungsreihe von ritualisierten Verhaltensweisen möchte ich noch näher besprechen, nicht nur, weil sie fast noch besser als das eben geschilderte Beispiel die Parallelen zwischen der phylogenetischen Entstehung einer derartigen Zeremonie und dem kulturhistorischen Vorgang der Symbolbildung illustriert, sondern auch deshalb, weil in diesem einzigartigen Falle das »Symbol« nicht nur in Verhaltensweisen besteht, sondern körperliche Formen annimmt und ganz buchstäblich zum Idol wird.

Bei manchen Arten der sogenannten Tanzfliegen, die den Raub- und Mordfliegen nahestehen, hat sich der ebenso hübsche wie zweckmäßige Ritus entwickelt, daß der Mann unmittelbar vor der Paarung der Dame seiner Wahl ein erbeutetes Insekt von geeigneter Größe überreicht. Während sie mit dem Verspeisen dieser Gabe beschäftigt ist, kann er sie begatten, ohne in die Gefahr zu geraten, selbst von ihr aufgefressen zu werden, eine Gefahr, die offenbar bei fliegenfressenden Fliegen droht, bei denen das Männchen noch dazu kleiner als das Weibchen ist. Ohne allen Zweifel übte sie den Selektionsdruck aus, der dieses merkwürdige Verhalten herausgezüchtet hat. Doch hat sich diese Zeremonie auch bei einer Art erhalten, nämlich bei der nordischen Tanzfliege, bei der das Weibchen, abgesehen von eben diesem Hochzeitsmahl, keine Fliegen mehr frißt. Bei einer nordamerikanischen Art spinnt das Männchen einen schönen weißen Ballon, der auf optischem Wege die Aufmerksamkeit des Weibchens erregt und einige kleine Insekten enthält, die von diesem während der Paarung gefressen werden. Ähnlich liegen die Dinge bei der maurischen Tanzfliege, deren Männchen wehende kleine Schleierchen spinnen, in denen manchmal, aber nicht immer, Eßbares eingewoben ist. Bei der im Alpengebiet vorkommenden heiteren Schneiderfliege aber, die mehr als alle Verwandten den Namen »Tanzfliege« verdient, fangen die Männchen überhaupt keine Insekten mehr, spinnen aber einen wunderhübschen kleinen Schleier, den sie im Fluge zwischen Mittel- und Hinterbeinen ausgespannt tragen und auf dessen Anblick die Weibchen reagieren. »Wenn hunderte solcher kleiner Schleierträger im wirbelnden Reigen in der Luft spielen, so gewähren ihre kleinen, etwa 2 mm großen, in der Sonne wie Opal glänzenden Schleierchen einen wunderbaren Anblick«, so schildert Heymons im neuen Brehm die kollektive Balz dieser Fliegen.

Bei der Besprechung des Hetzens der weiblichen Entenvögel habe ich zu zeigen versucht, wie das Entstehen einer neuen Erbkoordination einen sehr wesentlichen Anteil an der Bildung des neuen Ritus nimmt, wie auf diesem Wege eine autonome und weitgehend formstarre Bewegungsfolge, eben eine neue Instinktbewegung, entsteht. Das Beispiel der Tanzfliegen, deren Tanzbewegungen vorläufig noch der näheren Analyse harren, ist vielleicht geeignet, uns die andere, ebenso wichtige Seite der Ritualisierung vor Augen zu führen, nämlich die neuentstehende Reaktion, mit welcher der Artgenosse, an den die symbolische Mitteilung adressiert ist, diese beantwortet. Die Weibchen jener Tanzfliegenarten, die nur mehr einen rein symbolischen Schleier oder Ballon überreicht bekommen, der des eßbaren Inhalts ermangelt, reagieren offensichtlich auf dieses Idol genausogut oder noch besser, als es ihre Ahnfrauen auf die durchaus materielle Gabe einer eßbaren Beute taten. Es entsteht also nicht nur eine vorher nicht dagewesene Instinktbewegung mit bestimmter Mitteilungsfunktion bei dem einen Artgenossen, dem »Aktor«, sondern auch ein angeborenes Verständnis für sie bei dem anderen, dem »Reaktor«. Was uns bei oberflächlicher Beobachtung als »eine Zeremonie« erscheint, besteht häufig aus einer ganzen Anzahl einander gegenseitig auslösender Verhaltenselemente.

Die neuentstandene Motorik der ritualisierten Verhaltensweise trägt durchaus den Charakter einer selbständigen Instinktbewegung, auch die auslösende Situation, die in solchen Fällen weitgehend durch das Antwortverhalten des Artgenossen bestimmt wird, nimmt alle Eigenschaften der trieb-stillenden Endsituation an, die um ihrer selbst willen angestrebt wird. Mit anderen Worten, die ursprünglich anderen objektiven und subjektiven Zwecken dienende Handlungskette *wird zum Selbstzweck, sowie sie zum autonomen Ritus geworden ist.*

Es wäre geradezu irreführend, wollte man etwa die ritualisierte Bewegungsweise des Hetzens bei einer Stockente (S. 65) oder gar bei einer Tauchente (S. 67) als den »Ausdruck« der Liebe oder der Zugehörigkeit des Weibchens zu seinem angepaarten Gatten bezeichnen. Die verselbständigte Instinktbewegung ist *kein Nebenprodukt*, kein »Epiphänomen« des Bandes, das die beiden Tiere zusammenhält, sondern sie *ist* selbst dieses Band. Die ständige Wiederholung derartiger, das Paar zusammenhaltender Zeremonien gibt ein gutes Maß für die Stärke des autonomen Triebes, der sie in Gang setzt. Verliert ein Vogel seinen Gatten, so verliert er damit auch das Objekt, an dem allein er diesen Trieb abreagieren kann, und die Art und Weise, in der er den verlorenen Partner *sucht*, trägt alle Kennzeichen des sogenannten *Appetenzverhaltens*, d. h. des urgewaltigen Strebens, jene erlösende Umweltsituation herbeizuführen, in der sich ein gestauter Instinkt entladen kann.

Was es hier zu zeigen galt, ist die unabschätzbar wichtige Tatsache, daß durch den Vorgang der stammesgeschichtlichen Ritualisierung jeweils *ein neuer und völlig autonomer Instinkt entsteht*, der grundsätzlich ebenso selbständig ist wie nur irgendeiner der sogenannten »großen« Triebe, wie der zur Ernährung, Begattung, Flucht oder Aggression. So gut wie irgendeiner der genannten hat der neu entstandene Antrieb Sitz und Stimme im großen Parlament der Instinkte. Dies wiederum ist für unser Thema deshalb wichtig, weil gerade den durch Ritualisation entstandenen Trieben sehr häufig die Rolle zukommt, in jenem Parlament *gegen die Aggression zu opponieren*, sie in unschädliche Kanäle abzuleiten und ihre arterhaltungsschädlichen Wirkungen zu bremsen. In dem Kapitel über die persönliche Bindung werden wir hören, wie besonders die aus neu-orientierten Angriffsbewegungen entstandenen Riten diese hochwichtige Leistung vollbringen.

Jene anderen Riten nun, die im Laufe der Geschichte menschlicher Kulturen entstehen, sind nicht in der Erbmasse verankert, sondern werden durch Tradition weitergegeben und müssen von dem Individuum erneut erlernt werden. Trotz dieser Verschiedenheiten gehen die Parallelen so weit, daß man berechtigt ist, alle Anführungszeichen wegzulassen, so wie Huxley es tat. Gleichzeitig aber zeigen gerade diese funktionellen Analogien, mit welchen völlig verschiedenen ursächlichen Mechanismen die großen Konstrukteure beinahe gleiche Leistungen vollbringen.

Durch Tradition von Generation auf Generation weitergegebene Symbole gibt es bei Tieren nicht. Wenn man »das Tier« vom Menschen überhaupt definitionsmäßig abgrenzen will, ist gerade darin die Grenze zu sehen. Zwar kommt es auch bei Tieren vor, daß individuell erworbene Erfahrung von älteren an jüngere Individuen durch Lehren und Lernen weitergegeben wird. Solche echte Tradition gibt es nur bei solchen Tierformen, die hohe Lernfähigkeit mit hoher Entwicklung ihres Gesellschaftslebens verbinden. Nachgewiesen sind Vorgänge dieser Art, z. B. bei Dohlen, Graugänsen und Ratten. Die so weitergegebenen Kenntnisse beschränken sich aber auf recht einfache Dinge, wie Wegdressuren, Kenntnis bestimmter Arten von Nahrung oder gefährlicher Feinde und, bei Ratten, das Wissen um die Gefährlichkeit von Giften.

Das unentbehrliche gemeinsame Element, das diese einfachen tierischen Traditionen mit den höchsten kulturellen Überlieferungen des Menschen gemein haben, ist die *Gewohnheit*. Sie spielt mit ihrem zähen Festhalten des bereits Erworbenen eine ähnliche Rolle, wie sie der Erbmasse bei der stammesgeschichtlichen Entstehung von Riten zukommt.

Wie ähnlich die grundlegende Leistung, die von der Gewohnheit in der schlichten Wegdressur eines Vogels vollbracht wird, in ihren Auswirkungen der komplexen kulturellen Ritenbildung des Menschen sein kann, wurde mir einst durch ein Erlebnis klargemacht, das ich nie vergessen werde. Ich war damals hauptberuflich damit beschäftigt, eine junge Graugans zu studieren, die ich vom Ei ab aufgezogen hatte und die alle normalerweise auf die Elterntiere ansprechenden Verhaltensweisen auf meine Person übertragen hatte, durch jenen merkwürdigen Vorgang, den wir Prägung nennen und von dem, ebenso wie von der Graugans Martina, in einem meiner anderen Bücher Genaueres berichtet wurde. Martina hatte in frühester Kindheit eine feste Gewohnheit erworben: als sie etwa eine Woche alt und gut imstande war, selbst eine Treppe zu ersteigen, hatte ich den Versuch gemacht, sie abends zu Fuß in mein Schlafzimmer zu locken, statt sie wie bisher allabendlich dorthin zu tragen. Graugänse nehmen jedes Anfassen übel, geraten dabei in Angst, und man tut daher gut daran, es ihnen nach Möglichkeit zu ersparen. In der Halle unseres Altenberger Hauses beginnt rechts von der Mitteltür eine Freitreppe, die ins Obergeschoß führt. Gegenüber der Tür ist ein sehr großes Fenster. Als nun Martina, mir gehorsam auf den Fersen folgend, diesen Raum betrat, jagte ihr die ungewohnte Lage Angst ein, und sie strebte, wie es ängstliche Vögel immer tun, ins Helle, mit anderen Worten, sie lief von der Tür weg geradewegs auf das Fenster zu, an mir vorbei, der ich bereits auf der untersten Stufe der Freitreppe stand. Beim Fenster verweilte sie ein paar Augenblicke lang, bis sie sich beruhigt hatte, und kam dann, nun wieder folgsam, zu mir auf die Freitreppe und hinter mir her ins obere Stockwerk. Dieser Vorgang wiederholte sich am nächsten Abend, nur daß diesmal der Umweg zum Fenster hin ein bißchen weniger weit und die Zeit, die Martina zur Beruhigung brauchte, erheblich kürzer waren. In den nächsten Tagen setzte sich diese Entwicklung fort, das Verweilen beim Fenster verschwand völlig und ebenso der Eindruck, daß die Gans sich überhaupt noch fürchtete: der Umweg zum Fenster hin nahm mehr und mehr den Charakter einer Gewohnheit an, und es sah geradezu komisch aus, wie Martina entschlossenen Schrittes auf das Fenster zulief, dort angekommen ohne Pause kehrt machte und ebenso entschlossen zur Treppe zurücklief und diese hinaufwanderte. Der gewohnheitsmäßige Umweg zum Fenster hin wurde immer kürzer, aus der 180-Grad-Wendung wurde ein spitzer Winkel, und als ein Jahr vergangen war, blieb von der ganzen Weggewohnheit nur mehr ein nahezu rechter Winkel übrig, indem die Gans, anstatt von der Tür her kommend die unterste Stufe der Treppe an ihrer rechten Seite zu besteigen, an der Stufe entlang bis zu ihrem linken Ende wanderte und sie dort in scharfer Rechtswendung erstieg.

Zu dieser Zeit ereignete es sich nun, daß ich eines Abends vergaß, Martina zur richtigen Zeit ins Haus zu lassen und in mein Zimmer zu führen; als ich mich ihrer schließlich erinnerte, herrschte schon tiefe Dämmerung. Ich eilte zur Haustür, und sowie ich sie öffnete, drängte sich die Graugans ängstlich-eilig durch den Spalt und anschließend zwischen meinen Beinen durch ins Haus und lief gegen ihre Gewohnheit mir voraus zur

Treppe. Und dann tat sie etwas, was erst recht gegen ihre Gewohnheit war: sie wich vom gewohnten Wege ab und wählte den *kürzesten*, indem sie den sonst üblichen rechten Winkel abkürzte und die unterste Stufe an der von ihr aus gesehen rechten Seite betrat und, die Kurve der Treppe »schneidend«, aufwärts zu steigen begann. Alsbald aber geschah etwas wahrhaft Erschütterndes: auf der fünften Stufe angekommen, machte die Wildgans plötzlich halt, bekam, wie dies bei größerem Schrecken der Fall ist, einen langen Hals und nahm die Flügel fluchtbereit aus den Tragfedern. Zugleich stieß sie den *Warnlaut* aus und wäre bei einem Haare aufgeflogen. Dann verhielt sie einen Augenblick, kehrte um, stieg eilig die fünf Stufen wieder hinab und durchlief eifrigen Schrittes, wie jemand, der eine sehr nötige Pflicht erfüllt, den ursprünglichen, weit zum Fenster führenden Umweg, bestieg die Treppe aufs neue, diesmal vorschriftsmäßig ganz weit auf der linken Seite, und begann, aufwärts zu klettern. Wiederum auf der fünften Stufe angekommen, blieb sie stehen, sah sich um, schüttelte sich und grüßte, beides Verhaltensweisen, die man an Graugänsen regelmäßig sieht, wenn ein erlittener Schrecken der Beruhigung Platz macht. Ich traute meinen Augen kaum! Für mich besteht kein Zweifel, wie das eben geschilderte Geschehen zu interpretieren ist: Die Gewohnheit war zum Brauch geworden, gegen den die Graugans nicht verstoßen durfte, ohne von Angst ergriffen zu werden.

Der geschilderte Vorgang und die oben gegebene Deutung werden manchen geradezu komisch vorkommen, doch darf ich versichern, daß dem Kenner höherer Tiere Entsprechendes durchaus vertraut ist. Margaret Altmann, die bei ihren in freier Wildbahn durchgeführten Arbeiten über Wapiti-Hirsche und Elche mit ihrem alten Pferd und ihrem noch älteren Maultier viele Monate lang den Spuren ihrer Studienobjekte folgte, machte höchst bedeutsame Beobachtungen an ihren beiden einhufigen Mitarbeitern. Wenn sie nur wenige Male an einer bestimmten Stelle gelagert hatte, erwies es sich als völlig unmöglich, ihre Tiere an jenem Platz vorbeizulotsen, ohne diesen beiden wenigstens »symbolisch« durch einen kurzen Halt mit Ab- und Wieder-Aufpacken das Aufschlagen und Wiederabbrechen eines Lagers vorzuspielen. Es gibt eine alte, tragikomische Geschichte von einem Prediger in einer kleinen Stadt des amerikanischen Westens, der, ohne es zu wissen, ein Pferd kaufte, das lange Jahre von einem Gewohnheitssäufer geritten worden war. Der geistliche Herr wurde von seiner Rosinante gezwungen, vor jeder Kneipe anzuhalten und wenigstens kurz hineinzugehen. Dadurch geriet er bei seiner Gemeinde in Verruf und wurde schließlich aus Verzweiflung wirklich zum Säufer. Diese stets nur als Scherz erzählte Geschichte kann, wenigstens was das Verhalten des Pferdes anlangt, wortwörtlich wahr sein!

Dem Kindererzieher, dem Psychologen, dem Ethnologen und dem Psychiater werden die eben geschilderten Verhaltensweisen höherer Tiere ganz merkwürdig bekannt vorkommen. Jeder, der selbst Kinder hat oder auch nur ein einigermaßen brauchbarer Onkel ist, weiß aus eigener Erfahrung, mit welcher Zähigkeit kleinere Kinder an jeder Einzelheit des Gewohnten hängen, wie sie zum Beispiel in wahre Verzweiflung geraten, wenn man beim Erzählen eines Märchens auch nur im geringsten von dem einmal festgelegten Text abweicht. Und wer der Selbstbeobachtung fähig ist, wird sich eingestehen müssen, daß auch beim erwachsenen Kulturmenschen die Gewohnheit, wenn sie sich erst einmal gefestigt hat, größere Macht besitzt, als wir uns gemeinhin eingestehen. Einst kam es mir plötzlich zum Bewußtsein, daß ich, innerhalb der Stadt Wien autofahrend, zu einem bestimmten Ziel und von ihm zurück regelmäßig zwei verschiedene Wege benutzte, und zwar zu einer Zeit, als es noch keine Einbahnstraßen gab, die dies erzwangen. Ich versuchte nun, in Auflehnung gegen das Gewohnheitstier in mir, den gewohnten Rückweg zum Hinfahren zu benutzen und umgekehrt. Das erstaunliche Ergebnis dieses Experimentes waren unzweifelhafte Gefühle der ängstlichen Beunruhigung, die so unangenehm waren, daß ich schon auf der Rückfahrt den gewohnheitsmäßig in dieser Richtung befahrenen Weg benutzte.

Der Ethnologe wird sich bei meinen Erzählungen an das sogenannte »magische Denken« vieler Naturvölker gemahnt fühlen, das auch beim Zivilisationsmenschen noch durchaus lebendig ist und das die meisten von uns zu allerlei entwürdigenden kleinen Zaubereien zwingt, wie »eins-zwei-drei auf Holz« als Gegenzauber gegen die üble Wirkung des »Berufens« oder »Verschreiens«, der alte Brauch, von verschüttetem Salz drei Körnchen über die linke Schulter zu werfen und dergleichen mehr.

Den Psychiater und Psychoanalytiker schließlich wird das geschilderte Verhalten der Tiere an den Wiederholungszwang erinnern, den man bei gewissen Formen der Neurose, eben bei »Zwangs«-Neurosen findet und der in irgendeiner milden Form bei sehr vielen Kindern zu beobachten ist. Ich erinnere mich deutlich, daß ich mir als Kind eingeredet hatte, es würde Schreckliches geschehen, wenn ich auf dem großen Fliesenpflaster vor dem Wiener Rathaus einmal nicht auf einen der Steine, sondern auf die Spalte zwischen ihnen träte. A. A. Milne hat genau diese Kinderphantasie in einem seiner Gedichte unübertrefflich dargestellt.

Alle diese Erscheinungen sind insoferne nah miteinander verwandt, als sie ihre gemeinsame Wurzel in einem Verhaltensmechanismus haben, dessen arterhaltende Zweckmäßigkeit ohne weiteres einleuchtet: Für ein Lebewesen, das der Einsicht in ursächliche Zusammenhänge entbehrt, muß es in hohem Maße nützlich sein, wenn es an einem Verhalten festhält, das sich einmal oder wiederholt als zum Ziele führend und als gefahrlos erwiesen hat. Wenn man nicht weiß, welche Einzelheiten für den Erfolg sowohl wie für die Gefahrlosigkeit wesentlich sind, tut man eben gut daran, an *allen* mit sklavischer Genauigkeit festzuhalten. Das Prinzip: »Man kann nicht wissen, was sonst passiert«, drückt sich ja ganz klar in dem schon erwähnten Aberglauben aus, man bekommt ganz eindeutig Angst, wenn man das Zaubern unterläßt.

Schon wenn der Mensch um die rein zufällige Entstehung einer lieb gewordenen Gewohnheit weiß und sich verstandesmäßig darüber klar ist, daß ihre Durchbrechung keinerlei Gefahr heraufbeschwört, drängt ihn, wie im Beispiele meiner Auto-Wegdressuren dargetan, eine unleugbar ängstliche Erregung, dennoch an ihr festzuhalten, und ganz allmählich wird das so eingeschliffene Verhalten zur »lieben« Gewohnheit. Soweit ist das alles bei Tier und Mensch offensichtlich ganz gleich. Eine neue und bedeutsame Note aber klingt in dem Augenblicke an, da der Mensch die Gewohnheit nicht mehr selbst erworben, sondern von seinen Eltern, von seiner Kultur überliefert bekommen hat. Erstens weiß er dann nicht mehr, welche Gründe zur Entstehung der betreffenden Verhaltens-Vorschrift geführt haben; der fromme Jude oder Moslem verabscheut das Schweinefleisch, ohne sich bewußt zu sein, daß Einsicht in die drohende Trichinengefahr seinen Gesetzgeber zu dem strengen Verbot veranlaßte. Zweitens aber erfährt die überhöhte Vater-Figur des Gesetzgebers durch zeitliche und mythische Ferne eine Apotheose, die alle von ihm stammenden Vorschriften als göttlich und den Verstoß gegen sie als Sünde erscheinen läßt.

Die Kultur der Indianer Nordamerikas hat eine wunderschöne Befriedungszeremonie entwickelt, die meine Phantasie anregte, als ich noch selbst Indianer spielte: das Rauchen der Friedenspfeife, des Kalumets der Freundschaft. Später, als ich über die stammesgeschichtliche Entstehung angeborener Riten, über deren aggressionshemmende Wirkung und vor allem über die erstaunlichen Analogien zwischen der phylogenetischen und der kulturellen Entstehung von Symbolen mehr wußte, da stand mir eines Tages plötzlich, mit sonnenklarer Überzeugungskraft die Szene vor Augen, die sich abgespielt haben *muß*, als zum ersten Male zwei Indianer dadurch aus Feinden zu Freunden wurden, daß sie miteinander Pfeife rauchten.

Der gefleckte Wolf und der gescheckte Adler, Kriegshäuptlinge zweier benachbarter Sioux-Stämme, beides alte und erfahrene, des Mordens ein klein wenig müde Krieger, sind übereingekommen, einen bis dahin wenig üblichen Versuch zu unternehmen: sie wollen versuchen, die Frage des Jagdrechtes auf der bewußten Insel im kleinen Biberfluß, der die Jagdgebiete beider Stämme voneinander abgrenzt, durch ein Gespräch zu klären, anstatt gleich das Kriegsbeil auszugraben. Dieses Unternehmen ist von allem Anfang an ein wenig peinlich, denn man könnte befürchten, daß einem die Bereitschaft zum Verhandeln als Feigheit ausgelegt werde. Daher sind beide Männer, als sie sich schließlich nach Zurücklassen ihres Gefolges und ihrer Waffen treffen, im allerhöchsten Maße *verlegen*, und da keiner dieses sich selbst eingestehen darf und erst recht nicht dem anderen, so treten sie in besonders stolzer, ja herausfordernder Haltung aufeinander zu, sehen sich starr an und setzen sich dann mit möglichster Würde nieder. Und dann geschieht zunächst lange Zeit nichts, gar nichts. Wer jemals mit einem österreichischen oder bayrischen Bauern einen Grundkauf oder -tausch oder ein ähnliches Geschäft getätigt hat, der weiß, daß derjenige schon halb verloren hat, der als erster auf den Gegenstand zu sprechen kommt, um dessentwillen man zusammengekommen ist. Bei den Indianern soll das ähnlich sein, wer weiß, wie lange die beiden sich gegenübergesessen sind.

Wenn man aber sitzt und nicht einmal einen Gesichtsmuskel bewegen darf, um die innere Erregung zu verraten, wenn man gerne etwas, ja sehr viel, tun würde, an diesem Tun aber durch starke Gegengründe verhindert wird, kurz in einer Konfliktsituation, ist es oft eine große Erleichterung, ein neutrales Drittes zu tun, das mit den beiden miteinander in Konflikt stehenden Motiven nichts zu schaffen hat und das außerdem noch geeignet ist, Gleichgültigkeit diesen gegenüber zu beweisen. Der Forscher nennt das Übersprungbewegung, die Umgangssprache aber Verlegenheitsgeste. Allen Rauchern, die ich kenne, liegt im Falle eines inneren Konfliktes dieselbe Verhaltensweise nahe, sie alle greifen in die Tasche und zünden sich eine Zigarette oder aber ihre Pfeife an. Wie sollte das bei einem Volke anders gewesen sein, das das Tabakrauchen erfand und von dem wir es erst gelernt haben?

So hat denn der gefleckte Wolf, es mag auch der gescheckte Adler gewesen sein, die Pfeife angezündet, die damals noch keine Friedenspfeife war, und der andere Indianer tat das gleiche. Wer kennt sie nicht, die göttliche, spannungslösende Katharsis des Rauchens? Beide Häuptlinge wurden ruhiger, ihrer selbst sicherer, und ihre Entspannung führte zu vollem Erfolge der Verhandlungen. Vielleicht hat schon beim nächsten Treffen der beiden Indianer der eine seine Pfeife *sofort* angesteckt, vielleicht hat beim übernächsten Male der eine von ihnen kein Rauchzeug mitgehabt und der andere, ihm nun schon etwas besser gesinnt, hat ihm das seine geliehen und ihn mitrauchen lassen. Vielleicht aber ist eine Reihe unzähliger Wiederholungen des Vorganges nötig gewesen, um es allmählich in das Wissen der Allgemeinheit eingehen zu lassen, daß ein rauchender Indianer zu einer Verständigung mit erheblicher Wahrscheinlichkeit besser bereit ist als einer, der nicht raucht. Vielleicht hat es Jahrhunderte gedauert, bis die Symbolik des Zusammen-Rauchens eindeutig und verläßlich Frieden bedeutete. Sicher aber ist, daß sich im Laufe der Generationen das, was ursprünglich nur eine Verlegenheitsgeste war, zu einem Ritus festigte, der bindende Gesetzeskraft für jeden Indianer hatte und ihm einen feindlichen Angriff nach dem Rauchen der Pfeife zur völligen Unmöglichkeit werden ließ, im Grunde immer noch aus den gleichen unverbrüchlichen Hemmungen, die Margaret Altmanns Pferden das Halten am gewohnten Lagerplatz und Martina den Umweg zum Fenster aufzwangen.

Es würde jedoch eine höchst einseitige Betrachtungsweise bedeuten, ja, es hieße am Wesentlichen vorbeigehen, wollte man nur die zwingende oder verbietende Leistung des kulturhistorisch entstandenen Ritus in den Vordergrund stellen. Obwohl vom überindividuellen, traditionsgebundenen und kulturellen Über-Ich befohlen und geheiligt, behält der Ritus unverändert den Charakter der »lieben« Gewohnheit, ja er wird noch viel stärker geliebt, noch mehr als Bedürfnis empfunden als jede nur im Laufe eines individuellen Lebens entstandene Gepflogenheit.

Gerade darin liegt der tiefere Sinn des Bewegungs-Vollzuges und der äußeren Pracht kultureller Zeremonien. Der Bilderstürmer irrt, wenn er das Gepränge des Ritus für eine nicht nur unwesentliche, sondern der inneren Vertiefung in das zu Symbolisierende abträgliche Äußerlichkeit hält. Eine der wichtigsten, wenn nicht die wichtigste aller Leistungen, die dem kulturell und dem stammesgeschichtlich entstandenen Ritus gemein sind, liegt darin, daß beide als selbständige, aktive *Antriebe* sozialen Verhaltens wirken. Wenn wir eingestandenermaßen Freude am bunten Drum und Dran eines alten Brauches, wie etwa dem Schmücken des Weihnachtsbaumes und dem Anzünden seiner Lichtlein, haben, so ist dies die Voraussetzung dafür, daß wir das Überlieferte *lieben*. Von der Wärme dieses Gefühls aber hängt die Treue ab, die wir dem Symbol und allem, was es darstellt, zu halten vermögen. Die Wärme des Gefühls ist es, die uns die von unserer Kultur erschaffenen Güter als Werte erscheinen läßt. Das Eigenleben dieser Kultur, die Schöpfung einer über-individuellen und das Leben des Einzelwesens überdauernden Gemeinschaft, mit einem Worte alles, was wahres Menschentum ausmacht, beruht auf dieser Verselbständigung des Ritus, die ihn zu einem autonomen Motiv menschlichen Handelns macht.

Traditionsmäßige Ritenbildung stand ganz sicher am ersten Anfang menschlicher Kultur, so wie auf einer sehr viel niedrigeren Ebene phylogenetische Ritenbildung am Urbeginn sozialen Zusammenlebens höherer Tiere gestanden hat. Die Analogien zwischen beiden, die nun zusammenfassend hervorgehoben werden sollen, lassen sich leicht aus den Forderungen erklären, die von der gemeinsamen Funktion an beide gestellt werden.

In beiden Fällen bekommt eine Verhaltensweise, mittels derer sich eine Art in dem einen Fall, eine Kulturgemeinschaft im anderen mit Gegebenheiten der äußeren Umwelt auseinandersetzt, eine völlig neue Funktion, nämlich die der Kommunikation. Die ursprüngliche Leistung kann noch weiterhin erhalten bleiben, oft aber tritt sie mehr und mehr in den Hintergrund und kann schließlich völlig verschwinden, so daß ein typischer Funktionswechsel eintritt. Aus der Kommunikation wiederum können zwei gleichermaßen wichtige Funktionen hervorgehen, die beide noch in gewissem Maße als Mitteilungen wirken. Die erste ist die Lenkung der Aggression in unschädliche Bahnen, die zweite ist die Bildung eines festen Bandes, das zwei oder mehrere Artgenossen zusammenhält. In beiden Fällen hat der

Selektionsdruck der neuen Funktion analoge Änderungen der Form der ursprünglichen, nicht-ritualisierten Verhaltensweise hervorgebracht. Die Vereinigung der variablen Vielfalt der Handlungsmöglichkeiten in einen einzigen starren Ablauf vermindert ohne Zweifel die Gefahr der Zweideutigkeit in der Verständigung. Das gleiche Ziel wird durch die strenge Festsetzung von Frequenz und Amplitude der Bewegungsfolge angestrebt. Desmond Morris hat auf dieses Phänomen hingewiesen, das er bei als Signal wirksamen Bewegungen deren »typische Intensität« genannt hat. Die Balz- und Drohgesten der Tiere liefern hierfür eine Vielfalt von Beispielen, und ebenso tun dies die kulturell entwickelten menschlichen Zeremonien. Rektor und Dekane betreten »gemessenen Schrittes« die Aula; der Gesang des katholischen Priesters während der Messe ist in Tonhöhe, Rhythmus und Lautstärke durch liturgische Vorschriften genau festgelegt. Weiterhin wird die Unzweideutigkeit der Mitteilung durch ihre gehäufte Wiederholung verstärkt. Rhythmische Wiederholung einer Bewegung ist charakteristisch für viele Rituale, sowohl instinktiver als auch kultureller Natur. Der Mitteilungswert ritualisierter Bewegungen wird in beiden Fällen durch Übertreibung aller jener Elemente, die schon in der unritualisierten Urform dem Empfänger optische oder akustische Signale übermittelten, weiter gesteigert, während diejenigen Elemente, die ursprünglich in anderer, mechanischer Weise wirksam waren, vermindert oder ganz ausgeschaltet werden.

Diese »mimische Übertreibung« kann in einer Zeremonie enden, die einem Symbol tatsächlich nahe verwandt ist und die jenen theatralischen Effekt hervorbringt, der Sir Julian Huxley zuerst in die Augen fiel, als er die Haubentaucher beobachtete. Der Reichtum in Form und Farbe, der im Dienste dieser speziellen Funktion entwickelt wurde, begleitet sowohl die phylogenetische als auch die kulturelle Ritenbildung. Die wundervollen Formen und Farben der siamesischen Kampffisch-Flossen, das Gefieder eines Paradiesvogels, die erstaunlichen Farben an Vorder- und Hinterseite eines Mandrill, all dies ist entstanden, um die Wirkung einer bestimmten ritualisierten Bewegung zu verstärken. Es gibt kaum einen Zweifel, daß alle menschliche Kunst ursprünglich im Dienste eines Rituals entwickelt wurde und daß die Autonomie der Kunst, die Kunst »um ihrer selbst willen«, erst in einem zweiten Schritt im kulturellen Prozeß erreicht wurde.

Die unmittelbare Ursache aller Veränderungen, durch die

phylogenetisch und kulturell entstandene Riten einander so ähnlich werden, liegt zweifellos in dem Selektionsdruck, den die Leistungsbeschränkung des Empfängers auf die Ausbildung des Reizsenders ausübt, auf dessen Signale er selektiv reagieren muß, soll das System funktionieren. Es ist um so einfacher, einen selektiv auf ein Signal antwortenden Empfänger zu konstruieren, je einfacher und dennoch unverwechselbarer das Signal ist. Selbstverständlich üben Sender und Empfänger auch aufeinander einen Selektionsdruck aus, der ihre Entwicklung beeinflußt, und beide können so, in Anpassung aneinander, sehr hoch differenziert werden. Viele instinktive Riten, viele kulturelle Zeremonien, ja selbst die Worte aller menschlichen Sprachen verdanken ihre gegenwärtige Form diesem Vorgang der Übereinkunft zwischen Sender und Empfänger; beide sind Partner in einem kommunikativen System, das sich geschichtlich entwickelt. In solchen Fällen ist es oft unmöglich, die Spur zurück zu einem unritualisierten Vorbild, dem Ursprung des Rituals, zu verfolgen, weil seine Form sich bis zur Unkenntlichkeit verändert hat. Wenn aber Zwischenstufen in der Entwicklungslinie in anderen lebenden Arten oder noch überlebenden anderen Kulturen untersucht werden können, kann es solch vergleichender Forschung doch gelingen, den Pfad zurückzuverfolgen, entlang dem sich die gegenwärtige Form einer bizarren und komplizierten Zeremonie entwickelt hat. Gerade diese Aufgabe macht vergleichende Studien so anziehend.

Sowohl in der phylogenetischen als auch in der kulturellen Ritualisation erreichen die neu entwickelten Verhaltensmuster eine ganz besondere Art von Selbständigkeit. Sowohl instinktive als auch kulturelle Riten werden zu autonomen Motivationen des Verhaltens dadurch, daß sie selbst zu neuen Endhandlungen oder Zielen werden, deren Erreichung den Organismen zum treibenden Bedürfnis wird. Es liegt im Wesen der Riten als Träger unabhängig motivierender Faktoren, daß sie ihre ursprüngliche Funktion der Kommunikation überschreiten und damit fähig werden, zwei weitere, ebenso wichtige Aufgaben zu erfüllen, nämlich die Kontrolle der Aggression und die Bildung eines Bandes zwischen Individuen einer Art. Auf Seite 67 haben wir schon gesehen, in welcher Weise eine Zeremonie zu einem festen Band werden kann, das bestimmte Individuen zusammenhält, in Kapitel 11 werde ich im einzelnen erklären, wie eine aggressionshemmende Zeremonie sich zu einem alles soziale Verhalten bestimmenden Faktor entwickeln kann, der in seinen

Auswirkungen vergleichbar ist mit menschlicher Liebe und Freundschaft.

Die zwei Entwicklungsschritte, die in der kulturellen Ritualisation von der Verständigung zur Kontrolle der Aggression und von hier aus zur Bildung eines Bandes führen, sind mit Sicherheit jenen analog, die in der Evolution instinktiver Riten stattfinden, wie in Kapitel 11 am Triumphgeschrei der Gänse gezeigt wird. Die dreifache Funktion des Verhinderns eines Kampfes zwischen den Mitgliedern der Gruppe, ihr Zusammenhalt in einer geschlossenen Einheit und deren Abgrenzung gegen andere ähnliche Gruppen wird in den kulturell entwickelten Riten in solch auffallend gleichartiger Weise bewerkstelligt, daß dies zu wichtigen Überlegungen Anlaß gibt.

Die Existenz jeder menschlichen Gruppe, die in ihrer Größe über jene Mitgliederzahl hinausgeht, die durch persönliche Liebe und Freundschaft zusammengehalten werden kann, beruht auf diesen drei Funktionen kulturell ritualisierter Verhaltensweisen. Menschliches Sozialverhalten ist bis zu einem solchen Grade von kultureller Ritualisation durchdrungen, daß sie uns, eben wegen ihrer Allgegenwärtigkeit, meist gar nicht zum Bewußtsein kommt. Will man Beispiele menschlicher Verhaltensweisen geben, die mit Sicherheit nicht ritualisiert sind, muß man zu solchen Zuflucht nehmen, die nicht in der Öffentlichkeit ausgeführt werden, wie ungehemmtes Gähnen und Strecken, Nasenbohren oder Kratzen an unaussprechlichen Körperstellen. Alles was Manieren genannt wird, ist selbstverständlich strikt durch kulturelle Ritualisation festgelegt. »Gute« Manieren sind per definitionem jene, die die eigene Gruppe charakterisieren, und wir richten uns ständig nach ihren Anforderungen, sie sind uns zur zweiten Natur geworden. Im Alltag sind wir uns nicht bewußt, daß ihre Funktion in der Aggressionshemmung und in der Bildung eines sozialen Bandes besteht. Und doch sind sie es, die die »Gruppen-Kohäsion« bewirken, wie die Soziologen das nennen.

Die Funktion der Manieren als einer ständigen gegenseitigen Beschwichtigung zwischen den Mitgliedern einer Gruppe wird sofort klar, wenn man die Folgen ihres Ausfallens beobachtet. Ich meine dabei nicht den Effekt, der von einer groben Übertretung der Sitten ausgeht, sondern die bloße Abwesenheit all der kleinen höflichen Blicke und Gesten, durch die ein Mensch, zum Beispiel beim Betreten eines Raumes, von der Anwesenheit eines Mitmenschen Kenntnis nimmt. Wenn ein Mensch sich von

Mitgliedern seiner Gruppe beleidigt glaubt und einen Raum, in dem sich solche Gruppenmitglieder aufhalten, betritt, ohne diese kleinen höflichen Rituale auszuführen, sondern so tut, als wäre der Raum leer, dann erweckt dieses Verhalten Ärger und Feindschaft, genauso wie offenes Aggressionsverhalten es tut. Tatsächlich ist solch eine absichtliche Unterdrückung der normalen Befriedungszeremonien gleichbedeutend mit offenem Aggressionsverhalten.

Da jede Abweichung von den gruppen-charakteristischen Umgangsformen Aggression hervorruft, werden auf diese Weise alle Mitglieder einer Gruppe zur genauen Einhaltung dieser Normen des Sozialverhaltens gezwungen. Der Nonkonformist wird als ein Außenseiter nachteilig behandelt und wird in einfachen Gruppen, für die Schulklassen oder kleine militärische Einheiten gute Beispiele abgeben, in der grausamsten Weise ausgestoßen. Jeder Universitätslehrer, der Kinder hat und Stellungen in verschiedenen Teilen des Landes bekleidete, hat die Gelegenheit gehabt, die ungeheure Geschwindigkeit zu beobachten, mit der ein Kind den lokalen Dialekt zu sprechen lernt, der in der Gegend, in der es zur Schule geht, gesprochen wird. Es muß ihn einfach lernen, damit es von seinen Schulkameraden nicht ausgestoßen wird. Zu Hause aber behält es den Heimatdialekt bei. Charakteristischerweise ist es äußerst schwierig, ein solches Kind dazu zu bewegen, im Familienkreis die fremde Sprache, die es in der Schule gelernt hat, einmal zu sprechen, etwa beim Aufsagen eines Gedichtes. Ich vermute, daß die heimliche Zugehörigkeit zu einer anderen als der Familiengruppe von kleinen Kindern als Verrat empfunden wird.

Kulturell entwickelte soziale Normen und Riten sind für kleinere und größere menschliche Gruppen in der gleichen Weise charakteristisch wie angeborene Merkmale, die in der Phylogenie erworben wurden, charakteristisch für Unterarten, Arten, Gattungen und größere taxonomische Einheiten sind. Ihre Entwicklungsgeschichte kann mit den Methoden der vergleichenden Untersuchung rekonstruiert werden. Ihr Verschiedenwerden voneinander während der historischen Entwicklung errichtet Schranken zwischen kulturellen Einheiten in ähnlicher Weise, wie divergente Entwicklung dies zwischen Arten tut. Erik Erikson hat daher mit gutem Recht diesen Vorgang »pseudospeciation«, Schein-Artenbildung genannt.

Obwohl die Schein-Artenbildung unvergleichlich viel schneller geht als die phylogenetische Artenbildung, braucht doch auch sie Zeit. Ihre kleinen Anfänge, die Gewohnheitsbildung in einer Gruppe und die Diskriminierung von nichteingeweihten Außenseitern, kann man in jeder Kindergruppe sehen, aber um den sozialen Normen und Riten einer Gruppe Festigkeit und Unverbrüchlichkeit zu geben, ist, so scheint es, ihre ständige Existenz über eine Zeit von mindestens einigen Generationen notwendig. Aus diesem Grund ist die kleinste kulturelle Schein-Art, die ich mir denken kann, die Schülerschaft einer traditionsreichen Schule; es ist erstaunlich, wie eine solche Menschengruppe ihren Schein-Arten-Charakter über die Jahre bewahrt. Die heute oft belachte »old school tie« ist etwas sehr Reales. Wenn ich einen Mann treffe, der mit dem »vornehm« nasalen Akzent des ehemaligen Schotten-Gymnasiasten spricht, kann ich nicht umhin, mich von ihm angezogen zu fühlen, desgleichen bin ich geneigt, ihm zu vertrauen, und verhalte mich merklich entgegenkommender zu ihm als zu einem Außenseiter.

Die wichtige Funktion höflicher Manieren kann ausgezeichnet beim sozialen Zusammentreffen zwischen verschiedenen Gruppen und Untergruppen menschlicher Kulturen untersucht werden. Ein beträchtlicher Teil der Gewohnheiten, die von der guten Sitte bestimmt sind, sind kulturell ritualisierte Übertreibungen von Unterwürfigkeitsgesten, von denen wahrscheinlich die meisten ihre Wurzeln in phylogenetisch ritualisierten Verhaltensweisen gleicher Bedeutung haben. Die lokale Überlieferung von guten Sitten in verschiedenen kulturellen Untergruppen fordert nun eine quantitativ verschiedene Betonung, die auf diese Ausdrucksbewegungen zu legen ist. Ein gutes Beispiel hierfür liefert die Geste des höflichen Zuhörens, die darin besteht, daß man den Hals vorstreckt und gleichzeitig den Kopf seitlich neigt, womit man nachdrücklich dem Sprecher »sein Ohr leiht«. Diese Verhaltensweise drückt die Bereitschaft aus, aufmerksam zuzuhören und gegebenenfalls zu gehorchen. In den höflichen Sitten einiger asiatischer Kulturen ist sie offensichtlich stark mimisch übertrieben worden, in Österreich ist sie, besonders bei Damen aus gutem Hause, eine der allgemeinsten Höflichkeitsgesten, in anderen mitteleuropäischen Ländern scheint sie weniger betont zu sein. In einigen Teilen Norddeutschlands ist sie bis zu einem Minimum reduziert oder fehlt ganz. In diesen Kulturkreisen wird es als korrekt und höflich angesehen, wenn der Zuhörer seinen Kopf aufrecht hält und dem Sprecher gerade ins Gesicht schaut, so wie es von einem Soldaten erwartet wird, wenn er Befehle entgegennimmt. Als ich von

Wien nach Königsberg kam, zwei Städte, in denen der Unterschied zwischen den in Rede stehenden Verhaltensweisen besonders groß ist, brauchte ich einige Zeit, bis ich mich an die Geste des höflichen Zuhörens ostpreußischer Damen gewöhnt hatte. Da ich ein Neigen des Kinns, so klein auch immer, von einer Dame, zu der ich sprach, erwartete, konnte ich nicht umhin zu denken, ich hätte etwas Ungehöriges gesagt, wenn sie gerade aufrecht saß und mir ins Gesicht schaute.

Natürlich ist die Bedeutung einer solchen Höflichkeitsgeste ausschließlich durch die Übereinkunft zwischen Sender und Empfänger in demselben Kommunikationssystem bestimmt. Zwischen Kulturen, in denen diese Übereinkunft verschieden ist, sind Mißverständnisse unvermeidbar.

Mit ostpreußischem Maßstab gemessen, ist die Geste des »Ohrleihens« eines Japaners der Ausdruck einer verächtlichen Unterwürfigkeit, während vom japanischen Standpunkt aus eine höflich zuhörende ostpreußische Dame den Eindruck kompromißloser Feindseligkeit erwecken würde.

Selbst sehr geringe Unterschiede in Konventionen dieser Art können Fehldeutungen kulturell ritualisierter Ausdrucksbewegungen herbeiführen. Südländer werden oft von Engländern oder Deutschen als »unverläßlich« betrachtet, allein deshalb, weil diese auf Grund ihrer eigenen Konvention hinter den überschwenglichen Gesten des Entgegenkommens und der Freundlichkeit mehr wirkliches soziales Entgegenkommen erwarten als dahinter steckt. Die Unpopularität von Norddeutschen und vor allem von Preußen in südlichen Ländern beruht häufig auf einem Mißverständnis in der anderen Richtung. In der höflichen amerikanischen Gesellschaft habe ich sicher oft den Eindruck von Grobheit erweckt, einfach weil ich es schwierig fand, so viel zu lächeln, wie es die amerikanischen guten Sitten verlangen.

Unzweifelhaft tragen solche kleinen Mißverständnisse beträchtlich zum Haß zwischen kulturellen Gruppen bei. Der Mann, der in der beschriebenen Art die sozialen Gesten von Mitgliedern anderer Kulturkreise mißverstanden hat, fühlt sich heimtückisch betrogen und verletzt. Schon die bloße Unfähigkeit, die Ausdrucksbewegungen und Riten einer fremden Kultur zu verstehen, erweckt Mißtrauen und Furcht in einer Art und Weise, die leicht zu offener Aggression führen kann.

Von den unbedeutenden Besonderheiten der Sprache und des Benehmens, die kleinste Einheiten zusammenhalten, geht eine ununterbrochene Stufenleiter zu den hochkomplizierten, wissentlich ausgeführten und als Symbol verstandenen sozialen Normen und Riten, die die größten sozialen Einheiten der Menschheit in einer Nation, einer Kultur, einer Religion oder einer politischen Ideologie verbinden. Es wäre nun durchaus möglich, dieses System mit der vergleichenden Methode zu untersuchen, mit anderen Worten, die Gesetze der Schein-Artenbildung zu studieren, obwohl dies wegen der häufigen Überlappung der einzelnen Gruppenbegriffe, wie zum Beispiel der nationalen und religiösen Einheiten, sicher schwieriger wäre als die Untersuchung der Artenbildung.

Ich habe schon betont, daß der emotionelle Hintergrund der Werte jeder ritualisierten Norm sozialen Verhaltens die antreibende Macht gibt. Erik Erikson hat jüngst gezeigt, daß die Gewöhnung an die Unterscheidung von Gut und Böse in der frühen Kindheit beginnt und während der ganzen Entwicklungszeit eines Menschen weiter ausgebildet wird. Es gibt im Prinzip keinen Unterschied zwischen der Starrheit, mit der wir an den Geboten unserer früh empfangenen Reinlichkeits-Erziehung festhalten, und der Treue, die wir den nationalen oder politischen Normen und Riten erweisen, auf die wir im späteren Leben geprägt wurden. Die Starrheit des traditionellen Ritus und die Hartnäckigkeit, mit der wir an ihm hängen, sind wesentlich für seine unentbehrliche Funktion. Gleichzeitig braucht er aber, genauso wie die vergleichbare Funktion von starren instinktiven sozialen Verhaltensweisen, die Überwachung durch unsere verstandesmäßige, verantwortliche Moral.

Es ist ganz richtig und legitim, daß wir die Sitten, die unsere Eltern uns gelehrt haben, als »gut« betrachten, daß wir die sozialen Normen und Riten heilig halten, die uns von der Tradition unserer Kultur überliefert wurden. Wir müssen uns aber mit aller Kraft unserer verantwortlichen Vernunft davor hüten, unserer natürlichen Neigung nachzugeben, die sozialen Riten und Normen anderer Kulturen als minderwertig anzusehen. Die dunkle Seite der Scheinartenbildung ist, daß sie uns in die Gefahr kommen läßt, die Mitglieder anderer Scheinarten nicht als Menschen anzusehen, was viele primitive Stämme offensichtlich tun, in deren Sprache das Wort für den eigenen Stamm synonym ist mit »Mensch«. Von ihrem Standpunkt aus ist es nicht Kannibalismus, wenn sie die gefallenen Krieger eines feindlichen Stammes verzehren. Die moralische Konsequenz aus der Naturgeschichte der Scheinartenbildung ist, daß wir lernen müssen, andere Kulturen zu tolerieren, unsere eigene kulturelle und nationale Arroganz abzuwerfen und uns klarzumachen, daß die sozialen Normen und Riten anderer Kulturen, denen ihre Mitglieder die Treue halten wie wir den unsrigen, das gleiche Recht haben, respektiert und als heilig angesehen zu werden. Ohne die Toleranz, die aus dieser Erkenntnis entspringt, ist es nur zu einfach für einen Menschen, die Personifikation des Bösen in dem zu sehen, was für seinen Nachbarn das Heiligste ist. Gerade die Unverbrüchlichkeit der sozialen Normen und Riten, in der ihr höchster Wert liegt, kann zu dem schrecklichsten aller Kriege führen, zu dem Religionskrieg – und gerade er ist es, der uns heute droht!

An dieser Stelle bin ich, wie so oft, wenn ich menschliches Verhalten vom Gesichtspunkt der Naturwissenschaft diskutiere, in der Gefahr, mißverstanden zu werden. Ich habe in der Tat gesagt, daß die menschliche Treue zu allen traditionellen Bräuchen durch schlichte Gewohnheitsbildung und tierische Furcht bei ihrer Durchbrechung verursacht ist. Ich habe weiterhin die Tatsache betont, daß alle menschlichen Rituale auf einem natürlichen Wege entstanden sind, weitgehend analog der Evolution sozialer Instinkte bei Tier und Mensch. Ich habe sogar ausdrücklich erläutert, daß alles, was der Mensch in der Tradition verehrt und heilig hält, nicht einen absoluten ethischen Wert darstellt, sondern nur innerhalb der Grenzen einer bestimmten Kultur geheiligt ist. Das alles aber spricht keineswegs gegen den Wert und die Notwendigkeit der entschlossenen Treue, mit der ein guter Mensch an den übernommenen Bräuchen seiner Kultur festhält.

Spotten wir also nicht über das Gewohnheitstier im Menschen, das seine Gepflogenheiten zum Ritus erhoben hat und mit einem Starrsinn daran festhält, der einer besseren Sache wert zu sein scheint: es *gibt* nur wenige bessere Sachen! Wenn das Gewohnte sich nicht in der geschilderten Weise verfestigen und verselbständigen würde, wenn es sich nicht zum geheiligten Selbstzweck erhöbe, gäbe es keine glaubhafte Mitteilung, keine vertrauenswürdige Verständigung, keine Treue und kein Gesetz. Schwüre binden nicht, und Verträge gelten nicht, wenn die vertragschließenden Partner nicht eine Grundlage unverbrüchlicher, zu Riten gewordener Gepflogenheiten gemeinsam haben, bei deren Durchbrechung sie von jener magischen Vernichtungsangst befallen werden, die meine kleine Martina damals auf der fünften Stufe unserer Hallentreppe ergriffen hat.

6
Das große Parlament der Instinkte

> Wie alles sich zum Ganzen webt,
> Eins in dem andern wirkt und lebt!
> Goethe

Wie wir im vorangehenden Kapitel hörten, erschafft der stammesgeschichtliche Vorgang der Ritualisierung jeweils einen neuen, autonomen Instinkt, der in das große Wirkungsgefüge aller anderen instinktmäßigen Antriebe als unabhängige Kraft eingreift. Seine Leistung, die, wie wir wissen, ursprünglich immer in einer Mitteilung, einer »Kommunikation« besteht, kann schädliche Wirkungen der Aggression dadurch verhindern, daß sie ein gegenseitiges Sich-Verstehen der Artgenossen bewirkt. Nicht nur beim Menschen entsteht Streit oft dadurch, daß einer *irrtümlich* vom anderen glaubt, er wolle ihm Böses tun. Schon in diesem Zusammenhang ist der Ritus für unser Thema ungeheuer wichtig. Darüber hinaus aber kann er, wie wir am Beispiele des Triumphgeschreis der Gänse noch genauer sehen werden, als selbständiger Trieb so große Macht erlangen, daß er im großen Parlament der Instinkte erfolgreich gegen die Macht der Aggression zu opponieren vermag. Um verständlich zu machen, wie er es zustande bringt, sie im Zaum zu halten, ohne sie eigentlich zu schwächen und in der arterhaltenden Leistung zu behindern (von der wir im dritten Kapitel sprachen), muß ich über das Wirkungsgefüge der Instinkte einiges sagen. Dieses gleicht insoferne einem *Parlament*, als es ein mehr oder weniger ganzheitliches System von Wechselwirkungen zwischen vielen unabhängigen Variablen ist, und auch insoferne, als sein echt demokratisches Verfahren aus historischer Erprobung hervorgegangen ist und, wenn nicht immer echte Harmonie, so doch erträgliche, das Leben ermöglichende Kompromisse zwischen verschiedenen Interessen schafft.

Was ist »ein« Instinkt? Den Benennungen, die man häufig auch in der Umgangssprache für verschiedene instinktmäßige Antriebe gebraucht, haftet ein böses Erbe des »finalistischen« Denkens an. Finalist in diesem bösen Sinne des Wortes ist derjenige, der die Frage »Wozu?« mit der Frage »Warum?« verwechselt und deshalb glaubt, mit dem Aufzeigen des arterhaltenden Sinnes irgendeiner Leistung auch schon das Problem ihres ursächlichen Zustandekommens gelöst zu haben. Es ist naheliegend und verlockend, für gut benennbare Leistungen, deren Arterhaltungswert offensichtlich ist, etwa für Nahrungsaufnahme, Fortpflanzung oder Flucht, je einen besonderen Trieb oder »Instinkt« zu postulieren. Wie geläufig ist uns doch das Wort »Fortpflanzungstrieb«! Nur darf man sich dabei nicht einreden – wie viele Instinktforscher dies leider taten –, man habe mit einem solchen Wort eine *Erklärung* für den betreffenden Vorgang gegeben. Die Begriffe, die derartigen Bezeichnungen entsprechen, sind um kein Haar besser als der des »Horror vacui« oder des »Phlogiston«, die nur Benennungen des Vorgangs sind, aber »betrügerischerweise vorgeben, eine Erklärung für ihn zu enthalten«, wie John Dewey in harten Worten sagte. Da wir nun in diesem Buche danach streben, ursächliche Erklärungen für *Fehlfunktionen* eines bestimmten Instinktes, eben der Aggression, zu finden, dürfen wir uns nicht darauf beschränken, ihr »Wozu« ergründen zu wollen, was wir im dritten Kapitel taten. Vielmehr müssen wir Einsicht in die normalen Ursachen gewinnen, um diejenigen ihrer Störung zu verstehen und möglicherweise auch beheben zu lernen.

Eine nach ihrer Funktion benennbare Leistung eines Organismus, wie etwa die Nahrungsaufnahme, die Fortpflanzung oder gar die Selbsterhaltung, ist selbstverständlich niemals die Wirkung einer einzigen Ursache oder eines einzigen Triebes. Der erklärende Wert eines Begriffs wie »Fortpflanzungsinstinkt« oder »Selbsterhaltungstrieb« ist daher genauso nichtig wie derjenige einer besonderen »Automobilkraft« wäre, die ich mit gleichem Recht zur Erklärung der Tatsache heranziehen könnte, daß mein guter alter Wagen immer noch fährt. Wer aber die Reparaturen kennt (und bezahlt), die dieses Fahren möglich machen, wird nicht in Versuchung kommen, an eine solche mystische Kraft zu glauben – und auf die Reparaturen kommt es uns hier an! Wer die pathologischen Fehlfunktionen der angeborenen Verhaltensmechanismen kennt, die wir Instinkte nennen, wird nie in den Wahn verfallen, daß Tiere oder gar Menschen von richtungweisenden, nur final begreifbaren Faktoren geleitet würden, die einer ursächlichen Erklärung weder bedürftig noch zugänglich sind.

Eine leistungsmäßig einheitliche Verhaltensweise, wie etwa Nahrungsaufnahme oder Fortpflanzung, wird immer durch ein sehr kompliziertes Wechselspiel sehr vieler physiologischer Ursachen vollbracht, das von beiden Konstrukteuren des Artenwandels, der Erbänderung und der Selektion, »erfunden« und gründlich durchgeprobt wurde. Diese vielen physiologischen Ursachen stehen zueinander manchmal in einem Verhältnis ausgewogener Wechselwirkung, manchmal beeinflußt eine die andere mehr, als sie von ihr rück-beeinflußt wird; manche von ihnen sind verhältnismäßig unabhängig vom Wirkungsgefüge des Ganzen und beeinflussen dieses mehr, als sie ihrerseits von ihm beeinflußt werden. Ein gutes Beispiel solcher »relativ ganzheitsunabhängiger Bausteine« bilden die Elemente des *Skeletts.*

Im Bereiche des Verhaltens sind die Erbkoordinationen oder Instinktbewegungen ausgesprochen ganzheitsunabhängige Bausteine. In ihrer Form so unwandelbar wie die härtesten Skelettteile, schwingt jede von ihnen ihre eigene Geißel über den gesamten Organismus. Jede meldet sich, wie wir schon wissen, energisch zu Worte, wenn sie lange schweigen mußte, und zwingt das Tier oder den Menschen, sich aufzumachen und aktiv nach jener besonderen Reizsituation zu suchen, die geeignet ist, gerade sie und keine andere Erbkoordination auszulösen und ablaufen zu lassen. Es ist also ein großer Irrtum zu glauben, daß jede Instinktbewegung, deren arterhaltende Leistung z. B. der Nahrungsaufnahme dient, unbedingt vom Hunger verursacht werden müsse. Wir wissen von unseren Hunden, daß sie die Bewegungsweisen des Schnüffelns, Stöberns, Laufens, Nachjagens, Zuschnappens und Totschüttelns mit größter Leidenschaft auch dann ausführen, wenn sie nicht hungrig sind, und jeder Hundefreund weiß, daß man leider einen der Jagdleidenschaft frönenden Hund durch noch so gute Fütterung *nicht* von seiner Passion kurieren kann. Gleiches gilt für Instinktbewegungen des Beute-Erwerbes bei der Katze, für das bekannte »Zirkeln« des Stares, das beinahe dauernd ausgeführt wird und besonders unabhängig vom Hungerzustand des Vogels ist, kurz für alle jene kleinen Diener der Arterhaltung wie Laufen, Fliegen, Nagen, Picken, Graben, Sich-Putzen usw. Jede dieser Erbkoordinationen hat ihre eigene Spontaneität und verursacht ihr eigenes Appetenzverhalten. Sind diese kleinen Partial-Triebe also völlig unabhängig voneinander? Bilden sie ein Mosaik, das seine funktionelle Ganzheitlichkeit nur der Konstruktion des Artenwandels verdankt? Das kann in extremen Fällen tatsächlich so sein; es ist nicht allzulange her, daß man diese Sonderfälle für die allgemeine Regel hielt. In der heroischen Zeit der vergleichenden Verhaltensforschung meinte man nämlich, daß jeweils nur *ein* Trieb, dieser aber ausschließlich, das ganze Tier beherrsche. Julian Huxley gebrauchte ein schönes und prägnantes Gleichnis, das ich selbst auch Jahre hindurch in meinen Vorlesungen zitierte, indem er sagte, der Mensch wie das Tier gleiche einem Schiffe, das von vielen Kapitänen kommandiert werde. Beim Menschen wären diese Kommandeure alle gleichzeitig auf der Kommandobrücke anwesend und jeder äußere seine Meinung; manchmal kämen sie dabei zu einem klugen Kompromiß, der eine bessere Lösung der bestehenden Probleme bedeute als die Einzelmeinung des Gescheitesten unter ihnen, manchmal aber könnten sie sich nicht einigen, und dann entbehre das Schiff jeder vernünftigen Führung. Beim Tiere dagegen hielten sich die Kapitäne an eine Abmachung, daß jeweils nur einer von ihnen die Kommandobrücke betreten dürfe; jeder von ihnen müsse abtreten, sowie ein anderer die Brücke erklimme. Dieses letzte Gleichnis trifft auf einige Fälle tierischen Verhaltens in Konfliktsituationen bestechend genau zu, und es ist begreiflich, wenn wir in jener Zeit die Tatsache übersahen, daß dies nur ziemlich seltene Spezialfälle sind. Außerdem stellt es wohl die einfachste Form der Wechselwirkung zwischen zwei miteinander in Wettstreit tretenden Trieben dar, daß einer den anderen einfach unterdrückt oder ausschaltet; so war es völlig legitim und richtig, sich zunächst an die einfachsten und am leichtesten analysierbaren Vorgänge zu halten, auch wenn es nicht die häufigsten waren.

In Wirklichkeit können zwischen zwei unabhängig voneinander veränderlichen Antrieben alle nur denkbaren Wechselwirkungen bestehen. Einer kann einseitig einen anderen fördern und antreiben, zwei können einander unterstützen, sie können sich, ohne im übrigen miteinander in Beziehung zu treten, summativ in einer und derselben Verhaltensweise überlagern, und sie können einander schließlich wechselseitig hemmen. Neben so manchen weiteren Wechselwirkungen, deren bloße Aufzählung uns hier zu weit führen würde, gibt es schließlich den seltenen Spezialfall, daß von zwei Antrieben der jeweils stärkere den schwächeren in einer nach dem Alles-oder-Nichts-Gesetz funktionierenden Kippreaktion ausschaltet. Nur dieser eine Fall entspricht dem Huxleyschen Gleichnis, und nur von einem einzigen Trieb kann verallgemeinernd gesagt werden, daß er meist alle anderen unterdrücke: vom Flucht-Trieb. Aber selbst dieser Instinkt findet oft genug seinen Meister.

Die alltäglichen, häufigen, vielfach verwendbaren, »billigen«

Instinktbewegungen, die ich weiter oben als die »kleinen Diener der Arterhaltung« bezeichnet habe, stehen häufig *mehreren* »großen« Trieben zur Verfügung. Vor allem die Bewegungsweisen der Ortsveränderung, Laufen, Fliegen, Schwimmen etc., aber auch andere, wie Picken, Nagen, Graben usw. usf., können im Dienst des Nahrungserwerbs, der Fortpflanzung, der Flucht, der Aggression, die wir hier als die »großen« bezeichnen wollen, gebraucht werden. Weil sie so, gewissermaßen als Werkzeuge, verschiedenen übergeordneten Systemen, vor allem den eben aufgezählten »Großen Vier« unter den Motivationsquellen unterstehen, habe ich sie anderen Ortes als *Werkzeug*-Aktivitäten bezeichnet. Dies besagt nun aber keineswegs etwa, daß derartige Bewegungsweisen ihrer eigenen Spontaneität entbehren, das Gegenteil ist der Fall: es entspricht einem weitverbreiteten Prinzip natürlicher Ökonomie, daß z. B. bei einem Hund oder Wolf die spontane Produktion der Einzelantriebe zum Schnüffeln, Spüren, Laufen, Jagen und Totschütteln ungefähr auf den Bedarf eingestellt ist, die der Hunger an sie stellt. Schaltet man den Hunger als Antrieb durch die einfache Maßnahme aus, den Futternapf dauernd mit leckerstem Futter gefüllt zu halten, so wird man alsbald gewahr, daß das Tier kaum weniger schnüffelt, spürt, läuft und jagt, als wenn diese Tätigkeiten nötig sind, um sein Nahrungsbedürfnis zu stillen. Wenn der Hund stark hungrig ist, tut er all dies aber doch quantitativ *meßbar* mehr! Obwohl also die aufgezählten Werkzeuginstinkte ihre eigene Spontaneität besitzen, werden sie vom Hunger noch *angetrieben*, mehr zu leisten, als sie es sich selbst überlassen täten. Jawohl: ein Trieb kann angetrieben werden!

Ein derartiges Angetrieben-Werden einer an sich spontanen Funktion durch einen anderswoher kommenden Reiz ist in der Physiologie durchaus nichts Seltenes oder gar Neues. Eine Instinkthandlung ist insofern Reaktion, als sie auf den Ansporn eines Außenreizes oder eines anderen Triebes erfolgt. Erst bei Fortfallen dieser Anreize zeigt sie ihre eigene Spontaneität.

Ein analoger Vorgang ist von den Reizerzeugungszentren des Herzens seit langem bekannt. Der Herzschlag wird normalerweise von den rhythmisch-automatischen Reizen ausgelöst, die der sogenannte Sinusknoten erzeugt, ein Organ aus hochspezialisiertem Muskelgewebe, das nahe dem Eingange des Blutstromes in die Vorkammer des Herzens liegt. Etwas weiter blutstrom-abwärts, am Übergange in die Kammer, sitzt ein zweites derartiges Organ, der Atrio-Ventrikularknoten, zu dem vom erstgenannten her ein Bündel reizleitender Muskelfasern führt. Beide Knoten produzieren Reizstöße, die imstande sind, die Herzkammer zu einer Zusammenziehung zu veranlassen. Der Sinusknoten arbeitet schneller als der Atrio-Ventrikularknoten. Letzterer kommt daher unter normalen Umständen niemals in die Lage, sich spontan zu verhalten, denn jedesmal, wenn er sich gemächlich anschickt, eine Reizsalve abzufeuern, kriegt er einen Spornstoß von seinem Vorgesetzten und feuert etwas früher, als er dies sich selbst überlassen getan hätte. So zwingt der Vorgesetzte seinem Untergebenen den eigenen Arbeitsrhythmus auf. Macht man nun das klassische Experiment von Stannius und unterbricht man durch Abschnüren des Reizleitungsbündels die Verbindung, so befreit man den Atrio-Ventrikularknoten von der Tyrannis des Sinusknotens, und der erstere tut, was der Untergebene in solchen Fällen oft tut, er hört auf zu arbeiten, mit anderen Worten, das Herz bleibt für einen Augenblick stille. Das nennt man seit altersher die »prä-automatische Pause«. Nach kurzer Ruhe »bemerkt« der Atrio-Ventrikularknoten nämlich, daß er ja eigentlich selbst Reize produziert und nach einiger Zeit ganz gerne abfeuern möchte. Hierzu war er eben bis dahin nie gekommen, weil er immer Bruchteile von Sekunden vorher einen anfeuernden Tritt von hinten bekommen hatte.

In einem Verhältnis, das dem des Atrio-Ventrikularknotens zum Sinusknoten genau analog ist, stehen nun auch die meisten Instinktbewegungen zu verschiedenen übergeordneten Quellen der Motivation. Die Sachlage wird hier dadurch kompliziert, daß erstens sehr häufig, wie im Falle der Werkzeugreaktionen, ein Diener mehrere Herren hat und daß zweitens diese Herren außerordentlich verschiedener Natur sein können. Sie können, wie der Sinusknoten, automatisch-rhythmisch reizerzeugende Organe sein; sie können innere und äußere Rezeptoren sein, die innere und äußere Reize, zu denen die Bedürfnisse der Gewebe wie Hunger, Durst oder Sauerstoffmangel gehören, aufnehmen und in Form von Erregung weiterleiten. Sie können schließlich Drüsen mit innerer Sekretion sein, deren Hormone antreibend auf ganz bestimmte nervliche Vorgänge wirken. (Hormon kommt von griechisch ὁρμάω ich treibe.) In allen Fällen aber trägt die von einer solchen höheren Stelle befohlene Aktivität nicht den Charakter des »Reflexes«, das heißt, die gesamte Organisation der Instinktbewegung verhält sich nicht wie eine Maschine, die, solange sie nicht gebraucht wird, unbegrenzte Zeit passiv brachliegt und »wartet«, bis jemand auf den Knopf ihres Anlassers drückt. Sie gleicht vielmehr einem Pferde, das zwar des Zügels wie des Sporns bedarf, um seinem Herrn zweckdienlich zu gehorchen, das aber täglich bewegt werden muß, wenn Erscheinungen des Energie-Überschusses vermieden werden sollen, die unter Umständen, z. B. bei dem uns hier in erster Linie interessierenden Instinkt, der intraspezifischen Aggression, recht gefährlich werden können.

Wie schon angedeutet, ist die Menge der spontanen Produktion einer bestimmten Instinktbewegung stets annähernd auf den zu erwartenden Bedarf zugeschnitten. Manchmal ist es zweckmäßig, dies in sparsamer Weise zu berechnen, wie z. B. bei der Reizerzeugung des Atrio-Ventrikularknotens, denn wenn dieser mehr produziert, als der Sinusknoten ihm »abkauft«, so gibt es die nervösen Leuten nur allzugut bekannte Extrasystole, das ist eine in den Rhythmus des normalen Herzschlages taktlos hineinbrechende Zusammenziehung der Herzkammer. In anderen Fällen kann es unschädlich, ja nützlich sein, wenn ein ständiger Produktions-Überschuß zur Verfügung steht. Wenn etwa ein Hund mehr läuft, als er braucht, um Beute zu machen, oder ein Pferdchen ohne äußeren Grund bockt, springt und auskeilt (Bewegungsweisen der Flucht und der Abwehr von Raubtieren), so ist das nur ein gesundes Muskeltraining und daher in gewissem Sinne eine Vorbereitung auf den »Ernstfall«.

Am reichlichsten muß der verfügbare Produktionsüberschuß von Werkzeug-Aktivitäten dort bemessen sein, wo am wenigsten voraussagbar ist, wie viel von ihnen im Einzelfall verbraucht wird, ehe die arterhaltende Leistung der Gesamthandlung vollbracht ist. Eine jagende Katze kann das eine Mal gezwungen sein, mehrere Stunden vor einem Mausloch zu lauern und das andere Mal eine ihr zufällig in den Weg laufende Maus in raschem Sprunge ohne alles Lauern oder Anschleichen erbeuten. Im Durchschnitt aber muß, wie sich leicht jeder vorstellen und wie man auch durch Freilandbeobachtung bestätigen kann, die Katze sehr lange und ausdauernd den Tätigkeiten des Belauerns und Beschleichens obliegen, bis sie endlich in die Lage kommt, die Endhandlungen des Totbeißens und Auffressens der Beute zu konsumieren. Bei Beobachtung solcher Handlungsketten liegt ein unrichtiger Vergleich mit zweckgerichtetem Verhalten des Menschen allzu nahe, man neigt unwillkürlich zu der Annahme, daß die Katze die Bewegungsweisen des Beute-Erwerbs nur »um des Fressens willen« ausführe. Daß dem nicht so ist, läßt sich experimentell nachweisen. Leyhausen gab jagdfreudigen Katzen eine Maus nach der anderen und beobachtete die Reihenfolge, in der die Teilhandlungen des Beutemachens und Fressens eine nach der anderen ausfielen. Die Katze hörte zuerst zu fressen auf, tötete aber noch einige Mäuse und ließ sie liegen. Als nächstes erlosch die Neigung zum Tötungsbiß. Die Katze fuhr aber noch fort, Mäuse zu beschleichen und zu haschen. Noch später, als auch die Bewegungsweisen des Fangens erschöpft waren, hörte das Versuchstier noch nicht auf, Mäuse zu belauern und sich an sie anzuschleichen, wobei es interessanterweise immer solche wählte, die möglichst weit weg in der gegenüberliegenden Zimmerecke herumliefen, während es die unbeachtet ließ, die ihm über die Vorderpfoten krochen.

In diesem Versuche läßt sich abzählen, wie oft jede einzelne der erwähnten Teilhandlungen durchgeführt wurde, ehe sie erschöpft war. Die gewonnenen Zahlen stehen in einer offensichtlichen Beziehung zum durchschnittlichen Normalverbrauch. Selbstverständlich muß eine Katze sehr oft lauern und schleichen, ehe sie ihrer Beute überhaupt nahe genug kommt, daß ein Fangversuch Aussicht auf Erfolg hat. Erst nach vielen Fangversuchen kriegt sie die Beute in die Krallen und kann den Tötungsbiß anbringen, dieser gelingt auch nicht unbedingt verläßlich beim ersten Male, und so müssen mehrere Tötungsbisse je Auffressen einer Maus vorgesehen sein. Ob eine der Teilhandlungen unter dem eigenen Antrieb allein oder zusätzlich unter dem einer anderen auftritt und welche dies ist, hängt also bei komplexen Verhaltensabläufen dieser Art von Außenbedingungen ab, welche die »Nachfrage« nach jeder einzelnen Bewegungsweise bestimmen. Meines Wissens wurde dies erstmalig von dem Kinderpsychiater René Spitz klar ausgesprochen, der beobachtete, daß Säuglinge, denen Milch in einer allzu leichtgehenden Saugflasche geboten wurde, nach völliger Sättigung und Ablehnung der Flasche noch einen überschüssigen Restbestand an Saugbewegungen zurückbehielten, den sie an Ersatzobjekten abreagieren mußten. Sehr ähnlich verhält sich die Tätigkeit des Fressens und des Nahrungserwerbes bei Gänsen, wenn man sie auf einem Teich hält, in dem keine Nahrung vorhanden ist, die durch die Bewegungsweise des sogenannten Gründelns erworben werden könnte. Füttert man die Tiere ausschließlich am Ufer, so wird man über kurz oder lang beobachten können, daß sie »im Leerlauf« gründeln. Füttert man sie nun am Ufer mit einem bestimmten Körnerfutter völlig satt, bis sie nicht mehr fressen, und streut nun Körner ins Wasser, so beginnen die Vögel prompt zu gründeln und fressen auch tatsächlich das Herausgeholte. Man darf sagen, »sie fressen, um gründeln zu können«. Man kann auch den Versuch umkehren und die Gänse durch längere Zeit ihren ganzen Nahrungsbedarf durch angestrengtes Gründeln in größter, eben noch erträglicher Wassertiefe erwerben lassen. Wenn man sie nun in dieser Weise fressen läßt, bis sie aufhören, und ihnen schließlich dasselbe Futter auf dem Trockenen bietet, so fressen sie noch ein erhebliches Quantum und erbringen damit den Beweis, daß sie eben vorher nur »gründelten, um zu fressen«.

Es lassen sich also durchaus keine verallgemeinernden Aussagen darüber machen, welche von zwei spontanen, Motivation erzeugenden Instanzen die andere antreibt oder »dominiert«.

Wir haben bisher nur von der Wechselwirkung zwischen solchen Teil-Trieben gesprochen, die zu einer gemeinsamen Funktion zusammenwirken, in unseren Beispielen zur Ernährung des Organismus. Etwas anders gestaltet sich das Verhältnis zwischen Antriebsquellen, deren jede eine andere Funktion hat und damit einer anderen Instinkt-Organisation angehört. In diesem Falle ist nicht gegenseitiges Antreiben oder Unterstützen die Regel, sondern gewissermaßen eine Beziehung der Rivalität: jeder der Antriebe sucht »recht zu behalten«. Wie vor allem Erich v. Holst gezeigt hat, können schon auf der Ebene der kleinsten Muskelzuckungen mehrere reizerzeugende Elemente nicht nur miteinander wetteifern, sondern, was mehr ist, durch gesetzmäßige gegenseitige Beeinflussung sinnvolle Kompromisse bilden. Diese Beeinflussung besteht, sehr grob gesprochen, darin, daß *jeder* von zwei derartigen endogenen Rhythmen bestrebt ist, dem anderen seine eigene Frequenz aufzuzwingen und ihn in konstanter Phasenbeziehung festzuhalten. Daß alle Nervenzellen, von denen die Fasern eines Muskels innerviert werden, sinnvollerweise immer gleichzeitig feuern, ist Folge dieses Vorganges gegenseitiger Beeinflussung. Versagt er, so treten fibrilläre Muskelzuckungen auf, wie man sie bei extremer nervlicher Ermüdung oft beobachten kann. Auf der etwas höheren Integrationsebene der Bewegung einer Extremität, etwa einer Fischflosse, bewirken dieselben Vorgänge ein sinnvolles Wechselspiel zwischen den »antagonistischen« Muskeln, das heißt jenen, die das betreffende Glied abwechselnd in entgegengesetzter Raumrichtung bewegen. Jede rhythmische Hin-und-her-Bewegung einer Flosse, eines Beines oder eines Flügels, wie wir ihr bei der Lokomotion der Tiere allüberall begegnen, ist die Wirkung von »Antagonisten«, sowohl was die beteiligten Muskeln als auch was die reizerzeugenden Zentren im Nervensystem anlangt. Sie ist stets die Folge eines »Konfliktes« unabhängiger und wetteifernder Impulsquellen, deren Energien durch die Gesetzlichkeiten der »relativen Koordination«, wie v. Holst die in Rede stehenden Vorgänge gegenseitiger Beeinflussung nannte, in geordnete und dem Wohle der Ganzheit dienliche Bahnen gelenkt werden.

Es ist demnach nicht der Krieg der Vater aller Dinge, wohl aber ist es der Konflikt zwischen den unabhängig voneinander Antriebe erzeugenden Instanzen, der innerhalb des Gefüges der Ganzheit Spannungen erzeugt, die diesem Ganzen, buchstäblich wie Spanndrähte wirkend, Struktur und Festigkeit verleihen. Dies gilt nicht nur für so einfache Leistungen wie den Flossenschlag der Fische, an dem v. Holst die Gesetzmäßigkeiten der relativen Koordination entdeckte, sondern auch für sehr viele andere Antriebsquellen, die durch so wohlerprobte parlamentarische Regeln gezwungen werden, ihre Einzelstimmen zu einer der Gesamtheit dienenden Harmonie zu vereinigen.

Als einfaches Beispiel mögen uns hier die Bewegungen der Gesichtsmuskulatur dienen, die bei einem Hund im Konflikt zwischen den Trieben des Angriffs und der Flucht zu beobachten sind. Diese Mimik, die man allgemein als *Drohen* zu bezeichnen pflegt, kommt überhaupt nur dann zustande, wenn die Tendenz anzugreifen durch Furcht, zumindest durch ein ganz klein wenig Furcht, gehemmt wird. Ganz ohne diese beißt das Tier nämlich ohne jedes Drohen mit demselben ruhigen Gesicht zu, das in der linken oberen Ecke der Abbildung dargestellt ist und das nur etwas Spannung verrät, etwa wie wenn der Hund die Futterschüssel beäugt, die sein Pfleger eben heranbringt. Wenn der Leser ein guter Hundekenner ist, so versuche er einmal, die in der Abbildung dargestellten Ausdrucksformen selbst zu interpretieren, ehe er weiterliest. Er versuche, sich die Situation zu vergegenwärtigen, in der sein Hund das betreffende Gesicht schneiden würde. Dann, als zweite Übung, versuche er vorauszusagen, was das Tier als nächstes tun wird.

Für einige wenige Bilder will ich nun selbst die Lösung dieser Aufgabe bringen. Von dem Hund in der Mitte der oberen Reihe würde ich meinen, er stehe einem etwa gleichstarken, ernstlich respektierten, aber nicht allzu gefürchteten Rivalen gegenüber, der so wenig wie er selbst wagt, tätlich zu werden, und meine Verhaltensvoraussage wäre, daß beide minutenlang in gleicher Haltung verharren, dann langsam unter »Wahrung des Gesichtes« voneinander weggehen und anschließend gleichzeitig in einiger Entfernung voneinander das Hinterbein heben werden. Der Hund rechts oben fürchtet sich auch nicht, ist aber böser, die Begegnung kann wie eben beschrieben verlaufen, es kann aber auch – besonders wenn der andere eine kleine Unsicherheit zeigen sollte – plötzlich, erschreckend und lärmend,

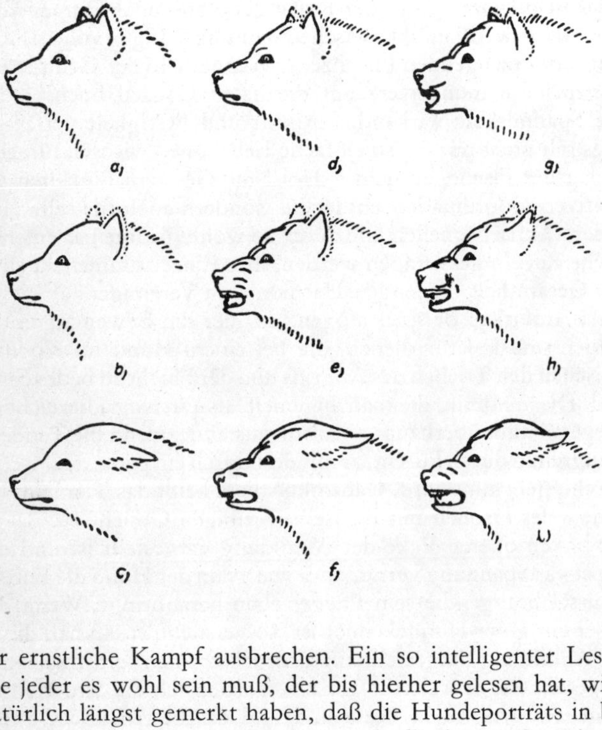

der ernstliche Kampf ausbrechen. Ein so intelligenter Leser, wie jeder es wohl sein muß, der bis hierher gelesen hat, wird natürlich längst gemerkt haben, daß die Hundeporträts in bestimmter Reihenfolge angeordnet sind: die Aggression nimmt nach rechts und die Furcht nach unten hin zu.

Die Verhaltensdeutung und -voraussage wird in den extremen Fällen am leichtesten fallen und sicherlich bei dem in der rechten unteren Ecke dargestellten Gesichtsausdruck am eindeutigsten gelingen: *so* große Wut bei *so* großer Furcht kann gleichzeitig nur in einem einzigen Falle vorkommen, dann nämlich, wenn der Hund einem gehaßten, aber panisch gefürchteten Feinde auf kurze Entfernung gegenübersteht und, aus welchen Gründen immer, *nicht fort kann.* Ich kann mir nur zwei Situationen ausdenken, in denen dies eintritt: entweder der Hund ist mechanisch an den Ort gefesselt, etwa in die Ecke getrieben, in einer Falle oder dergleichen, oder aber es ist eine Hündin, die ihren Wurf vor einem herannahenden Feind verteidigt. Allenfalls ist noch der hochromantische Fall möglich, daß ein besonders treuer Hund seinen schwerkranken oder verwundet darniederliegenden Herrn verteidigt. Ebenso klar ist die Vorhersage dessen, was weiterhin geschehen wird: wenn der Feind, so übermächtig er auch sein mag, auch nur einen Schritt näher kommt, so erfolgt der uns schon bekannte Verzweiflungsangriff (S. 34), die *kritische Reaktion* (Hediger).

Was mein hundeverständiger Leser eben getan hat, ist genau das, was die Verhaltensforscher mit N. Tinbergen und J. van Iersel als *Motivationsanalyse* bezeichnen. Dieser Vorgang besteht grundsätzlich aus drei Schritten, die aus drei Wissensquellen Information beziehen. Erstens versucht man nach Möglichkeit, die Situation auf ihren Gehalt an Reizen verschiedener Bedeutung zu prüfen. Fürchtet sich mein Hund vor dem anderen, und wenn, wie sehr? Haßt er ihn oder verehrt er ihn als älteren Freund und »Rudelleiter«, und was dergleichen Fragen mehr sind. Zweitens trachtet man, die beobachtete Bewegung in einzelne Bestandteile zu zerlegen. Wir sehen in unserem Hundebild, wie die Fluchtneigung die Ohren sowohl als auch den Mundwinkel nach hinten und unten zieht, während die Aggression zum Hinaufziehen der Oberlippe und Öffnen des Maules führt, beides Vorbereitungen, »Intensionsbewegungen« zum Zubeißen. Diese Bewegungen bzw. Stellungen lassen sich gut quantifizieren. Man könnte ihre Ausschläge messen und ganz buchstäblich behaupten, dieser oder jener Hund habe soundsoviel Millimeter Angst und sei soundsoviel Millimeter wütend. Auf diese Bewegungsanalyse folgt als dritter Schritt das Auszählen der Verhaltensweisen, die auf die eben analysierte Bewegungsweise *folgen.* Wenn unsere aus Situationsanalyse und Bewegungsanalyse gewonnene Meinung richtig ist, daß etwa der rechte obere Hund fast nur wütend und kaum ängstlich sei, muß auf die dargestellte Ausdrucksbewegung fast immer Angriff und darf fast nie Flucht folgen. Wenn es richtig ist, daß sich beim mittleren Hund e) Wut und Furcht zu ungefähr gleichen Teilen mischen, so muß auf diese Mimik in ungefähr der Hälfte der

Fälle Angriff, in der Hälfte Flucht folgen. Tinbergen und seine Mitarbeiter haben an geeigneten Objekten, vor allem an den Drohbewegungen von Möwen, derartige Motivationsanalysen in großer Zahl durchgeführt, und die Stimmigkeit, die zwischen den aus den besprochenen drei Wissensquellen gewonnenen Aussagen bestand, hat auf breitester statistischer Basis den Beweis für die Richtigkeit der Ergebnisse erbracht.

Wenn man junge Studenten, die gute Tierkenner sind, in die Technik der Motivationsanalyse einführt, sind sie oft zunächst darüber enttäuscht, daß die mühselige Analyse, vor allem die langwierige statistische Auswertung, am Ende doch nichts anderes zutage fördert, als was ein vernünftiger Mensch, der Augen im Kopf hat und sein Tier gut kennt, sowieso schon längst weiß. Zwischen Sehen und Beweisenkönnen aber besteht ein Unterschied, jener nämlich, der die Kunst von der Wissenschaft trennt. Dem großen Seher erscheint der Wissenschaftler, der Beweise fordert, nur allzuleicht als »der ärmlichste von allen Erdensöhnen«, und umgekehrt erscheint dem analytischen Wissenschaftler der Gebrauch der unmittelbaren Wahrnehmung als Erkenntnisquelle im höchsten Maße verdächtig. Es gibt auch in der Verhaltensforschung eine Schule, die orthodoxen Behavioristen Amerikas, die ernstlich den Versuch machen, die direkte Beobachtung des Tieres aus ihrer Methodik auszuschalten. Es ist eine des Schweißes der Edlen durchaus würdige Aufgabe, diesen und anderen »augenlosen«, aber gescheiten Leuten das, was wir gesehen haben, so zu beweisen, daß sie es glauben müssen, daß *jeder* es glauben muß!

Andererseits kann die statistische Analyse uns auf Unstimmigkeiten aufmerksam machen, die von unserer Gestaltwahrnehmung bis dahin übersehen wurden. Diese ist dazu gemacht, Gesetzlichkeiten zu *entdecken*, und sie sieht die Dinge immer etwas schöner und regelhafter, als sie tatsächlich sind. Die Problemlösung, die sie uns suggeriert, trägt oft den Charakter einer zwar sehr »eleganten«, aber etwas zu stark vereinfachten Arbeitshypothese. Gerade im Fall der Motivationsforschung gelingt es der rationalen Analyse gar nicht allzu selten, der Gestaltwahrnehmung etwas am Zeuge zu flicken und ihr Unstimmigkeiten nachzuweisen.

Der größte Teil aller bisher durchgeführten Motivationsanalysen beschäftigt sich mit Verhaltensweisen, an deren Zustandekommen nur zwei miteinander wettstreitende Triebe beteiligt sind, und zwar meist zwei von den »Großen Vier«, Hunger, Liebe, Flucht und Aggression. Es ist auf dem gegenwärtigen bescheidenen Stande unseres Wissens durchaus legitim, sich mit voller Absicht möglichst einfache Fälle zum Studium des Triebkonfliktes auszusuchen, wie es ja auch für die Klassiker der Verhaltensforschung voll berechtigt war, sich an solche Fälle zu halten, in denen das Tier unter dem Einfluß eines einzigen Triebes stand. Aber wir müssen uns klar darüber sein, daß auch ein von nur zwei Trieb-Komponenten bestimmtes Verhalten recht selten ist, nur wenig häufiger als ein solches, das von dem Impuls eines allein und ungestört einwirkenden Instinktes veranlaßt wird.

Wenn man nach einem günstigen Objekt sucht, um an ihm ein Musterbeispiel exakter Motivationsanalyse zu vollbringen, tut man daher gut daran, ein Verhalten zu wählen, von dem man mit einiger Sicherheit weiß, daß nur zwei gleichwertige Instinkte beteiligt sind. Manchmal kann man sich zur Erreichung dieses Ziels eines technischen Tricks bedienen, wie meine Mitarbeiterin Helga Fischer es tat, als sie an Graugänsen eine Motivationsanalyse des Drohens durchführte. Das Zusammenwirken von Aggression und Flucht gewissermaßen in Reinkultur darzustellen, erwies sich in der engeren Heimat unserer Gänse, auf dem Ess-See, deshalb als unmöglich, weil sich in den Ausdrucksbewegungen dieser Vögel zu viele andere Motivationen, vor allem sexuelle, »zu Worte meldeten«. Dagegen zeigten einige Zufallsbeobachtungen, daß die Stimme der Sexualität fast völlig verstummte, wenn die Gänse sich auf fremdem Gebiet befanden. Sie verhielten sich dann gewissermaßen wie eine Wanderschar auf dem Zuge, hielten viel enger zusammen, waren viel schreckhafter und ließen in ihren sozialen Auseinandersetzungen die Auswirkungen der beiden zu untersuchenden Instinkte in viel reinerer Form beobachten. Die Untersucherin nahm sich daraufhin die Mühe, unserer Gänseschar durch Futterdressur beizubringen, »auf Befehl« an von ihr bestimmten, den Gänsen fremden Örtlichkeiten außerhalb der Umzäunung unseres Institutsgeländes einzufallen und dort zu weiden. Von den Gänsen, deren jede selbstverständlich durch verschiedene Kombinationen von Buntringen individuell kenntlich gemacht ist, wurde dann eine bestimmte Gans, meist ein Ganter, durch längere Zeit in ihren aggressiven Auseinandersetzungen mit einzelnen Schargenossen registriert, und es wurden die hiebei auftretenden Ausdrucksbewegungen des Drohens verzeichnet. Da nun aus vorangegangener, jahrelanger Beobachtung dieser Gänseschar die Rangordnungs- bzw. Stärkeverhältnisse zwischen den einzelnen Vögeln, besonders aber den alten, ranghohen Gantern, bis ins kleinste bekannt waren, bot sich hier eine besonders gute Gelegenheit zu einer genauen Situations-Analyse. Die Bewe-

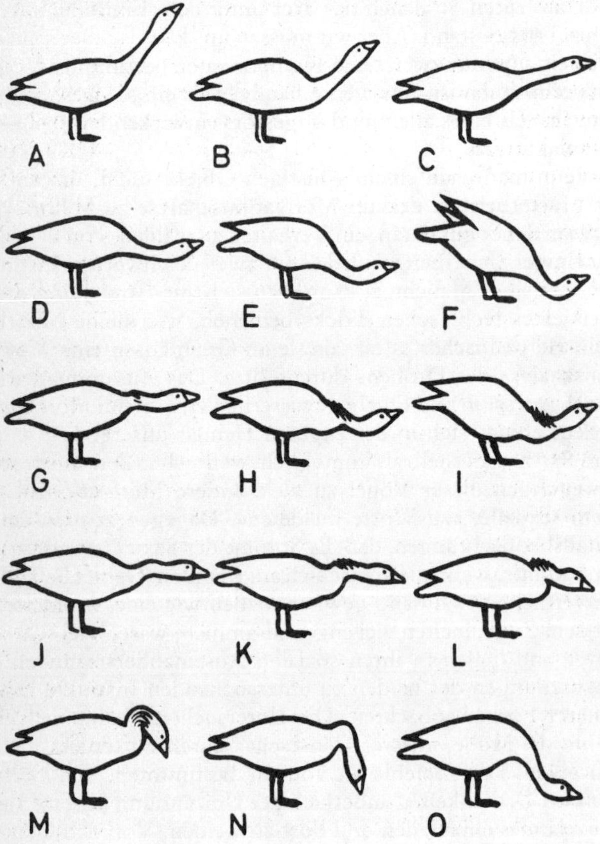

gungsanalyse sowie die Registrierung des nachfolgenden Verhaltens erfolgte in der Form, daß Helga Fischer dauernd folgende »Musterkarte« mit sich führte, die unser Institutskünstler Hermann Kacher nach einer großen Zahl genau protokollierter Fälle von Gänsedrohen hergestellt hat, so daß sie im Einzelfall nur zu diktieren brauchte: »Max macht ›D‹ gegen Hermes, der langsam weidend auf ihn zukommt, Hermes antwortet mit ›E‹, darauf Max ›F‹.« Die feine Abstufung der in der Bilderserie wiedergegebenen Drohgesten macht es nur in Ausnahmefällen nötig, zu diktieren »D–E« oder »K–L«, um, wenn nötig, die zwischen den dargestellten liegenden Ausdrucksformen zu kennzeichnen.

Selbst unter diesen, für die »Reinkultur« zweier Motivationen geradezu idealen Bedingungen traten gelegentlich Bewegungsformen auf, die offensichtlich *nicht* aus dem Zusammenspiel jener beiden Antriebe allein erklärt werden konnten. Von den Drohbewegungen A und B, bei denen der Hals schräg nach oben weist, wissen wir, daß eine dritte, unabhängige Motivation, nämlich das Sichern mit erhobenem Kopf, sich über die beiden überlagert. Die Verschiedenheit der beiden Reihen »A«–»C« und »D«–»F«, in denen beide Male bei ungefähr gleichbleibender Aggressivität die soziale Furcht von links nach rechts zunehmend dargestellt ist, beruht wahrscheinlich nur auf Unterschieden in der Intensität beider Triebe. Dagegen ist sicher an den Bewegungsformen »M« bis »O« eine weitere Motivation beteiligt, deren Natur vorläufig noch unklar ist.

Es ist, wie gesagt, sicher gute Strategie der Forschung, sich als Objekt für Motivationsanalysen Fälle auszusuchen, in denen wie im obigen nur zwei Triebquellen wesentlich sind, doch muß man selbst unter diesen günstigen Umständen stets scharf Auslug nach Bewegungselementen halten, die sich *nicht* aus dem Wettstreit jener beiden erklären lassen. Die erste grundsätzliche Frage, die vor dem Beginn jeder derartigen Analyse beantwortet werden muß, ist die nach der Zahl und Art der an einer Bewegungsweise beteiligten Motivationen. Zu ihrer Lösung haben in neuester Zeit manche Forscher, wie P. Wiepkema, mit Erfolg die exakte Methode der Faktoren-Analyse angewendet.

Ein schönes Beispiel einer Motivations-Analyse, bei der von vornherein *drei* Hauptkomponenten berücksichtigt werden mußten, hat meine Schülerin Beatrice Oehlert in ihrer Doktorarbeit geliefert. Gegenstand dieser Untersuchung war das Verhalten, das gewisse Buntbarsche (Cichlidae) zeigen, wenn man zwei einander unbekannte Individuen zusammenbringt. Es wurden Arten gewählt, bei denen sich Mann und Frau äußerlich so gut wie nicht voneinander unterscheiden und bei denen eben deshalb zwei einander Unbekannte aufeinander stets mit Verhaltensweisen ansprechen, die gleichzeitig von den Trieben der

Flucht, der Aggression und der Sexualität motiviert sind. Die von jeder einzelnen dieser Antriebsquellen hervorgebrachten Bewegungsweisen sind bei diesen Fischen besonders klar zu unterscheiden, da sie sich schon bei geringsten Intensitätsgraden durch ihre verschiedene Richtung im Raume kennzeichnen. Alle sexuell motivierten Bewegungsweisen, Graben der Nestgrube, Putzen des Laichsteines wie auch die Bewegungen des Ablaichens und Besamens selbst, richten sich gegen den Boden, alle Bewegungen der Flucht, auch schon deren leichteste Andeutungen, weisen vom Gegner weg und meist gleichzeitig aufwärts zur Oberfläche (siehe auch S. 42 ff.), während alle Bewegungen der Aggression mit Ausnahme gewisser Drohbewegungen, die einigermaßen »fluchtbeladen« sind, nach dem Gegenüber hinzeigen. Kennt man diese allgemeinen Regeln und zusätzlich die spezielle Motivierung einiger ritualisierter Ausdrucksbewegungen, so kann man an diesen Fischen besonders gut das Verhältnis ermitteln, in dem die genannten Antriebe jeweils bestimmend für ihr Benehmen sind. Dazu hilft noch, daß viele von ihnen in sexueller, aggressiver und ängstlicher Stimmung verschiedene kennzeichnende Färbungsmuster anlegen.

Als unerwartetes Nebenergebnis dieser Motivations-Analyse entdeckte Beatrice Oehlert einen offenbar nicht nur bei diesen Fischen, sondern bei sehr vielen Wirbeltieren vorhandenen Mechanismus des gegenseitigen »Sich-Erkennens« der beiden Geschlechter. Da bei den untersuchten Cichliden Mann und Weib sich nicht nur äußerlich gleichen, sondern auch ihre Bewegungsweisen, selbst diejenigen des Geschlechtsaktes selbst, die des Ablegens und die des Besamens der Eier, bis ins kleinste die gleichen sind, war es bis dahin völlig rätselhaft, welche Vorgänge im Verhalten der Tiere das Zusammenkommen gleichgeschlechtlicher Partner verhindern. Zu den größten Anforderungen, die an die Beobachtungsfähigkeit eines Verhaltensforschers gestellt werden können, gehört die, daß es ihm auffallen muß, wenn gewisse, sonst weit verbreitete Verhaltensweisen bei einem Tier oder einer Tiergruppe *nicht* vorkommen, z. B. fehlt den Vögeln und Reptilien die Bewegungskoordination des weiten Maulöffnens mit gleichzeitigem tiefen Einatmen, die wir Gähnen nennen, eine taxonomisch wichtige Tatsache, die vor Heinroth niemand bemerkt hat. Ähnliche Beispiele ließen sich noch anführen.

Die Entdeckung, daß das Fehlen bestimmter Verhaltensweisen beim Männchen und anderer beim Weibchen verantwortlich für das Zustandekommen ungleichgeschlechtlicher Cichlidenpaare ist, war daher geradezu ein Bravourstück scharfer Beobachtung. Beim Männchen und Weibchen der in Rede stehenden Fische ist das Verhältnis der *Mischbarkeit* der drei großen Triebquellen, der Aggression, der Flucht und der Sexualität verschieden: beim Männchen gibt es keine Mischung zwischen Motivationen der Flucht und der Sexualität. Wenn der Mann vor seinem Gegenüber auch nur im leisesten Angst hat, ist all seine Sexualität völlig ausgeschaltet. Beim Weibchen besteht dasselbe Verhältnis zwischen Aggression und Sexualität: wenn die Frau vor ihrem Partner so wenig »Respekt« hat, daß ihre Aggression nicht ganz und gar ausgeschaltet ist, vermag sie überhaupt nicht sexuell auf ihn anzusprechen. Sie wird zur Brünhilde und geht nur um so wütender auf ihn los, je stärker sie potentiell zu sexuellen Reaktionen bereit wäre, d.h., je näher sie in Hinsicht auf den Zustand ihrer Ovarien und ihres Hormonspiegels dem Ablaichen ist. Umgekehrt vertragen sich Aggression und Sexualität beim Männchen ganz ausgezeichnet, es kann höchst gröblich mit seiner Braut umspringen, sie im ganzen Becken umherjagen und doch zwischendurch sexuelle Bewegungen sowie alle nur denkbaren Mischformen beobachten lassen. Das Weibchen seinerseits kann sehr erheblich Furcht vor dem Männchen haben, ohne daß dies ihre sexuell motivierten Verhaltensweisen unterdrückt. Die Fischjungfrau kann in durchaus ernstlicher Flucht vor dem Männchen begriffen sein und doch in jeder Atempause, die ihr das Rauhbein gönnt, sexuell motivierte Balzbewegungen vollführen. Eben diese Mischformen zwischen Verhaltensweisen der Flucht und der Sexualität sind durch Ritualisation zu jenen weitverbreiteten Zeremonien geworden, die man als Sprödigkeitsverhalten zu bezeichnen pflegt und die einen ganz bestimmten Ausdruckswert besitzen.

Auf Grund dieser, nach Geschlechtern verschiedenen Verhältnisse der Mischbarkeit der drei großen Antriebsquellen kann sich ein Männchen nur mit einem rangordnungstieferen, somit einschüchterbaren Partner verpaaren, das Weibchen dagegen nur mit einem ranghöheren, somit einschüchternden; so sichert der geschilderte Verhaltensmechanismus das Zusammenfinden verschiedengeschlechtlicher Paare. In verschiedenen Abwandlungen und durch verschiedene Ritualisierungsvorgänge verändert, spielt dieser Vorgang des Sich-Findens der Geschlechter bei sehr vielen Wirbeltieren bis hinauf zum Menschen eine wichtige Rolle. Gleichzeitig liefert er ein eindrucksvolles Beispiel dafür, welche unentbehrlichen arterhaltenden Leistungen die Aggression im harmonischen Spiel der Wechselwirkungen mit anderen Motivationen vollbringen kann, Leistungen, die wir im 3. Kapitel noch nicht besprechen konnten, da wir über den parlamentarischen Wettstreit der Instinkte noch nicht genug gehört hatten. Außerdem gibt er uns ein Beispiel auch dafür, wie verschieden das Verhältnis zwischen den »großen« Trieben selbst bei Mann und Frau derselben Art sein kann: zwei Motive, die sich bei dem einen Geschlecht kaum merklich hemmen und in beliebigem Mischverhältnis überlagern, schalten sich bei dem anderen in scharfer Kippreaktion aus!

Wie schon erläutert, geben die »Großen Vier« durchaus nicht immer die Hauptmotivation tierischen oder gar menschlichen Verhaltens ab. Noch weniger darf man meinen, daß zwischen einem der »großen« und uralten Antriebe und spezielleren, stammesgeschichtlich jüngeren Instinkten stets ein Dominanzverhältnis in dem Sinne bestehe, daß der erstere den letzteren ausschaltet. Die zweifellos ziemlich »modernen« Verhaltensmechanismen, z. B. jene speziellen Triebe, die bei geselligen Tieren Gewähr für das dauernde Zusammenhalten der Schar leisten, beherrschen bei vielen Arten das Individuum so sehr, daß sie unter Umständen alle anderen Triebe übertönen können. Das Schaf, das hinter dem Leitwidder her in den Abgrund springt, ist sprichwörtlich geworden! Eine Graugans, die von der Schar abgekommen ist, setzt alles daran, sie wiederzufinden, und der Trieb zur Herde kann sogar ihren Fluchttrieb überwinden, denn wiederholt sind wilde Graugänse bei unseren zahmen in nächster Nähe menschlicher Behausung eingefallen und *dageblieben!* Wenn man weiß, wie scheu wilde Gänse sind, gibt einem dies eine Vorstellung von der Macht ihres »Herdentriebes«. Ähnliches gilt von sehr vielen geselligen Wirbeltieren, bis hinauf zum Schimpansen, von dem Yerkes mit Recht gesagt hat: »*Ein* Schimpanse ist gar kein Schimpanse.«

Selbst jene Instinktbewegungen, die, phylogenetisch gesprochen, »eben erst« durch Ritualisierung ihre Selbständigkeit erlangt haben, die, wie ich im vorigen Kapitel darzulegen versuchte, als jüngste Mitglieder Sitz und Stimme im großen Parlament der Instinkte haben, können unter Umständen genausogut alle ihnen opponierenden Triebe niederschreien wie Hunger und Liebe. Im Triumphgeschrei der Gänse werden wir eine Zeremonie kennenlernen, die das Leben dieser Vögel mehr beherrscht als irgendein anderer Trieb. Auf der anderen Seite gibt es natürlich genug und übergenug ritualisierte Bewegungsweisen, die sich noch kaum von ihrem unritualisierten Vorbild unabhängig gemacht haben und deren bescheidener Einfluß auf das Gesamtverhalten nur darin besteht, daß die von ihnen »gewollte« Koordination der Bewegungen, so wie wir dies beim Hetzen der Rostente (S. 65) gesehen haben, ein wenig bevorzugt und öfter ausgeführt wird als andere, ebenfalls mögliche Bewegungsformen.

Ob eine ritualisierte Bewegungsweise nun eine »starke« oder eine »schwache« Stimme im Konzert der Triebe hat, auf alle Fälle erschwert sie jegliche Motivationsanalyse ganz gewaltig, und zwar deshalb, weil sie ein von mehreren, unabhängigen Trieben hervorgebrachtes Verhalten *vortäuschen* kann. Wir haben im vorigen Kapitel (S. 66) gesagt, daß die aus mehreren Komponenten zu einer Einheit zusammengeschweißte ritualisierte Bewegung die Form einer nicht durch erbliche Koordination festgelegten, oft dem Konflikt mehrerer Triebe entspringenden Bewegungsfolge *kopiert*, wie am Hetzen der Entenweibchen illustriert wurde. Da nun, wie an jener Stelle ebenfalls schon gesagt wurde, sich Kopie und Original meist in derselben Bewegung überlagern, ist es ungemein schwer zu analysieren, wieviel von der ersteren und wieviel von dem letzteren verursacht wird. Nur wenn eine der ursprünglich voneinander unabhängigen Komponenten, im Beispiel des Hetzens etwa die Orientierung nach dem angedrohten »Feind« hin, mit der durch Ritualisierung festgelegten Bewegungskoordination in Widerstreit gerät, wird das Mitspielen der neuen unabhängigen Variablen deutlich.

Der »Zickzacktanz« des männlichen Stichlings, an dem Jan van Iersel die erste aller experimentellen Motivationsanalysen durchführte, bietet ein hübsches Beispiel dafür, wie ein ganz »schwacher« Ritus sich als schwer bemerkbare dritte unabhängige Variable in den Konflikt zweier »großer« Triebe einschleichen kann. Van Iersel bemerkte, daß der merkwürdige Zickzacktanz, den ein geschlechtsreifes, revierbesitzendes Stichlingsmännchen vor jedem herankommenden Weibchen aufführt und den man daher bis dahin einfach als »Balz« aufgefaßt hatte, von Fall zu Fall ganz verschieden aussieht. Manchmal ist das »Zick« zum Weibchen hin, manchmal das »Zack« vom Weibchen weg stärker betont. Wenn letzteres sehr ausgesprochen der Fall ist, wird deutlich, daß das Zack zum Neste hin gerichtet ist. In dem einen Extremfall schwimmt das Männchen, das ein Weibchen herbeischwimmen sieht, rasch auf dieses zu, bremst kurz vor ihm ab, macht kehrt, besonders dann, wenn das Weibchen ihm sofort seinen dicken Bauch entgegenhält, und schwimmt zum Nesteingang zurück, den es dann, sich flach auf die Seite legend, mit einer bestimmten Zeremonie dem Weibchen zeigt. Im anderen Extremfall, der besonders dann eintritt, wenn das Weibchen nicht ganz laichreif ist, folgt auf das erste »Zick« zum Weibchen hin überhaupt kein »Zack«, sondern ein Angriff auf das Weibchen.

Aus diesen Beobachtungen schloß van Iersel richtig, daß das »Zick« zum Weibchen hin von Aggression, das »Zack« zum Nest hin aber von sexuellem Trieb aktiviert wird. Es gelang ihm, die Richtigkeit dieses Schlusses experimentell zu beweisen. Er erfand Methoden, mit deren Hilfe er die Stärke, die der Aggressionstrieb und der sexuelle Trieb bei einem bestimmten Männchen hatten, genau messen konnte. Er bot dem Männchen eine Rivalen-Attrappe von standardisierter Größe und registrierte Intensität und Dauer der Kampfreaktion. Den sexuellen Trieb maß er, indem er dem Männchen eine Weibchenattrappe zeigte und nach bestimmter Zeit plötzlich entfernte. In solchem Falle »entlädt« das Stichlingsmännchen den plötzlich blockierten Sexualtrieb durch eine Brutpflegehandlung, das Zufächeln von Frischwasser für Eier beziehungsweise Junge im Neste. Die Dauer dieses »Übersprungfächelns« liefert ein verläßliches Maß der sexuellen Motivation. Van Iersel konnte nun ebensowohl aus derartigen Messungen richtige Voraussagen darüber machen, wie der Zickzacktanz bei dem betreffenden Männchen aussehen werde, umgekehrt vermochte er aus der direkt beobachteten Form des Tanzes die verhältnismäßige Beteiligung der beiden Triebe und die Ergebnisse ihrer nachfolgenden Messungen schätzungsweise vorherzubestimmen.

Daß indessen an dieser Bewegungsweise des männlichen Stichlings außer den beiden bestimmenden Triebkomponenten, die ihre Form im groben bestimmen, noch eine dritte, wenn auch schwächere, beteiligt ist, vermutet der Kenner ritualisierter Bewegungsweisen schon, wenn er die rhythmische Regelmäßigkeit sieht, mit welcher der Stichling zwischen Zick und Zack wechselt. Ein derartiges wechselweises Hin- und Herschalten zwischen dem Vorherrschen zweier entgegengesetzter Antriebe erzeugt nämlich kaum je ein so regelmäßiges Alternieren, wenn nicht eine durch Ritualisierung entstandene neue Bewegungskoordination mit im Spiele ist. Ohne diese folgen die nach verschiedenen Raumrichtungen gehenden kleinen Rucke einander in einer sehr typischen, unregelmäßigen Verteilung, die wir alle vom Verhalten des Menschen in Situationen extremer Unentschlossenheit kennen. Die ritualisierte Bewegung dagegen neigt stets, aus den S. 79 dargelegten Gründen besserer Signalwirkung, zu rhythmischer Wiederholung genau gleicher Bewegungselemente.

Der Verdacht, daß Ritualisierung mitspielen könnte, verdichtet sich zur Gewißheit, wenn wir sehen, wie das tanzende Stichlingsmännchen gelegentlich beim »Zack« völlig zu vergessen scheint, daß dieses, vom Sexualtrieb motiviert, genau nach dem Neste zeigen müßte und nunmehr einen wunderschön regelmäßigen Zackenkranz um das Weibchen herum häkelt, bei dem alle »Zicks« genau zum Weibchen hin und alle »Zacks« genau von ihm weg weisen. So verhältnismäßig schwach die neue Bewegungskoordination auch offensichtlich ist, die aus Zick und Zack ein rhythmisches Zickzack zu machen bestrebt ist, kann sie doch als Zünglein an der Waage zwischen beiden Motivationen das *regelmäßige* Alternieren zwischen den motorischen Auswirkungen beider bewirken. Die zweite wichtige Leistung aber, die eine ritualisierte Koordination offenbar schon bei sehr geringer sonstiger Durchschlagskraft zu vollbringen vermag, ist die *Änderung in der Raumrichtung* der zugrunde liegenden unritualisierten und von anderen Antrieben hervorgebrachten Bewegung. Hierfür haben wir schon bei Besprechung des klassischen Vorbildes eines Ritus, nämlich des Hetzens der Entenweibchen (S. 64), Beispiele kennengelernt.

7
Der Moral analoge Verhaltensweisen

Du sollst nicht töten.
Fünftes Gebot.

Im 5. Kapitel, das von dem Vorgang der Ritualisation handelte, habe ich den Versuch gemacht, zu zeigen, wie dieses in seinen Ursachen immer noch sehr rätselhafte Geschehen völlig neue Instinkte schafft, die dem Organismus ihr eigenes, eigengesetzliches »Du sollst« ebenso unwiderstehlich diktieren wie nur irgendeiner der angeblich alleinherrschenden »großen« Triebe des Hungers, der Furcht oder der Liebe. Im vorangehenden 6. Kapitel habe ich die weit schwerere Aufgabe zu lösen getrachtet, in kurzer und allgemein verständlicher Weise darzustellen, wie sich das Spiel der Wechselwirkungen zwischen den verschiedenen autonomen Instinkten vollzieht, welchen allgemeinen Regeln es gehorcht und mit welchen Methoden man trotz aller Komplikation einige Einsicht in das Wirkungsgefüge jener Verhaltensweisen gewinnen kann, die von mehreren, miteinander in Wettstreit liegenden Trieben hervorgebracht werden.

Ich gebe mich der vielleicht trügerischen Hoffnung hin, beides sei mir so weit gelungen, daß ich nun nicht nur die Synthese des in den beiden letzten Kapiteln Gesagten vollziehen, sondern auch ihre Ergebnisse auf die Frage anwenden darf, die uns hier beschäftigt: wie vollbringt der Ritus die schier unmögliche Leistung, die intraspezifische Aggression an allen die Arterhaltung ernstlich schädigenden Auswirkungen zu verhindern, *ohne dabei ihre für die Arterhaltung unentbehrlichen Funktionen auszuschalten?* Die im kursiv gedruckten Teil des vorigen Satzes gestellte Bedingung beantwortet schon die zunächst naheliegende, aber das Wesen der Aggression völlig verkennende Frage, warum bei Tierarten, für die ein enges geselliges Zusammenleben von Vorteil ist, die Aggression nicht einfach abgebaut werde: die im 3. Kapitel besprochenen Funktionen können nicht entbehrt werden!

Die Lösung des Problems, das sich in dieser Weise den beiden großen Konstrukteuren des Artenwandels stellt, erfolgt immer in gleicher Weise: der im allgemeinen nützliche, ja unentbehrliche Trieb wird unverändert belassen, für den speziellen Fall aber, in dem er sich schädlich auswirken könnte, wird ein ganz spezieller ad hoc gebauter Hemmungsmechanismus eingesetzt. Die kulturhistorische Entwicklung der Menschenvölker vollzieht sich auch hier wiederum analog, und das ist der Grund, weshalb die wichtigsten Imperative der mosaischen wie auch aller anderen Gesetzestafeln *Ver*-bote und nicht *Ge*-bote sind. Wir werden später noch genauer zu besprechen haben, was hier nur andeutungsweise vorweggenommen sei, nämlich, daß das traditionell weitergegebene und gewohnheitsmäßig befolgte Tabu höchstens bei dem begnadeten Gesetzgeber, nicht aber bei den gläubigen Befolgern mit vernunftmäßiger Moral im Sinne Immanuel Kants etwas zu tun hat. Wie die instinktiven Hemmungen und Riten, die bei Tieren asoziales Verhalten verhindern, bewirkt auch das Tabu ein Verhalten, das dem wirklich moralischen nur in funktioneller Hinsicht analog, in allen anderen aber so weit von ihm entfernt ist, wie eben das Tier unter dem Menschen steht! Dennoch kann auch derjenige, der diese Zusammenhänge wirklich durchschaut, sich einer immer wiederkehrenden neuen Bewunderung nicht entschlagen, wenn er physiologische Mechanismen am Werke sieht, die Tieren ein selbstloses, auf das Wohl der Gemeinschaft abzielendes Verhalten aufzwingen, wie es uns Menschen durch das moralische Gesetz in uns befohlen wird.

Ein eindrucksvolles Beispiel eines solchen, der menschlichen Moral analogen Verhaltens bieten die sogenannten Kommentkämpfe. Ihre gesamte Organisation zielt darauf ab, die wichtigste Leistung des Rivalenkampfes zu erfüllen, nämlich zu ermitteln, wer der Stärkere sei, ohne dabei den Schwächeren wesentlich zu beschädigen. Da das Turnier, der Sport, gleiches anstrebt, machen alle Kommentkämpfe auch auf den Wissenden unausweichlich den Eindruck der »Ritterlichkeit« bzw. der sportlichen »Fairness«. Unter den Cichliden gibt es eine Art, Cichlasoma biocellatum, die ihren bei amerikanischen Liebhabern verbreiteten Namen eben dieser Eigenschaft verdankt, sie heißt bei ihnen »Jack Dempsey«, nach dem für die Fairness seines Kämpfens sprichwörtlichen Boxweltmeister.

Über die Kommentkämpfe der Fische und insbesondere über die Vorgänge der Ritualisierung, die sie aus den ursprünglichen Beschädigungskämpfen hervorgehen ließen, wissen wir verhältnismäßig gut Bescheid. Fast bei allen Knochenfischen gehen dem eigentlichen Kampf Drohgebärden voraus, die, wie schon

S. 97 dargelegt, stets dem Konflikt zwischen Angriffs- und Fluchtdrang entspringen. Unter ihnen hat sich besonders das sogenannte Breitseits-Imponieren zu einem speziellen Ritus entwickelt, der primär sicher durch eine furcht-motivierte Abwendung vom Gegner und gleichzeitiges, ebenfalls vom Flucht-Trieb motiviertes Spreizen der vertikalen Flossen zustande kam. Da nun durch diese Bewegungen dem Blick des Gegenübers die größtmöglichen Konturen des Fischkörpers dargeboten werden, konnte sich aus ihnen durch mimische Übertreibung samt zusätzlichen morphologischen Veränderungen an den Flossen jenes eindrucksvolle Breitseits-Imponieren entwickeln, das alle Aquarienliebhaber und viele andere vom siamesischen Kampffisch und von anderen populären Fischgestalten kennen.

In engem Zusammenhang mit dem Breitseits-Drohen ist bei Knochenfischen die sehr weit verbreitete Einschüchterungsgeste des sogenannten Schwanzschlages entstanden. Aus der Breitseitsstellung heraus vollführt der Fisch mit steif gehaltenem Körper und weit gespreizter Schwanzflosse einen kraftvollen Schlag des Schwanzes nach dem Gegner hin. Dieser wird dabei zwar nie berührt, empfängt aber mit dem Drucksinnesorgan in seiner Seitenlinie eine Druckwelle, deren Stärke ihn offenbar ebenso über die Größe und Kampfkraft des Gegners unterrichtet, wie die Ausmaße seiner im Breitseits-Imponieren sichtbaren Konturen.

Eine andere Form des Drohens entstand bei vielen Barschartigen und anderen Knochenfischen aus einem durch Furcht gebremsten, frontalen Zustoßen. Den Körper in Vorbereitung zum Zustoßen wie eine gespannte Feder S-förmig zusammengekrümmt, schwimmen beide Kontrahenten langsam einander entgegen, meist spreizen sie dabei die Kiemendeckel ab oder blasen die Kiemenhaut auf, was insoferne dem Flossenspreizen beim Breitseits-Imponieren entspricht, als es die dem Gegner sichtbaren Körperumrisse vergrößert. Aus dem Frontal-Drohen heraus kommt es bei sehr vielen Fischen gelegentlich vor, daß jeder der Gegner gleichzeitig nach dem entgegengehaltenen Maule des anderen schnappt, und zwar, entsprechend der Konfliktsituation, aus der das Frontal-Drohen entsteht, nicht in wildem, entschlossenem Rammstoß, sondern stets etwas zögernd und gehemmt. Aus dieser Form des Maulkampfes ist nun bei einigen Fischfamilien, so bei den Labyrinthfischen, die nur lose zur großen Gruppe der Barschartigen gehören, sowie bei den Cichliden, die so recht deren Prototypus repräsentieren, eine hochinteressante ritualisierte Kampfesweise entstanden, bei der die beiden Rivalen im buchstäblichsten Sinne »ihre Kräfte messen«, ohne einander zu beschädigen. Sie packen einander an den Kiefern, die bei allen Arten, denen ein solcher Kommentkampf eigen ist, mit dicker, schwer verletzlicher Lederhaut überzogen sind, und ziehen mit aller Macht. Es entsteht so ein Ringen, das sehr an den alten Schweizer Bauernsport des Hosenwrangelns erinnert und das sich, wenn die Gegner einander ebenbürtig sind, durch viele Stunden hinziehen kann. Bei zwei sehr genau gleichstarken Männchen des schönen blauen Breitstirn-Buntbarsches verzeichneten wir einmal einen derartigen Ringkampf, der von 8.30 Uhr morgens bis 2.30 Uhr nachmittags dauerte.

Diesem sogenannten »Maulzerren« – bei einigen Arten ist es eigentlich ein »Mauldrücken«, da die Fische einander schieben, statt zu ziehen – folgt nach einer von Art zu Art sehr verschiedenen Zeit der ursprüngliche Beschädigungskampf, bei dem die Fische ohne jede Hemmung trachten, einander in die ungeschützte Flanke zu rammen, um so möglichst böse Wunden zu schlagen. Der Beschädigung verhindernde »Komment« des Drohens und des anschließenden Kräftemessens bildet also ursprünglich sicher nur die Einleitung zum eigentlichen, »männermordenden« Kampf. Schon ein solches ausführliches Vorspiel aber erfüllt eine außerordentlich wichtige Aufgabe, da es dem schwächeren Rivalen Gelegenheit gibt, einen aussichtslosen Kampf rechtzeitig aufzugeben. So wird in den meisten Fällen die arterhaltende Leistung des Rivalenkampfes, nämlich die Auswahl des Stärkeren, vollbracht, ohne daß ein Individuum geopfert oder auch nur beschädigt wird. Nur in dem seltenen Falle, in dem die Kämpfer einander an Kampfeskraft genau gleich sind, kann eine Entscheidung nicht anders als auf blutigem Wege erreicht werden.

Der Vergleich zwischen Arten mit weniger hoch und höher differenzierten Kommentkämpfen sowie das Studium der Entwicklungs-Stufen, die im Leben des Einzeltieres vom regellos kämpfenden Jungfisch zum fairen Jack Dempsey emporführen, geben uns sichere Anhaltspunkte dafür, wie sich die Kommentkämpfe im Laufe der Stammesgeschichte entwickelt haben. Vor allem sind es drei voneinander unabhängige Vorgänge, die aus dem rohen Freistilringen des Beschädigungskampfes den ritterlich-fairen Kommentkampf entstehen lassen; von diesen Vorgängen ist die Ritualisierung, die wir im vorigen Kapitel kennenlernten, nur einer, wenn auch der wichtigste.

Der erste Schritt vom Beschädigungs- zum Kommentkampf besteht, wie schon angedeutet, in der *Verlängerung der Zeiträume*, die zwischen dem Ausführen der einzelnen, sich allmählich steigernden Drohgebärden und dem schließlichen Tätlichwerden eingeschoben sind. Bei rein beschädigungskämpfenden Arten, wie z. B. beim bunten Maulbrüter, dauern die einzelnen Phasen des Drohens, Flossenspreizens, Breitseitsimponierens, Kiemenhautspreizens und Maulkampfes nur Sekunden, und schon folgen die ersten schwere Wunden schlagenden Rammstöße in die Flanke des Gegners. Bei dem schnellen Anschwellen und Wiederabflauen der Erregung, das für diese spring-giftigen Fischchen so bezeichnend ist, werden nicht selten einzelne der genannten Stufen übersprungen, ja es kann ein besonders »jähzorniges« Männchen so schnell in Fahrt kommen, daß es die Feindseligkeiten gleich mit einem ernsten Rammstoß eröffnet. Dies beobachtet man bei den ziemlich nah verwandten, ebenfalls afrikanischen Hemichromis-Arten niemals, diese halten die Reihenfolge der Drohbewegungen immer fest ein und vollführen jede von diesen längere Zeit hindurch, oft viele Minuten lang, ehe sie zur nächsten fortschreiten.

Für diese reinliche zeitliche Einteilung sind zwei physiologische Erklärungen möglich. Entweder sind die Schwellenwerte der Erregung weiter auseinandergerückt, bei denen die einzelnen Bewegungsweisen im Verlaufe des Anstiegs der Kampfeswut eine nach der anderen ansprechen, so daß ihre Reihenfolge auch bei einigem Auf- und Abflackern des Zornes erhalten bleibt, oder aber es ist das Anwachsen der Erregtheit gedrosselt und in eine abgeflachte und regelmäßige Anstiegskurve gezwungen. Gründe, deren Erörterung uns hier zu weit führen würde, sprechen für die erste dieser beiden Annahmen.

Hand in Hand mit der vergrößerten Dauer der einzelnen Drohbewegungen geht ihre Ritualisierung, die, ganz wie S. 78 f. bereits geschildert wurde, zu mimischer Übertreibung, rhythmischer Wiederholung und zur Entstehung von optisch die Bewegung akzentuierenden Strukturen und Farben führte. Vergrößerte Flossen mit bunten Farbmustern, die erst beim Spreizen sichtbar werden, auffällige Augenflecken auf den Kiemendeckeln oder der Kiemenhaut, die beim Frontaldrohen in Erscheinung treten, und was dergleichen theatralischer Ausschmückungen mehr sind, machen den Kommentkampf zu einem der anziehendsten Schauspiele, die wir beim Studium des Verhaltens höherer Tiere zu sehen bekommen. Die Buntheit der vor Erregung glühenden Farben, die gemessene Rhythmik der Drohbewegungen, die strotzende Kraft der Rivalen lassen beinahe vergessen, daß es sich um einen wirklichen Kampf und nicht um eine als Selbstzweck ausgeführte Kunst-Darbietung handelt.

Der dritte Vorgang schließlich, der wesentlich dazu beiträgt, den gefährlichen Beschädigungskampf in den edlen Wettstreit des Kommentkampfes zu verwandeln, ist für unser Haupt-Thema mindestens so wichtig wie die Ritualisierung: Es entwickeln sich besondere verhaltensphysiologische Mechanismen, *die beschädigende Angriffsbewegungen hemmen.* Hierfür einige Beispiele.

Wenn zwei »Jack Dempseys« sich genügend lange mit Breitseits-Drohen und Schwanzschlagen gegenüber gestanden sind, kann es leicht sein, daß einer von ihnen um Sekunden früher als der andere gewillt ist, zum Maulzerren überzugehen. Er dreht dann aus der Breitseitsstellung heraus und stößt mit geöffneten Kiefern gegen den Rivalen vor, der seinerseits mit dem Breitseits-Drohen fortfährt und daher den Zähnen des Vorstoßenden die ungeschützte Flanke darbietet. *Niemals* aber nützt dieser die Blöße aus, stets stoppt er seinen Vorstoß, ehe seine Zähne die Haut des anderen Fisches berühren.

Einen bis ins kleinste analogen Vorgang beschrieb und filmte mein verstorbener Freund Horst Siewert bei Damhirschen. Bei diesen geht dem hochritualisierten Geweihkampf, bei dem die Kronen im Bogen gegeneinandergeschlagen und dann in ganz bestimmter Weise hin- und hergeschwungen werden, ein Breitseitsimponieren voraus, währenddessen die beiden Hirsche in flottem Stechschritt nebeneinander herziehen und dabei kopfnickend die großen Schaufeln auf und ab wippen lassen. Plötzlich bleiben dann beide wie auf Kommando stehen, schwenken im rechten Winkel gegeneinander und senken die Köpfe, so daß die Geweihe ziemlich nahe dem Boden krachend zusammenschlagen und ineinandergreifen. Dann folgt ein harmloses Ringen, bei dem, ganz genau wie beim Maulzerren der »Jack Dempseys«, schließlich der gewonnen hat, der es länger aushält. Auch bei den Damhirschen kann es nun vorkommen, daß einer der Kämpfer früher als der andere von der ersten zur zweiten Phase des Kampfes übergehen will und dabei mit der Waffe gegen die ungeschützte Flanke des Rivalen gerät, was bei dem gewaltsamen Bogenschwung des schweren, spitzzackigen Geweihes höchst gefährlich aussieht. Aber jäher noch als der Buntbarsch bremst der Hirsch die Bewegung ab, hebt den Kopf, sieht, daß der ahnungslos im Stechschritt weiterziehende Gegner ihm schon um einige Meter voraus ist, setzt sich in Trab, bis er ihn eingeholt hat, und zieht nun beruhigt, geweihwippend und im Stechschritt neben ihm her, bis beide mit besser synchronisiertem Einschwenken der Geweihe zum Ringkampf übergehen.

Derartige Hemmungen, dem Artgenossen Schaden anzutun, gibt es im Reiche der höheren Wirbeltiere in unermeßlicher Zahl. Sie spielen oft auch dort eine wesentliche Rolle, wo der vermenschlichende Beobachter tierischen Verhaltens gar nicht vermuten würde, daß Aggression vorhanden ist und besondere Mechanismen zu ihrer Unterdrückung nötig seien. Daß beispielsweise Tiermütter durch besondere Hemmungen daran verhindert werden müssen, gegen ihre eigenen Kinder, besonders gegen die neugeborenen oder frisch aus dem Ei geschlüpften, aggressiv zu werden, wird demjenigen geradezu paradox erscheinen, der an die »Allmacht« des »untrüglichen« Instinktes glaubt.

In Wirklichkeit sind diese besonderen Hemmungen der Aggression deshalb sehr nötig, weil ein brutpflegendes Elterntier gerade zu der Zeit, zu der es kleine Junge hat, ganz besonders aggressiv gegen jegliches andere Lebewesen sein muß. Eine brütende Vogelmutter muß in Verteidigung ihrer Brut jedes sich dem Neste nähernde Lebewesen angreifen, dem sie einigermaßen gewachsen ist. Eine Pute muß, solang sie auf dem Neste sitzt, dauernd bereit sein, Mäuse, Ratten, Iltisse, Krähen, Elstern usw. usw. mit höchstem Krafteinsatz anzugreifen, ebenso aber auch ihre Artgenossen, den rauhbeinigen Hahn wie die nestsuchende Henne, die für die Brut fast ebenso gefährlich sind wie jene Freßfeinde. Sie muß zweckmäßigerweise um so aggressiver sein, je näher die Bedrohung dem Mittelpunkt ihrer Welt, d. h. ihres Nestes, ist. Nur dem eigenen Küken, das gerade in diesem Brennpunkt ihrer Aggression aus der Schale schlüpft, darf sie nichts tun! Wie meine Mitarbeiter Wolfgang und Margret Schleidt herausfanden, wird diese Hemmung bei der Pute ausschließlich akustisch ausgelöst. Zwecks Untersuchung gewisser anderer Reaktionen des Truthahns auf akustische Reize hatten sie eine Anzahl Puten durch Operation am inneren Ohre taub gemacht. Da man dies nur am frisch geschlüpften Küken tun kann und zu diesem Zeitpunkt die Geschlechter nicht sicher zu unterscheiden sind, befanden sich ungewolltermaßen unter den tauben Vögeln auch einige Weibchen. Diese boten sich, zumal sie zu nichts anderem gut waren, zu Versuchen über die Funktion des *Antwort*-verhaltens an, das eine so wesentliche Rolle in den Beziehungen zwischen Mutter und Kind spielt. Wir wissen z. B. von Graugänsen, daß diese kurz nach dem Ausschlüpfen dasjenige Objekt als Mutter betrachten, das mit Lautäußerungen auf ihr »Pfeifen des Verlassenseins« antwortet. Die Schleidts wollten nun frischgeschlüpfte Putenküken zwischen einer hörenden und ihr Piepen richtig beantwortenden Henne und einer ertaubten wählen lassen, von der zu erwarten war, daß sie ihre Lockrufe zufallsverteilt, ohne Reaktion auf das Pfeifen des Kükens, ertönen lassen werde.

Wie so oft in der Verhaltensforschung, ergab das Experiment etwas, das niemand erwartete, aber das weit interessanter war als das erhoffte Ergebnis. Die tauben Truthennen brüteten völlig normal, wie auch vorher ihr soziales und geschlechtliches Verhalten durchaus der Norm entsprach. Als aber ihre Küken schlüpften, zeigte sich das mütterliche Verhalten der Versuchstiere in höchst dramatischer Weise gestört: alle tauben Hennen hackten alle ihre Kinder sofort nach dem Schlüpfen kurzerhand tot! Wenn man einer tauben Henne, die ihre normale Brutperiode auf Kunsteiern abgesessen hat und demnach zur Annahme von Küken bereit sein müßte, ein Eintags-Putchen zeigt, so reagiert sie keineswegs mit mütterlichem Verhalten, läßt keine Locktöne hören, sondern spreizt beim Herannahen des Jungen schon auf meterweite Entfernung abwehrbereit ihr Gefieder, faucht wütend und hackt, sowie das Putchen in Reichweite ihres Schnabels kommt, so scharf und hart nach ihm, wie sie nur kann. Wenn man nicht annehmen will, daß die Pute noch in anderen Belangen und nicht nur in ihrer Hörfähigkeit gestört sei, läßt dieses Verhalten nur eine einzige Deutung zu: sie besitzt angeborenermaßen nicht die geringste Information darüber, wie ihr Junges auszusehen hat. Sie hackt nach allem, was sich in Nestnähe bewegt und nicht so groß ist, daß Fluchtreaktionen die Aggression übertönen. Einzig und allein die Lautäußerung des piependen Putchens löst angeborenermaßen mütterliches Verhalten aus und setzt die Aggression unter Hemmung.

Nachfolgende Experimente an normalen, hörenden Puten bestätigen die Richtigkeit dieser Interpretation. Nähert man einer brütenden Pute ein naturgetreu ausgestopftes Küken als Marionette an einem langen Draht, so hackt sie genauso nach ihm, wie die taube es tut. Läßt man aber durch einen in die Attrappe eingebauten kleinen Lautsprecher das auf Tonband aufgenommene »Weinen« eines Putenkükens ertönen, so wird der Angriff durch das Eingreifen einer offensichtlich gewaltig starken Hemmung ebenso plötzlich abgebremst, wie ich es oben von Cichliden und Damhirschen geschildert habe; die Henne beginnt die typischen Führungslaute zu äußern, die bei der Pute dem Glucken der Haushenne entsprechen.

Jede erfahrungslose Pute, die soeben zum ersten Mal gebrütet hat, greift alle Gegenstände an, die sich in Nestnähe bewegen und deren Größe, grob gesprochen, zwischen der einer Spitzmaus und einer großen Katze liegt. Wie die zu vertreibenden Raubtiere im besonderen aussehen, »weiß« ein solcher Vogel nicht angeborenermaßen. Er hackt nach einem stumm dargebotenen Wiesel oder Goldhamster auch nicht heftiger als nach einem ausgestopften Putenküken und ist andererseits sofort bereit, die beiden erstgenannten mütterlich zu behandeln, wenn sie sich mittels eines eingebauten Lautsprechers und eines Kükenpiep-Tonbandes als Putenkinder »ausweisen«. Es ist ein eindrucksvolles Erlebnis zu beobachten, wie eine solche Pute, die eben noch wütend nach einem stumm genäherten Küken hackte, sich unter mütterlichem Locken breit macht, um einen piependen Iltisbalg, einen Wechselbalg in des Wortes verwegenster Bedeutung, bereitwillig unter sich kriechen zu lassen.

Das einzige Merkmal, das angeborenermaßen die Reaktion auf den Nestfeind zu verstärken scheint, ist eine haarige, pelzige Oberflächenbeschaffenheit. Wenigstens schien es uns bei unseren ersten Versuchen, als ob aus Pelz hergestellte Attrappen stärker auslösend wirkten als glatte. Da nun ein Putenküken die richtige Größe hat, sich in Nestnähe bewegt und dazu noch Daunenpelzchen trägt, kann es gar nicht umhin, in der Mutter dauernd Verhaltensweisen der Nestverteidigung auszulösen, die ebenso dauernd durch den Kükenlaut unterdrückt werden müssen, wenn ein Kindesmord verhindert werden soll. Zumindest gilt dies für erstmalig brütende Hennen, die noch keine Erfahrung über das Aussehen der eigenen Kinder besitzen. Durch individuelles Lernen ändern sich die in Rede stehenden Verhaltensweisen rasch.

Die eben beschriebene, merkwürdig widerspruchsvolle Zusammensetzung des »mütterlichen« Verhaltens bei der Pute sollte uns zu denken geben. Etwas, was man als Ganzes als »Mutterinstinkt« oder »Brutpflegetrieb« bezeichnen könnte, gibt es ganz offensichtlich nicht, ja nicht einmal ein angeborenes »Schema«, ein angeborenes Erkennen der eigenen Jungen. Die arterhaltend zweckmäßige Behandlung der letzteren ist vielmehr die Funktion einer Vielzahl stammesgeschichtlich gewordener Bewegungsweisen, Reaktionen und Hemmungen, die von den großen Konstrukteuren so organisiert sind, daß sie, normale Umweltbedingungen vorausgesetzt, als Systemganzes so zusammenspielen, »als ob« das betreffende Tier wüßte, was es im Interesse des Überlebens der Art und ihrer Individuen zu tun habe. Dieses System *ist* schon das, was man gemeinhin als »Instinkt«, im Falle unserer Pute als Brutpflegeinstinkt bezeichnen würde. Indessen ist dieser Begriff, selbst wenn man ihn in der obigen Weise faßt, insoferne irreführend, als es ja kein in sich abgegrenztes System ist, das die begriffsbestimmenden Leistungen vollbringt. Vielmehr sind in seine Organisation auch Antriebe eingebaut, die völlig andere Funktionen haben, wie in dem in Rede stehenden Beispiel die Aggression und aggressionsauslösenden rezeptorischen Mechanismen. Daß die Pute beim Anblick des auf dem Nest herumlaufenden pelzigen Kükens erheblich böse wird, ist dazu keineswegs ein unerwünschter Nebeneffekt, vielmehr ist es für die Brutverteidigung äußerst günstig, daß die Mutter von vornherein durch ihre Kinder, besonders durch ihr schönes Daunenpelzchen, in eine gereizte, angriffsbereite Stimmung versetzt ist. Daß sie diese angreift, ist durch die Hemmung verläßlich verhindert, die das Piepen bei ihr auslöst, und so liegt es ihr nahe, ihre Wut an anderen, sich nahenden Lebewesen auszulassen. Die einzige spezifische, *nur* in diesem einen Verhaltenssystem in Funktion tretende Organisation ist die des selektiven Ansprechens der Hackhemmung auf das Kükenpiepen.

Daß Tiermütter brutpflegender Arten ihren Jungen nichts zuleide tun, ist also keineswegs ein selbstverständliches Naturgesetz, sondern muß in jedem Einzelfalle durch eine besondere Hemmung, wie wir eine solche eben bei der Pute kennengelernt haben, gesichert werden. Jeder Tiergärtner, Kaninchen- oder Pelztierzüchter weiß ein Lied davon zu singen, welch scheinbar geringfügige Störungen ausreichen, um derartige Hemmungsmechanismen zum Versagen zu bringen. Ich kenne einen Fall, wo ein im Nebel vom Kurs abgewichenes Passagierflugzeug der Lufthansa niedrig über eine Silberfuchsfarm hinflog und dadurch sämtliche Fähen, die eben kleine Junge hatten, veranlaßte, diese aufzufressen.

Bei vielen Wirbeltieren, die nicht brutpflegen, und bei manchen, die dies nur eine beschränkte Zeit tun, sind die Jungen früh, oft lange vor Erreichen der endgültigen Körpergröße, ebenso geschickt, verhältnismäßig ebenso stark und – da solche Arten meist sowieso nicht allzuviel zu lernen vermögen – auch annähernd ebenso klug wie die Erwachsenen. Sie sind daher nicht besonders schutzbedürftig und werden auch meist von älteren Artgenossen ohne jede Rücksicht behandelt. Ganz anders ist dies bei jenen höchstorganisierten Lebewesen, bei denen Lernen und individuelle Erfahrung eine große Rolle spielen und bei denen die elterliche Obsorge schon deshalb lange anhalten muß, weil die »Lebens-Schule« der Kinder so viel Zeit in Anspruch nimmt. Auf den engen Zusammenhang zwischen Lernfähigkeit und Dauer der Brutpflege wurde ja schon von den verschiedensten Biologen und Soziologen hingewiesen.

Ein junger Hund, Wolf oder Kolkrabe ist nach Erreichen der endgültigen Längenmaße seines Körpers – wenn auch nicht des endgültigen Körpergewichtes – ein ungeschickt tolpatschiges, schlaksiges Wesen, das nicht im entferntesten imstande wäre, sich gegen einen ernstlichen Angriff von seiten eines erwachsenen Artgenossen zu verteidigen, geschweige denn, sich ihm durch rasche Flucht zu entziehen. Man möchte meinen, beides sei bei den genannten und vielen ähnlichen Tierformen deshalb besonders nötig, weil die Jungtiere nicht nur gegen die intraspezifische Aggression ihrer Artgenossen, sondern, da es sich ja um Großtierfresser handelt, auch gegen die Beute-Erwerbshandlungen ihrer Artgenossen wehrlos sind. Indessen ist Kannibalismus bei warmblütigen Wirbeltieren offenbar sehr selten. Bei Säugetieren ist er wahrscheinlich meist dadurch ausgeschaltet, daß Artgenossen »nicht gut schmecken«, was Polarforscher bei dem Versuch erfahren mußten, das Fleisch gestorbener oder notgeschlachteter Hunde an die überlebenden zu verfüttern. Nur die eigentlichen Raubvögel, vor allem Habichte, können in enger Gefangenschaft manchmal Artgenossen schlagen und fressen, doch ist mir kein Fall bekannt, in welchem Entsprechendes je in freier Wildbahn beobachtet worden wäre. Welche Hemmungen dies verhindern, ist vorläufig unbekannt.

Weit gefährlicher als alle kannibalischen Gelüste sind für das ausgewachsene, aber noch ungeschickte Jungtier der in Rede stehenden Vögel und Säuger offensichtlich die aggressiven Verhaltensweisen der Erwachsenen. Diese Gefahr wird durch eine Reihe von sehr streng geregelten, zum großen Teil ebenfalls noch fast unerforschten Hemmungsmechanismen behoben. Eine Ausnahme bildet wegen seiner leichten Durchschaubarkeit der

Verhaltensmechanismus in der liebeleeren Gesellschaft der Nachtreiher, der wir noch ein kleines Kapitel widmen werden. Dieser ermöglicht es den flüggen Jungvögeln, in der Siedlung zu bleiben, obwohl in deren engeren Grenzen buchstäblich jeder Zweig am Baum Gegenstand eifersüchtigsten Wettstreites zwischen den Reviernachbarn ist. Solange der Jungreiher nach dem Verlassen des Nestes noch bettelt, bildet diese Tätigkeit an und für sich schon einen absoluten Schutz vor allen Angriffen ansässiger Altreiher. Ehe ein älterer Vogel sich überhaupt zum Hacken nach dem Jungen anschickt, drängt ihm dieser keckernd und flügelschlagend entgegen, versucht ihn am Schnabel zu packen und diesen »melkend« nach unten zu ziehen, wie eben die Kinder es mit dem Schnabel der Eltern tun, wenn sie Futter vorgewürgt bekommen wollen. Der junge Nachtreiher kennt seine Eltern nicht persönlich, und ich bin nicht sicher, daß die letzteren ihre Kinder individuell erkennen, ganz sicher erkennen einander nur die Jungen eines Nestes. Genau wie der alte Nachtreiher, wenn er nicht gerade in Fütterstimmung ist, vor dem Ansturm der eigenen Kinder ängstlich flieht, so tut er es auch vor jedem fremden Jungen und denkt nicht daran, sich an ihm zu vergreifen. Bei vielen Tieren kennen wir analoge Fälle, in denen *infantiles* Verhalten vor intraspezifischer Aggression schützt.

Ein noch einfacherer Mechanismus ermöglicht es dem bereits unabhängigen, dem erwachsenen, aber noch lange nicht im Kampfe ebenbürtigen Jungreiher, einen kleinen Revierbesitz innerhalb der Koloniegrenzen zu erwerben. Der fast drei Jahre lang sein gestreiftes Jugendkleid tragende junge Nachtreiher löst beim alten viel weniger intensive Aggression aus als ein ausgefärbter Vogel. Dies führt zu folgendem interessanten Geschehen, das ich in der Altenberger Kolonie freibrütender Reiher immer wieder beobachten konnte. Ein Jungreiher landet ziemlich ziellos irgendwo in der Brutsiedlung und hat das Glück, nicht gerade das scharf verteidigte Revierzentrum, d. h. die unmittelbare Umgebung des Nestes eines Brutreihers zu treffen. Immerhin aber ärgert er einen Anrainer, der sich nach Nachtreiherart langsam schleichend in Drohstellung auf den Ankömmling zu in Bewegung setzt. Dabei kann er nun nicht umhin, sich dem Revier des in der betreffenden Richtung wohnenden nachbarlichen Brutpaares zu nähern, und da er durch Prachtkleid und Drohstellung weit stärker aggressions-auslösend wirkt als der still und ängstlich dasitzende Jungreiher, nehmen die Nachbarn regelmäßig ihn und nicht den Jungen aufs Korn, wenn sie sich zum Gegenangriff anschicken. Oft geht dieser haarscharf an dem Jungvogel vorbei und beschützt ihn so ganz ungewollterweise. Deshalb sieht man auch die unausgefärbten Nachtreiher regelmäßig *zwischen* den Territorien der eingesessenen Brutvögel sich ansiedeln, an scharf umschriebenen Orten, an denen ein ausgefärbter Reiher den Angriff des Revierbesitzers auslöst, ein im Jugendkleid befindlicher aber eben gerade noch nicht.

Weniger leicht zu durchschauen ist der Hemmungsmechanismus, der die erwachsenen Hunde aller europäischen Hunderassen verläßlich verhindert, Junghunde unter einer Altersgrenze von 7 bis 8 Monaten ernstlich zu beißen. Bei grönländischen Eskimohunden beschränkt sich diese Hemmung, wie Tinbergen beobachtete, auf die Junghunde des eigenen Rudels, und eine Hemmung, fremde Junge zu beißen, besteht nicht; möglicherweise ist dies bei Wölfen ebenso. Woran die Jugendlichkeit eines Artgenossen erkannt wird, ist nicht ohne weiteres zu erklären. Die Größe spielt jedenfalls keine Rolle, ein winziger, alter, bissiger Foxterrier ist einem riesigen, ihn durch seine plumpen Spielanträge schwer belästigenden Bernhardinerbaby gegenüber genauso freundlich und angriffsgehemmt wie einem gleichaltrigen Welpen der eigenen Rasse. Wahrscheinlich liegen die wesentlichen Merkmale, die diese Hemmung aktivieren, im Verhalten des jungen Hundes, möglicherweise auch in seinem Geruch. Letzteres wird durch die Art und Weise nahegelegt, in der ein junger einen erwachsenen Hund zur Geruchskontrolle geradezu auffordert: sowie ihm die Annäherung eines Erwachsenen einigermaßen bedrohlich erscheint, wirft er sich auf den Rücken, auf diese Weise den noch nackten Hundekinderbauch präsentierend, und läßt dazu ein paar Tröpfchen Urin, die von dem anderen alsbald berochen werden.

Fast noch interessanter und rätselvoller als die Hemmungen, durch die erwachsene, aber noch tolpatschige Junge geschützt werden, sind jene aggressionshemmenden Verhaltensmechanismen, die ein »unritterliches« Verhalten gegen das »schwache Geschlecht« verhindern. Bei den Tanzfliegen, deren Verhalten schon S. 69ff. geschildert wurde, bei Gottesanbeterinnen und vielen anderen Insekten, ebenso bei vielen Spinnen sind bekanntlich die Weibchen das starke Geschlecht, und besondere Verhaltensmechanismen sind vonnöten, um zu verhindern, daß der glückliche Bräutigam *zu früh* gefressen wird. Bei den Mantiden, den Gottesanbeterinnen, verspeist ja bekanntlich das

Weibchen oft die vordere Hälfte des Männchens mit Appetit, währenddessen die hintere ungestört das große Werk der Begattung vollzieht.

Doch sollen uns hier nicht diese Bizarrerien beschäftigen, sondern die Hemmungen, die bei so vielen Vögeln und Säugetieren und auch beim Menschen das Verprügeln von Frauen und Mädchen so sehr erschweren, wenn nicht ganz verhindern. »You can not hit a woman« ist zwar, was den Menschen anlangt, eine Maxime von nur bedingter Gültigkeit. Der Berliner Humor, der so oft leicht makabre Tönungen mit Herzensgüte untermalt, läßt die von ihrem Manne geschlagene Frau zu dem ritterlich sich einmischenden Fremden sagen: »Wat jeht det Ihnen an, wenn mir mein juter Mann verhaut?« Unter Tieren aber gibt es eine ganze Reihe von Arten, bei denen es unter normalen, das heißt nichtpathologischen Bedingungen schlechterdings nicht vorkommt, daß ein Mann eine Frau ernstlich angreift.

Dies gilt z. B. für Hunde und zweifellos auch für den Wolf. Einem männlichen Hunde, der Hündinnen beißt, würde ich tief mißtrauen und dem Besitzer zu größter Vorsicht raten, vor allem, wenn Kinder im Hause sein sollten, und zwar deshalb, weil mit den sozialen Hemmungen dieses Rüden offensichtlich etwas nicht in Ordnung ist. Als ich einst versuchte, meine Hündin Stasi mit einem riesigen sibirischen Wolf zu verheiraten, geriet sie aus Eifersucht in Wut, weil ich mit dem Wolf spielte, und griff ihn in vollem Ernste an. Er tat nichts, als der geifernd auf ihn losbeißenden roten Furie seine riesige hellgraue Schulter zu präsentieren und so ihre Bisse an wenig verwundbarer Stelle aufzufangen. Ganz ähnliche, absolute Hemmungen, ein Weibchen zu beißen, finden sich bei manchen Finkenvögeln, so beim Gimpel, und selbst bei manchen Reptilien, wie z. B. der Smaragdeidechse.

Bei den Männchen dieser Art werden aggressive Verhaltensweisen durch das Prachtkleid des Rivalen, vor allem durch seine herrlich ultramarinblaue Kehle und die namensgebende grüne Farbe seines übrigen Körpers ausgelöst. Dagegen ist die Weibchenbeißhemmung offenbar von geruchlichen Merkmalen abhängig. Dies erfuhren G. Kitzler und ich einst, als wir tückischerweise dem Weibchen unseres größten Smaragdeidechserichs mittels Fettstiften Männchenfärbung verliehen hatten. Von ihrem eigenen Aussehen natürlich nichts ahnend, lief die Eidechsenfrau, als wir sie in das Freilandgehege zurücksetzten, auf kürzestem Wege dem Territorium ihres Mannes zu. Als der ihrer ansichtig wurde, stürzte er wütend auf den vermeintlichen männlichen Eindringling zu und öffnete weit den Rachen, um zuzubeißen. Da bekam er Wind vom weiblichen Körpergeruch der geschminkten Dame und bremste seinen Angriff so jäh ab, daß er ins Schleudern kam und einen Purzelbaum über das Weibchen hinweg schlug. Dann bezüngelte er sie ausführlich und kehrte sich hinfort weiter nicht an die kampfauslösenden Farben, an sich eine beachtliche Leistung für ein Reptil. Das Interessanteste aber war, daß dieser ritterliche Eidechsenmann noch längere Zeit nach diesem für ihn offenbar erschütternden Erlebnis auch wirkliche Männchen erst bezüngelte, d. h. ihren Geruch kontrollierte, ehe er zum Angriff überging. So nahe war es ihm offenbar gegangen, daß er beinahe eine Dame gebissen hätte!

Nun sollte man meinen, daß die Frauen solcher Tierarten, deren Männer eine absolute Weibchenbeißhemmung haben, mit dem ganzen männlichen Geschlecht recht frech und übermütig umgehen. Rätselhafterweise ist genau das Gegenteil der Fall. Aggressive große Smaragdeidechsenweiber, die ihren Geschlechtsgenossinnen wütende Kämpfe liefern, fallen vor dem jüngsten, schwächsten Männchen buchstäblich auf den Bauch, auch wenn es kaum ein Drittel so schwer ist wie sie selbst und wenn seine Männlichkeit eben erst an einem blauen Anflug an der Kehle erkennbar ist, vergleichbar den ersten dünngesäten Barthaaren eines Gymnasiasten. Die Smaragdeidechsenweibchen heben die Vorderpfoten von der Erde ab und betrillern diese in eigenartiger Weise, gleichsam als ob sie Klavier spielen wollten. Dies ist die allen Eidechsen gemeinsame Demutgebärde, das von Kramer sogenannte Treteln. Auch Hündinnen, vor allem die jener Rassen, die dem nordischen Wolf nahestehen, bringen dem erwählten Rüden, obwohl er sie nie gebissen oder ihnen sonst eine Überlegenheit handgreiflich bewiesen hat, eine geradezu unterwürfige Verehrung entgegen, die schon beinahe an die grenzt, die sie für ihren menschlichen Herrn hegen. Am merkwürdigsten und undurchsichtigsten aber ist das Rangordnungsverhältnis zwischen Weibchen und Männchen bei manchen Finkenvögeln aus der wohlbekannten Familie der Cardueliden, zu denen Zeisig, Stieglitz, Gimpel, Grünling und viele andere, einschließlich des Kanarienvogels gehören.

Beim Grünling z. B. ist, nach der Beobachtung von R. Hinde, während der eigentlichen Fortpflanzungszeit das Weibchen dem Männchen übergeordnet, während des übrigen Jahres umgekehrt das Männchen dem Weibchen. Zu diesem Resultat kommt man, wenn man einfach beobachtet, wer nach wem hackt und wer dem Hacken das anderen ausweicht. Beim Gimpel, den wir durch die Studien J. Nicolais besonders genau kennen, würde man durch gleiche Beobachtungen und Folgerungen zu dem Ergebnis kommen, das Weibchen sei bei dieser Art, bei der die Paare jahraus, jahrein zusammenbleiben, dem Männchen ein für allemal rangordnungsmäßig überlegen. Die Gimpelfrau ist dauernd ein wenig aggressiv, beißt nicht selten nach dem Gatten, und selbst in der Zeremonie, mit der sie ihn begrüßt, im sogenannten »Schnabelflirt«, ist ein erhebliches Maß von Aggression, wenn auch in streng ritualisierter Form, erhalten. Der Gimpelmann dagegen beißt oder hackt *nie* nach seiner Frau, und wenn man in vereinfachend-objektiver Weise die Rangordnung zwischen den Gatten nur nach dem Hacken und Gehacktwerden beurteilt, muß man sagen, sie sei ihm eindeutig übergeordnet. Sieht man aber genauer hin, so kommt man zu einer entgegengesetzten Ansicht. Wenn der Gimpelmann von seiner Frau gebissen wird, nimmt er keineswegs die Haltung der Unterwürfigkeit oder gar der Furcht an, sondern im Gegenteil die des sexuellen Imponierens, ja der Zärtlichkeit. Der Mann wird also durch das Beißen des Weibchens *nicht* in eine rangordnungsmäßig untergeordnete Position gedrängt, ganz im Gegenteil, sein passives Verhalten, die Art, wie er die Angriffe der Frau einsteckt, ohne aggressiv zu werden und vor allem ohne sich durch sie aus seiner sexuellen Stimmung bringen zu lassen, wirkt ausgesprochen »imponierend«, und zwar offensichtlich nicht nur auf den menschlichen Beobachter.

Völlig analog verhalten sich die Rüden von Hund und Wolf gegenüber allen Angriffen weiblicherseits. Selbst wenn diese durchaus ernst gemeint sind, wie in dem erwähnten Fall bei meiner Stasi, fordert das Ritual unbedingt von dem Rüden, daß er nicht nur nicht zurückbeißt, sondern das »Freundlichkeitsgesicht« mit hoch oben zurückgelegten Ohren und glatt breitgezogener Stirnhaut unentwegt beibehält. Keep smiling! Die einzige Abwehr, die ich in solchen Fällen je gesehen habe, und die interessanterweise auch Jack London in seinem Hunderoman ›Wolfsblut‹ erwähnt, besteht im seitlichen Schleudern mit dem Hinterkörper, das im höchsten Grad »wegwerfend« wirkt, besonders wenn ein schwerer Rüde, ohne sein freundliches Lächeln zu verlieren, eine keifend auf ihn eindringende Hündin meterweit zur Seite schleudert.

Wir schreiben den Hunde- und Gimpeldamen nicht etwa allzu

menschliche Eigenschaften zu, wenn wir behaupten, sie würden durch das passive Hinnehmen ihrer Aggression beeindruckt. Daß Un-Beeindruckbarkeit einen tiefen Eindruck macht, ist ein sehr allgemeines Prinzip, wie auch aus einer Beobachtung hervorgeht, die G. Kitzler wiederholt an kämpfenden Zauneidechsen-Männchen gemacht hat. Bei den wundervoll ritualisierten Kommentkämpfen der Zauneidechse hält jeder der Rivalen zunächst in Imponierstellung dem anderen den schwer gepanzerten Kopf hin, bis einer zupackt, nach kurzem Ringen losläßt und dann seinerseits wartet, bis der Gegner zugreift. Bei gleichstarken Kontrahenten finden viele derartige Gänge statt, bis der eine von ihnen, völlig unverletzt, aber erschöpft, den Kampf aufgibt. Nun kommen bei den Eidechsen, wie bei vielen anderen wechselwarmen Tieren, kleinere Exemplare etwas rascher »in Fahrt« als größere, d. h., der Anstieg einer neu aufquellenden Erregung erfolgt bei ihnen meist schneller als bei größeren und älteren Artgenossen. Dies führt bei dem Kommentkampf der Zauneidechse mit einer gewissen Regelmäßigkeit dazu, daß der kleinere der beiden Kämpfer der erste ist, der den anderen am Hinterkopf packt und daran hin und her zerrt. Bei erheblichem Größenunterschied der Männchen kann es nun vorkommen, daß der Kleinere und zuerst Zubeißende nach dem Loslassen nicht erst den Gegenbiß des Größeren abwartet, sondern sofort tretelt, d. h. die weiter oben beschriebene Demutgebärde vollführt und anschließend flieht. Er hat also auch an dem rein passiven Widerstand des Gegners gemerkt, wie sehr ihm dieser überlegen ist.

Dieser ungemein komisch wirkende Vorgang hat mich immer an eine Szene in einem längst vergessenen Charlie-Chaplin-Film erinnert: Charlie schleicht mit einem schweren Holzprügel von hinten auf seinen riesenhaften Rivalen zu, holt aus und haut ihm mit aller Macht auf den Hinterkopf. Der Riese sieht zerstreut in die Höhe und wischt mit der Hand mehrmals leicht über die getroffene Stelle, offensichtlich der Meinung, ein fliegendes Insekt habe ihn dort gekitzelt. Darauf macht Charlie kehrt und rennt so verzweifelt davon, wie nur Charlie rennen kann.

Bei Tauben, Singvögeln und Papageien gibt es einen recht merkwürdigen Ritus, der in einem geheimnisvollen Verhältnis zu der Rangordnung zwischen den Gatten steht: die Übergabe von Futter an den Gatten. Dieses Füttern, das von oberflächlichen Beobachtern meist als »Schnäbeln«, d. h. als eine Art von Küssen, betrachtet wird, ist nun interessanterweise wie so manche andere scheinbar »selbstlose« und »ritterliche« Verhaltensweise von Tier und Mensch nicht nur soziale Pflicht, sondern gleichzeitig ein *Vorrecht*, das dem jeweils ranghöheren Individuum zufällt. Im Grunde genommen möchte jeder der beiden Gatten lieber den anderen füttern als von ihm gefüttert werden, nach dem Prinzip »Geben ist seliger denn Nehmen«, oder, wo die Nahrung aus dem Kropfe hochgewürgt wird, Übergeben ist seliger denn Übernehmen. In günstigen Fällen kann man ganz eindeutig beobachten, wie ein kleiner Rangordnungsstreit zwischen den Gatten nötig wird, um die Frage zu entscheiden, wer füttern darf und wer die weniger begehrte Rolle des unmündigen Kindes zu spielen hat, das den Schnabel aufsperrt und sich füttern läßt.

Als Nicolai einst ein Pärchen einer kleinen afrikanischen Girlitzart, des Grauedelsängers, nach längerer Trennung vereinigte, erkannten sich die Gatten sofort, flogen freudig aufeinander zu, doch hatte offenbar das Weibchen sein früheres Rangordnungsverhältnis zum Männchen vergessen, denn es schickte sich sofort an, Futter aus dem Kropfe hochzuwürgen und den Partner zu füttern. Da dieser aber dasselbe tat, kam es zunächst zu einer kleinen Meinungsverschiedenheit, in der das Männchen obsiegte, wonach die Gattin nicht mehr füttern wollte, sondern gefüttert zu werden verlangte. Beim Gimpel, bei dem die Gatten das ganze Jahr über verbunden bleiben, kann es nun vorkommen, daß das Männchen früher in die Mauser kommt als das Weibchen und einen Tiefstand sexueller und sozialer Ambitionen erreicht, während seine Gattin in beiden Hinsichten noch gut zuwege ist. In diesem, auch unter natürlichen Bedingungen leicht vorkommenden Falle sowie in dem selteneren, daß das Männchen aus pathologischen Gründen seine Vorrangstellung verliert, verkehrt sich die normale Richtung der Futterübergabe in ihr Gegenteil, und das Weibchen füttert nun den geschwächten Gatten. Dem vermenschlichenden Beobachter kommt es dann meist ungemein rührend vor, daß die Gattin so für den kränkelnden Mann sorgt, eine Interpretation, die nach dem bereits Gesagten falsch ist; sie hätte ihn schon vorher immer gerne gefüttert, wenn sie nicht durch seine Rangordnungs-Dominanz daran verhindert gewesen wäre.

Der soziale Vorrang der Weibchen beim Gimpel sowie bei den Hundeartigen ist somit sichtlich nur Schein, hervorgerufen durch die »ritterliche« Hemmung der Männer, ihre Weiber zu verhauen. In kultureller Analogie menschlicher Bräuche zu tierlicher Ritualisierung findet sich ein formal völlig gleiches Verhalten bei den Menschen westlicher Kulturen. Selbst in Amerika, dem Land der uneingeschränkten Frauenverehrung, wird ein wirklich *unterwürfiger* Mann durchaus nicht geschätzt. Was vom männlichen Ideal gefordert wird, ist, daß sich der Gatte trotz gewaltiger geistiger und körperlicher Überlegenheit nach rituell geregelten Gesetzen den kleinsten Launen seines Weibchens unterwirft. Bezeichnenderweise gibt es einen dem tierischen Verhalten abgelauschten Ausdruck für den verächtlichen, *wirklich* unterwürfigen Mann. Man nennt ihn »henpecked«, von der Henne gehackt, ein Gleichnis, das sehr hübsch die Abnormalität männlicher Unterwürfigkeit illustriert, denn ein wirklicher Hahn läßt sich von keiner Henne hacken, auch von seiner Favoritin nicht. Hähnen fehlt übrigens jegliche Hemmung, Hennen zu verprügeln.

Die stärkste Hemmung, artgleiche Weibchen zu beißen, findet sich beim europäischen Hamster. Möglicherweise ist sie bei diesen Nagern deshalb von so besonderer Wichtigkeit, weil bei ihnen der Mann um ein Mehrfaches schwerer ist als die Frau und weil die langen Nagezähne dieser Tiere besonders böse Wunden zu schlagen imstande sind. Wenn während der kurzen Paarungszeit das Männchen in das Territorium eines Weibchens eindringt, dauert es, wie Eibl-Eibesfeldt festgestellt hat, geraume Zeit, bis sich die beiden eingefleischten Einzelgänger soweit aneinander gewöhnt haben, daß das Weibchen die Annäherung des Männchens aushält. Während dieser Periode, und nur dann, zeigt sich die Hamsterfrau ängstlich und scheu vor dem Mann! Zu jeder anderen Zeit ist sie eine wütende Furie, die hemmungslos auf das Männchen losbeißt. Bei der Zucht dieser Tiere in Gefangenschaft muß man nach der Paarung die Partner rechtzeitig trennen, sonst gibt es Männerleichen.

Drei Tatsachen, die eben bei der Schilderung der Verhaltensweisen des Hamsters zur Sprache kamen, sind für tötungs- und beschädigungsverhindernde Hemmungsmechanismen allgemein kennzeichnend und sollen daher etwas näher besprochen werden. Erstens: es besteht Zusammenhang zwischen der Wirksamkeit der Bewaffnung einer Tierart und ihren Hemmungen, diese Waffen gegen Artgenossen zu gebrauchen. Zweitens: es gibt Riten, die darauf abzielen, beim aggressiven Artgenossen eben jene Hemmungsmechanismen auf den Plan zu rufen. Drittens: auf die Hemmungen ist kein absoluter Verlaß; sie können gelegentlich auch einmal versagen.

An anderer Stelle habe ich ausführlich dargestellt, daß jene Hemmungen, die ein Beschädigen oder gar Töten von Artgenossen verhindern, bei solchen Tierarten am stärksten und verläßlichsten sein müssen, die erstens als berufsmäßige Jagdtiere über eine zum raschen und sicheren Töten großer Beutetiere ausreichende Bewaffnung verfügen, zweitens aber im sozialen Verbande leben. Bei einzeln lebenden Raubtieren, wie etwa bei manchen Marder- oder Katzenartigen, genügt es, wenn die sexuelle Erregung eine vorübergehende Hemmung der Aggression sowie des Beutemachens bewirkt, die lange genug anhält, um eine gefahrlose Vereinigung der Geschlechter zu ermöglichen. Wo aber Großtier-tötende Raubtiere dauernd in Gesellschaft zusammenleben, wie etwa Wölfe oder Löwen es tun, müssen verläßliche und dauernd wirksame Hemmungsmechanismen am Werke sein, die völlig selbständig und von den wechselnden Stimmungen der Einzeltiere unabhängig sind. So kommt das eigenartig ergreifende Paradoxon zustande, daß die blutigsten Raubtiere, vor allem der Wolf, den Dante die »bestia senza pace« nennt, zu den Lebewesen mit den verläßlichsten Tötungshemmungen gehört, die es auf dieser Welt gibt. Wenn meine Enkelkinder mit Gleichaltrigen spielen, ist Beaufsichtigung durch einen Erwachsenen unbedingt erforderlich, aber seelenruhig lasse ich sie in Gesellschaft unserer großen und Jagdwild gegenüber höchst blutdürstigen Chow-Schäferhund-Mischlinge allein. Die sozialen Hemmungen, auf die ich mich dabei verlasse, sind nun keineswegs etwas, was dem Hund im Verlaufe seiner Haustierwerdung angezüchtet wurde, sondern ohne allen Zweifel ein vom Wolf, der bestia senza pace, überkommenes Erbe!

Offensichtlich sind es von Art zu Art sehr verschiedene Merkmale, die soziale Hemmungsmechanismen in Gang bringen. Wie wir gesehen haben, ist z. B. die Weibchenbeißhemmung des Smaragdeidechsen-Männchens sicher von chemischen Reizen abhängig, bei der Hemmung des Hundes, Hündinnen zu beißen, ist es sicher ebenso, während seine Schonung aller Hundekinder offenbar auch durch deren Verhalten hervorgerufen wird. Da die Hemmung, wie noch genauer gezeigt wird, ein durchaus aktiver Prozeß ist, der einem ebenso aktiven Trieb gegenübersteht und ihn bremst bzw. modifiziert, ist es durchaus richtig, von einer *Auslösung* der Hemmungsvorgänge zu sprechen, genau wie man von der Auslösung einer Instinktbewegung redet. Die vielgestaltigen Reiz-Sende-Apparate, die bei allen höheren Tieren der Auslösung aktiven Antwortverhaltens dienen, unterscheiden sich denn auch nicht grundsätzlich von jenen, die soziale Hemmungen auf den Plan rufen. In beiden Fällen bestehen die Reizsender aus auffälligen Strukturen, bunten Farben und ritualisierten Bewegungsweisen, meist aus Kombinationen von allen dreien. Ein sehr hübsches Beispiel dafür, wie aktivitätsauslösende und hemmungsauslösende Reizsender nach gleichen Konstruktionsprinzipien entstehen, bildet der Kampfauslöser der Kraniche und der Auslöser der Kindchen-Beißhemmung mancher Rallen. In beiden Fällen hat sich am Hinterkopf des Vogels eine kleine Tonsur, eine nackte Stelle, entwickelt, an der sich unter der Haut ein reichverzweigtes Gefäßnetz, ein sogenannter Schwellkörper, befindet. In beiden Fällen wird dieses Organ mit Blut gefüllt und in diesem Zustande, als vorgewölbtes rubinrotes Käppchen, dem Artgenossen durch Zuwenden des Hinterkopfes präsentiert. Die Funktionen dieser beiden Auslöser, die bei den beiden Vogelgruppen völlig unabhängig voneinander entstanden sind, sind so gegensätzlich wie nur möglich: bei den Kranichen bedeutet dieses Signal aggressive Stimmung und löst dementsprechend, je nach verhältnismäßiger Stärke des Gegenübers, Gegenaggression oder Fluchtstimmung aus. Bei der Wasserralle und einigen Verwandten ist Organ wie Bewegungsweise nur dem Küken zu eigen und dient ausschließlich der Auslösung einer spezifischen Kindchen-Beißhemmung bei älteren Artgenossen. Wasserrallenküken zeigen ihr Rubinkäppchen in tragikomischer Weise »irrtümlich« auch nicht artgleichen Aggressoren. Ein von mir großgezogenes Vögelchen dieser Art tat dies Entenküken gegenüber, die natürlich nicht mit Hemmungen auf dieses arteigene Signal der Wasserralle ansprachen, sondern erst recht nach dem roten Köpfchen pickten. So weich ein Entenbabyschnäbelchen auch ist, mußte ich die Küken doch trennen.

Ritualisierte Bewegungsweisen, die im Artgenossen Aggressionshemmungen bewirken, pflegt man als Demuts- oder Befriedungs-Gebärden zu bezeichnen; der zweite Terminus ist wohl besser, weil er weniger zur Subjektivierung tierischen Verhaltens verleitet. Diese Art von Zeremonien entsteht in vielfacher Weise, wie ritualisierte Ausdrucksbewegungen überhaupt. Bei Besprechung der Ritualisierung (S. 62 ff.) haben wir ja schon vernommen, in welcher Weise aus Konfliktverhalten, Intentionsbewegungen usw. Signale mit Mitteilungs-Funktion entstehen können und welche Macht solche Riten entfalten. All dies war notwendig, um das Wesen und die Leistung der nun zu besprechenden Befriedungsbewegungen verständlich zu machen.

Eine große Anzahl von Befriedungsgesten der verschiedensten Tiere sind interessanterweise unter dem Selektionsdruck entstanden, den die kampfauslösenden Verhaltensmechanismen ausübten. Das Tier, das einen Artgenossen zu besänftigen strebt, tut, um es etwas vermenschlicht auszudrücken, alles, um diesen *nicht* zu reizen. Wenn ein Fisch beim Artgenossen Aggression auslöst, indem er sein Prachtkleid zeigt, durch Entfalten der Flossen oder Spreizen der Kiemendeckel möglichst große Körperkonturen bietet und sich kraftprahlend und ruckweise bewegt, so tut der gnadeheischende in allen Punkten das Gegenteil hievon, er wird blaß, klemmt die Flossen aufs äußerste zusammen, kehrt dem zu besänftigenden Artgenossen die Schmalseite seines Körpers zu und bewegt sich langsam, schleichend, ganz buchstäblich unter Einschleichen aller aggressions-auslösenden Reize. Ein Hahn, der eben im Rivalenkampf schwer geschlagen wurde, steckt den Kopf in eine Ecke oder hinter eine Deckung und entzieht so dem Gegner die nachweislich kampfauslösenden Reize, die von seinem roten Kamm und den Kehllappen ausgehen. Von gewissen Korallenfischen, deren knallbuntes Kleid in der geschilderten Weise intraspezifische Aggression auslöst, haben wir S. 22ff. schon gehört, daß sie diese Färbungsweise ablegen, wenn sie sich zur Paarung in friedlicher Weise nähern müssen.

Das Verschwindenlassen des kampfauslösenden Signales vermeidet zunächst nur die Auslösung intraspezifischer Aggression und nicht die aktive Hemmung eines schon im Gange befindlichen Angriffs. Doch ist es offenbar, stammesgeschichtlich betrachtet, nur ein Schritt von einem zum anderen, und gerade die Entstehung von Befriedungsgebärden aus dem »Negativ« kampfauslösender Signale bietet gute Beispiele hierfür. Naturgemäß gibt es sehr viele Tiere, bei denen die Drohung darin besteht, daß dem Gegner die Waffe, sei es nun Gebiß, Schnabel, Pranke, Flügelbug oder Faust, in vielsagender Weise zugewandt und »unter die Nase gehalten« wird. Da nun bei den betreffenden Arten alle diese schönen Gebärden zu den angeborenermaßen »verständlichen« Signalen gehören, die je nach der verhältnismäßigen Stärke des Adressaten Gegendrohung oder Flucht bei ihm auslösen, ist hier der Weg für die eben besprochene Entstehungsweise der den Kampf verhindernden Gebärde genau vorgezeichnet: sie muß darin bestehen, daß das friedenheischende Tier die Waffe vom Gegner abwendet.

Da nun die Waffe aber fast nie dem Angriff allein, sondern stets auch der Abwehr, dem Parieren des Schwertstreiches dient, hat diese Form der Befriedungsgebärde den großen Haken, daß jedes Tier, das sie ausführt, sich in höchst gefährlicher Weise wehrlos macht, ja in vielen Fällen dem potentiellen Angreifer die verletzbarste Stelle seines Körpers ungeschützt darbietet. Dennoch ist diese Form der Demutgeste ungeheuer weit verbreitet und ist von den verschiedensten Wirbeltiergruppen unabhängig voneinander »erfunden« worden. Der Wolf kehrt den Kopf vom überlegenen Gegner weg und bietet ihm so die äußerst verwundbare, vorgewölbte Seite seines Halses. Die Dohle hält dem zu Besänftigenden die ungeschützte Wölbung ihres Hinterkopfes unter den Schnabel, gerade die Stelle, nach der solche Vögel ernste Angriffe in Tötungsabsicht zu richten pflegen. So auffällig ist dieser Zusammenhang, daß ich lange Zeit hindurch glaubte, das Darbieten der verletzlichsten Stelle sei das für die Wirkung derartiger Demutstellungen Wesentliche. Beim Wolf und Hund sieht es tatsächlich so aus, als böte der Gnadeflehende dem Sieger seine Hals-Venen dar. Wenn auch zweifellos das Wegdrehen der Waffe der ursprünglich allein wirksame Bestandteil der in Rede stehenden Ausdrucksbewegungen ist, kommt meiner alten Meinung dennoch ein gewisser Wahrheitsgehalt zu.

Es wäre in der Tat ein selbstmörderisches Beginnen, wollte ein Tier dem eben noch in hoher Kampfeserregung befindlichen Gegner ganz plötzlich eine hochverletzliche Körperstelle ungeschützt darbieten und sich darauf verlassen, daß die gleichzeitige Ausschaltung kampfauslösender Reize dazu ausreiche, seinen Angriff zu verhindern. Wir wissen allzu gut, wie träge die Umstellung des Gleichgewichtes vom Vorherrschen des einen zu dem des anderen Triebes verläuft, und können ruhig behaupten, daß ein einfaches Wegnehmen kampfauslösender Reize nur ein ganz allmähliches Abflauen der aggressiven Stimmung des angreifenden Tieres bewirken würde. Wo also ein *plötzliches* Annehmen der Demutstellung den eben noch drohenden Angriff des Gegners hemmt, dürfen wir mit erheblicher Sicherheit annehmen, daß bei ihm eine aktive Hemmung durch die betreffende spezifische Reizsituation ausgelöst werde.

Ganz sicher ist dies beim Hund der Fall, bei dem ich wiederholt gesehen habe, daß der Sieger, wenn der Besiegte plötzlich die Demutstellung annahm und ihm den ungeschützten Hals darbot, die Bewegungsweise des Totschüttelns »auf Leerlauf« ausführte, nämlich dicht am Hals des moralisch Besiegten, aber mit *geschlossenem* Maul und somit ohne zuzubeißen. Ähnliches gilt unter den Möwen für die Dreizehenmöwe und unter den Rabenvögeln für die Dohle. Unter den Möwen, deren Verhalten durch die Untersuchungen Tinbergens und seiner Schüler besonders gut bekannt ist, nimmt die Dreizehenmöwe insoferne eine Sonderstellung ein, als sie durch eine ökologische Eigentümlichkeit, nämlich das Nisten auf schmalen Felsenleisten steil abfallender Klippen, zwangsläufig zum Nesthocker geworden ist. Die im Neste befindlichen Jungen bedürfen eines wirksamen Schutzes gegen etwaige Angriffe fremder Möwen daher mehr als diejenigen bodenbrütender Möwenarten, die vor jenen notfalls davonlaufen können. Dementsprechend ist die Befriedungsgebärde bei der Dreizehenmöwe nicht nur höher ausgebildet, sondern sie wird auch durch ein besonderes Färbungsmuster des Jungvogels in ihrer Wirkung unterstützt. Bei allen Möwen wirkt ein Abwenden des Schnabels vom Gegenüber als Befriedungsgebärde. Während diese aber bei Silber- und Heringsmöwe sowie bei anderen Großmöwen der Gattung Larus nicht besonders auffällt und keineswegs wie ein besonderer Ritus aussieht, ist sie bei der Lachmöwe eine tänzerische, exakte Zeremonie, bei der ein Partner dem anderen, oder auch, wenn beide nichts Böses im Schilde führen, zwei Möwen einander gleichzeitig mit einer genau 180 Grad betragenden Kopfwendung den Hinterkopf zuwenden. Dieses »head flagging«, wie englische Autoren es nennen, wird optisch dadurch unterstrichen, daß die schwarzbraune Gesichtsmaske und der dunkelrote Schnabel der Lachmöwe bei dieser Befriedungsgeste ruckartig verschwinden, während das schneeweiße Nackengefieder ihre Stelle einnimmt. Steht bei der Lachmöwe noch das Verschwinden der aggressionsauslösenden Merkmale der schwarzen Maske und des roten Schnabels im Vordergrund, so ist umgekehrt bei der jungen Dreizehenmöwe das Hinwenden des Nackens durch Färbungsmuster besonders betont: auf weißem Hintergrund erscheint hier eine charakteristisch umrissene dunkle Zeichnung, die ganz offensichtlich eine besondere Hemmung aggressiven Verhaltens bewirkt.

Eine Parallele zu dieser Entwicklung eines aggressionshemmenden Signals der Möwen findet sich bei den Rabenvögeln. Wohl alle großen, schwarzen und grauen Rabenartigen wenden als Befriedungsgeste den Kopf von ihrem Gegenüber betont ab. Bei manchen, so bei der Nebelkrähe und bei dem afrikanischen Schildraben, ist die dem zu Besänftigenden bei dieser Gebärde dargebotene Hinterhauptgegend durch helle Farbe hervorgehoben. Bei der Dohle, die wegen ihres engen Zusammenlebens in Kolonien offenbar einer besonders wirksamen Befriedungsgebärde bedarf, ist dieselbe Gefiederpartie nicht nur durch wundervolle seidig hellgraue Färbung von dem im übrigen schwarzgrauen Gefieder wirksam abgesetzt, sondern die betreffenden Federn sind stark verlängert und entbehren, ganz wie die Schmuckfedern mancher Reiher, der Häkchen an den Strahlen, so daß sie als auffallend lockere und glänzende Krone wirken, wenn sie bei der Demutgebärde maximal gesträubt dem Artgenossen vor den Schnabel gehalten werden. Daß der in dieser Situation zuhackt, kommt einfach nie vor, selbst dann nicht, wenn er in tätlichem Angriff auf die schwächere Dohle begriffen war, als diese die Demuthaltung annahm. Ja, in den meisten Fällen reagiert der eben noch erbost Angreifende mit den Handlungen der sozialen Hautpflege, indem er den sich unterwerfenden Artgenossen freundlich am Hinterkopf krault und putzt – eine wahrhaft rührende Form des Friedenschließens!

Es gibt eine Reihe von Demutgebärden, die sich von infantilen, kindlichen Verhaltensweisen ableiten, sowie andere, die eindeutig aus dem Paarungsverhalten des Weibchens herstammen. In ihrer gegenwärtigen Funktion haben die Gesten aber weder mit Kindlichkeit noch mit weiblicher Sexualität etwas zu tun, sondern bedeuten, vermenschlicht ausgedrückt, nichts anderes als: »Tu mir bitte nichts!« Es liegt nahe, anzunehmen, daß bei den betreffenden Tiergruppen, noch ehe diese Ausdrucksbewegungen allgemeinere soziale Bedeutung erlangten, spezielle Hemmungen das Angreifen von Jungen bzw. Weibchen verhinderten, ja man könnte sogar weiter spekulieren, daß sich bei ihnen die größere soziale Gruppe aus dem Paar und der Familie entwickelt hat.

Aggressionshemmende Unterwürfigkeitsgebärden, die sich aus persistierenden Ausdrucksbewegungen des Jungtieres entwickelt haben, gibt es vor allem bei Hundeartigen. Dies verwundert deshalb nicht, weil bei diesen Tieren die Hemmung, Kinder zu attackieren, so sehr stark ist. R. Schenkel hat gezeigt, daß sehr viele Gebärden der aktiven Unterwerfung, das heißt des *freundlichen* Unterwürfig-Seins gegenüber einem zwar »respektierten«, aber nicht eigentlich gefürchteten Ranghöheren, unmittelbar aus der Beziehung des Jungen zu seiner Mutter stammen. Schnauzenstoßen, Bepföteln, Lecken am Mundwinkel, wie wir alle es von freundlichen Hunden kennen, sind nach Schenkel von Bewegungsweisen des Saugens und Nahrungsbettelns abzuleiten. Genau wie höfliche Menschen einander gegenseitig ihre Unterwürfigkeit ausdrücken können, obwohl in Wirklichkeit ein eindeutiges Rangordnungsverhältnis zwischen ihnen besteht, können auch zwei miteinander befreundete Hunde wechselseitig infantile Demutgesten ausführen, besonders bei der freundlichen Begrüßung nach längerer Trennung. Dieses gegenseitige Zuvorkommen geht auch bei wildlebenden Wölfen so weit, daß es Murie bei seinen wunderbar erfolgreichen Freilandbeobachtungen am Mount McKinley in vielen Fällen nicht gelang, aus den Ausdrucksbewegungen bei der Begrüßung das Rangordnungsverhältnis zweier erwachsener Wolfsrüden zu entnehmen. Im Nationalpark auf der im Lake Superior gelegenen Insel Isle Royal beobachteten S. L. Allen und L. D. Mech eine unerwartete Funktion der Begrüßungszeremonie. Das aus rund 20 Wölfen bestehende Pack lebt im Winter von Elchen, und zwar, wie sich herausstellte, ausschließlich von geschwächten Tieren. Die Wölfe stellen jeden Elch, dessen sie habhaft werden können, versuchen aber gar nicht, ihn zu reißen, sondern geben ihren Angriff sogleich auf, wenn er sich energisch und kraftvoll zur Wehr setzt. Finden sie aber einen Elch, der durch parasitische Würmer, Infektionen oder, was bei greisenhaften Tieren regelmäßig der Fall ist, durch Zahnfisteln geschwächt ist, so merken sie sofort, daß hier Hoffnung auf Beute besteht. In diesem Falle drängen sich plötzlich alle Mitglieder des Rudels zusammen und ergehen sich in einer gemeinsamen Zeremonie allgemeinen Schnauzenstoßens und Schwanzwedelns, kurz in den Bewegungsweisen, die wir von unseren Hunden sehen, wenn wir sie aus dem Zwinger holen, um mit ihnen auszugehen. Diese kommunale nose-to-nose conference (Nasenstoß-Konferenz) bedeutet ohne allen Zweifel die Übereinkunft, daß auf die eben entdeckte Beute allen Ernstes Jagd gemacht wird. Wer dächte hier nicht an die Tänze der Massaikrieger, die sich durch eine Zeremonie den richtigen Mut zur Löwenjagd antanzen müssen.

Ausdrucksbewegungen sozialer Unterwürfigkeit, die sich aus der weiblichen Begattungsaufforderung entwickelt haben, finden sich bei Affen, besonders bei Pavianen. Das rituelle Zuwenden des Hinterteiles, das oft zur optischen Unterstreichung dieser Zeremonie ganz unglaublich prächtig gefärbt ist, hat in seiner gegenwärtigen Form bei den Pavianen kaum noch etwas mit Sexualität und sexuellen Motivationen zu tun. Es bedeutet nur, daß der Affe, der den Ritus durchführt, den höheren Rang dessen anerkennt, an den er ihn richtet. Schon ganz junge Äffchen obliegen diesem Brauch ohne jede Anleitung. Katharina Heinroths fast von Geburt an in Obhut von Menschen großgewordenes Pavianmädchen Pia vollführte, als man es in ein unbekanntes Zimmer ließ, feierlich die Zeremonie des »Popochenzudrehens« gegenüber jedem der Stühle, die offenbar seine Furcht erweckten. Ein Pavianmann verfährt ziemlich brutal und herrschsüchtig mit Weibchen seiner Art, zwar nach Beobachtungen von Washburn und De Vore im Freien lange nicht so kraß, wie dies nach Gefangenschaftsbeobachtungen angenommen wurde, aber immerhin nicht allzu sanft im Gegensatz zu der zeremoniösen Höflichkeit von Hundeartigen und Gänsen. So ist es verständlich, daß bei diesen Affen die Gleichsetzung der beiden Bedeutungen »Ich bin dein Weibchen« und »Ich bin dein Sklave« ziemlich naheliegt. Die Herkunft der Symbolik der merkwürdigen Gebärde drückt sich außer in der Bewegungsform selbst auch noch in der Art und Weise aus, in der sie von dem Adressaten zur Kenntnis genommen wird. Ich sah einmal im Berliner Zoo, wie zwei starke alte Mantelpavianmänner für einen Augenblick im ernsten Kampfe aneinandergerieten. Im nächsten Augenblick floh der eine, hart verfolgt von dem Sieger, der ihn schließlich in eine Ecke trieb. Keinen Ausweg findend, nahm der Besiegte Zuflucht zur Demutgebärde, worauf der Sieger sich sofort abwandte und steifbeinig in Imponierstellung wegging. Da lief ihm der Besiegte keckernd nach und verfolgte ihn geradezu aufdringlich mit Zuwenden des Hinterteils, so lange, bis der Stärkere seine Unterwerfung dadurch »zur Kenntnis« nahm, daß er, gewissermaßen mit gelangweiltem Gesicht, aufritt und einige lässige Kopulationsbewegungen vollführte. Erst danach schien der Unterworfene beruhigt und überzeugt, daß ihm seine Rebellion vergeben war.

Unter den verschiedenen und aus verschiedenen Wurzeln stammenden Befriedungszeremonien bleiben uns nun noch diejenigen zu besprechen, die meines Erachtens für unser Thema am wichtigsten sind, nämlich die aus neu- oder umorientierten Angriffsbewegungen entstandenen Befriedungs- oder Begrüßungsriten, von denen schon kurz die Rede war. Sie unterscheiden sich von allen bisher besprochenen Befriedungszeremonien dadurch, daß sie die Aggression nicht unter Hemmung setzen, sondern von bestimmten Artgenossen ableiten und in der Richtung auf andere kanalisieren. Ich habe schon gesagt, daß diese Neu-Orientierung aggressiven Verhaltens eine der genialsten Erfindungen des Artenwandels ist – sie ist aber mehr als das. Überall, wo neu-orientierte Befriedungsriten beobachtet werden, ist die Zeremonie *an die Individualität* der an ihr beteiligten Partner gebunden. Die Aggression eines bestimmten Einzelwesens wird von einem zweiten, ebenso bestimmten abgewendet, während ihre Entladung auf alle anderen, anonym bleibenden Artgenossen nicht gehemmt wird. So entsteht die Unterscheidung zwischen dem *Freund* und den Fremden, und es tritt zum erstenmal die *persönliche Bindung* zwischen Individuen in die Welt. Wenn man mir einwendet, daß Tiere keine Personen seien, so antworte ich, daß Persönlichkeit eben dort ihren Anfang nimmt, wo von zwei Einzelwesen jedes in der Welt des anderen eine Rolle spielt, die von keinem anderen Artgenossen ohne weiteres übernommen werden kann. Mit anderen Worten, Persönlichkeit beginnt dort, wo persönliche Freundschaft zum erstenmal entsteht.

Ihrem Ursprung und ihrer ursprünglichen Funktion nach gehören die persönlichen Bindungen zu den aggressionshemmenden, befriedenden Verhaltensmechanismen und damit in das Kapitel über moralanaloges Verhalten. Doch bilden sie eine so unentbehrliche Grundlage für den Aufbau der menschlichen Gesellschaft und sind für das Thema dieses Buches so wichtig, daß sie genau besprochen werden sollen. Diesem aber sollen noch drei andere vorangehen, denn nur wenn man andere, mögliche Strukturen des Gemeinschaftslebens kennt, in denen persönliche Freundschaft und Liebe *keine* Rolle spielen, vermag man ihre Bedeutung für die menschliche Gesellschaftsordnung voll zu ermessen. So lasse ich denn eine Schilderung der anonymen Schar, der liebelosen Sozietät der Nachtreiher und schließlich der gleichermaßen Respekt wie Abscheu einflößenden Organisation der Ratten-Sozietät folgen, ehe ich mich der Naturgeschichte jenes Bandes zuwende, das auf dieser Erde das schönste und stärkste ist.

8
Die anonyme Schar

Die Masse könnt ihr nur durch Masse zwingen
Goethe

Die erste der drei Gesellschaftsformen, die wir nun, gewissermaßen als einen urtümlichen dunklen Hintergrund, mit der auf persönlicher Freundschaft und Liebe aufgebauten Gemeinschaft vergleichen wollen, ist die sogenannte anonyme Schar. Sie ist die häufigste und zweifellos die primitivste Form der Vergesellschaftung und findet sich schon bei vielen Wirbellosen, so bei Tintenfischen und Insekten. Dies bedeutet indessen keineswegs, daß sie bei höheren Tieren nicht vorkommt, selbst der Mensch kann unter bestimmten, recht grauenhaften Umständen in anonyme Scharbildung verfallen, »auf sie regredieren«, nämlich in Panik.

Unter einer »Schar« verstehen wir nicht jegliche zufällige Anhäufung gleichartiger Einzelwesen, wie sie etwa zustande kommt, wenn sich viele Fliegen oder Geier um ein Aas versammeln oder wenn an einer besonders günstigen Stelle der Gezeitenzone sich viele Uferschnecken oder Seeanemonen in dichtem Gedränge angesiedelt haben. Der Begriff der Schar ist dadurch bestimmt, daß die Individuen einer Art *aufeinander* mit Zuwendung reagieren, also durch Verhaltensweisen zusammengehalten werden, *die ein oder mehrere Einzelwesen bei anderen auslösen*. Deshalb ist es für Scharbildung kennzeichnend, wenn viele Einzelwesen in dichtem Verbande in gleicher Richtung *wandern*.

Die verhaltensphysiologischen Fragen, die der Zusammenhalt anonymer Scharen aufwirft, betreffen nicht nur die Leistungen der Sinnesorgane und des Nervensystems, die eine Hinwendung, eine »positive Taxis« bewirken, sondern vor allem auch die hohe Selektivität dieser Reaktion. Es bedarf einer Erklärung, wenn ein solches Herdenwesen um jeden Preis in unmittelbarer Nähe vieler anderer sein will und sich nur im äußersten Notfall mit andersartigen Tieren als Ersatzobjekten begnügt. Dies kann angeboren sein, wie z. B. bei vielen Enten, die auf das Signal der Flügelfärbung ihrer eigenen Art selektiv mit Nachfliegen reagieren, es kann aber auch von individuellem Lernen abhängig sein.

Wir werden die vielen »Warum«, die sich uns in Hinsicht auf das Zusammenhalten anonymer Scharen aufdrängen, nicht ganz befriedigend beantworten können, ehe wir das Problem des »Wozu?« im weiter oben (S. 21) diskutierten Sinne gelöst haben. Beim Stellen dieser Frage stoßen wir auf ein Paradoxon: So leicht sich eine überzeugende Antwort auf die scheinbar unvernünftige Frage finden läßt, wozu die »böse« Aggression gut sei, deren arterhaltende Leistungen wir bereits aus dem 3. Kapitel kennen, so schwer ist es merkwürdigerweise zu sagen, wozu das Zusammenhalten riesiger anonymer Scharen, wie bei Fischen, Vögeln und vielen Säugern, dienen soll. Wir sind zu sehr gewohnt, diese Vergesellschaftung zu sehen, und wir können, da wir ja selbst soziale Wesen sind, nur zu gut nachempfinden, daß ein einzelner Hering, Star oder Bison sich nicht wohl fühlen kann. So liegt es uns ferne, nach dem Wozu der Erscheinung zu fragen. Wie berechtigt diese Frage ist, wird uns aber sogleich klar, wenn wir uns die offenkundigen Nachteile der Bildung großer Scharen vor Augen halten, etwa die Schwierigkeit, für so viele Tiere Nahrung zu beschaffen, die Unmöglichkeit des Verborgenbleibens, auf das doch andererseits die natürliche Auslese solch hohen Preis setzt, die vergrößerte Anfälligkeit gegen Schmarotzer und dergleichen mehr.

Man sollte meinen, *ein* Hering, der für sich allein durchs Weltmeer zieht, *ein* Bergfink, der sich im Herbst selbständig auf die Wanderschaft begibt, oder *ein* Lemming, der beim Ausbrechen der Hungersnot als Einzelgänger versucht, nahrungsreichere Gefilde zu finden, hätte bessere Überlebensaussichten als die dichtgedrängten Scharen, in denen diese Tiere zusammenhalten und die zur Ausbeutung durch die »einschlägigen« Jäger, einschließlich der Deutschen Nordseefischerei A. G., geradezu herausfordern. Wir wissen, daß es ein gewaltig starker Trieb ist, der die Tiere zusammenballt, und daß die anziehende Wirkung, die von der Schar auf das Individuum oder auf kleinere Gruppen von Einzeltieren ausgeübt wird, mit der Größe der Schar ansteigt, und zwar wahrscheinlich in einer geometrischen Progression. Daraus kann bei manchen Tieren, wie z. B. beim Bergfinken, ein tödlicher Circulus vitiosus entstehen. Wenn die normalen winterlichen Zusammenrottungen dieses Vogels unter dem Einfluß zufälliger Außenumstände, etwa einer besonders guten Ernte von Bucheckern in einer bestimmten Gegend, die gewöhnliche Größenordnung erheblich überschreiten, gerät ihr lawinenhaftes Anschwellen über das Maß des ökologisch noch erträglichen hinaus, und die Vögel verhungern in Massen. Unter den Schlafbäumen eines solchen Riesenschwarmes, den ich im Winter 1951 am Thunersee in der Schweiz zu studieren Gelegenheit hatte, lagen alltäglich viele, viele Leichen. Einige Stichproben der Obduktion ergaben eindeutig Tod durch Verhungern.

Es ist, wie ich glaube, kein Zirkel, wenn wir aus den nachweislich großen Nachteilen, die das Leben in großen Scharen mit sich bringt, den Schluß ziehen, daß es in irgendeiner anderen Hinsicht Vorteile haben muß, die jene Nachteile nicht nur wettmachen, sondern so weit überwiegen, daß ein Auslesedruck zustande kommt, der die komplizierten Verhaltensmechanismen des Schar-Zusammenhaltes herausgezüchtet hat.

Wenn Herdentiere auch nur im geringsten *wehrhaft* sind, wie etwa Dohlen, kleinere Wiederkäuer oder Kleinaffen, so läßt sich schon gut verstehen, daß Einigkeit Macht bedeutet. Die Abwehr des Raubtieres oder die Verteidigung eines von ihm gegriffenen Mitgliedes der Schar braucht durchaus nicht von durchschlagender Wirkung zu sein, um einen arterhaltenden Wert zu entwickeln. Wenn die soziale Verteidigungsreaktion der Dohlen auch nicht den Erfolg hat, die vom Habicht geschlagene Dohle zu retten, wenn sie dem Habicht nur so lästig ist, daß er ihretwillen Dohlen nur eine Spur weniger gern jagt als etwa Elstern und daher diese den Dohlen vorzieht, so genügt dies, um der Kameraden-Verteidigung einen ganz gewaltigen arterhaltenden Wert zu verleihen. Gleiches gilt vom »Schrecken«, mit dem ein Rehbock Raubtiere verfolgt, oder vom haßerfüllten Gezeter, mit dem viele Kleinaffen dem Tiger oder Leoparden in sicherer Höhe der Baumkronen nachspringen und versuchen, ihm auf die Nerven zu fallen. Aus derartigen Anfängen haben sich in gut verständlichem Übergange die schwer bewaffneten Verteidigungs-Organisationen von Büffelbullen, Pavianmännern und ähnlichen Friedenshelden entwickelt, vor deren Defensivmacht auch die furchtbarsten aller Raubtiere weichen.

Welchen Vorteil aber bringt das dichte Zusammenhalten der Schwärme den völlig Wehrlosen, wie Heringen und anderen kleinen Schwarmfischen, den in gewaltigen Heerzügen wandernden Kleinvögeln und so vielen anderen? Ich habe nur einen einzigen Vorschlag zu einer Erklärung, den ich mit Zagen vorbringe, da es mir selbst schwer glaublich erscheint, daß eine einzige kleine, wenn auch weit verbreitete Schwäche der Jagd-Tiere so weitreichende Folgen im Verhalten ihrer Beutetiere bewirkt haben soll: diese Schwäche liegt darin, daß sehr viele, vielleicht alle auf einzelne Beutetiere jagenden Raubtiere unfähig sind, sich auf ein Ziel zu konzentrieren, wenn gleichzeitig viele andere gleichwertige in ihrem Gesichtsfeld umherflitzen. Man versuche einmal selbst, aus einem mit vielen Vögeln besetzten Käfig einen einzelnen herauszufangen. Auch wenn man durchaus nicht nur einen bestimmten haben will, sondern den ganzen Käfig leerzufangen beabsichtigt, wird man die erstaunliche Erfahrung machen, daß man sich fest auf ein bestimmtes Tier konzentrieren muß, wenn man überhaupt eines kriegen will. Außerdem wird man innewerden, wie unglaublich schwer es ist, diese Einstellung auf ein bestimmtes Ziel aufrechtzuerhalten und sich nicht durch ein scheinbar leichteres ablenken zu lassen. Den anderen Vogel, der einem besser griffbereit vorkommt, erwischt man deshalb so gut wie nie, weil man seine Bewegungen in den paar unmittelbar vorhergehenden Sekunden nicht verfolgt hat und daher die in den nächsten Augenblicken zu erwartenden nicht vorherzusagen vermag. Außerdem greift man erstaunlich oft in der *Resultierenden* zwischen zwei gleich verlockende Zielrichtungen.

Genau das tun offenbar sehr viele Tierfresser, wenn ihnen viele Ziele gleichzeitig geboten werden. An Goldfischen hat man experimentell festgestellt, daß sie paradoxerweise weniger Wasserflöhe erwischen, wenn man ihnen zu viele gleichzeitig anbietet. Genauso verhalten sich Raketengeschosse, die mit automatischer Radarsteuerung Flugzeuge anpeilen: sie fliegen in der Resultierenden zwischen zwei Zielen hindurch, wenn beide nahe beieinander und symmetrisch zur Geschoßbahn angeordnet sind. Der Raubfisch wie das Raketengeschoß entbehrt der Fähigkeit, sich absichtlich für das eine Ziel blind zu machen, um sich auf das andere zu konzentrieren. Wahrscheinlich ist also der Grund, aus dem sich Heringe zum dichten Schwarme zusammendrängen, der gleiche, aus dem die Düsenjäger, die wir am Himmel dahinziehen sehen, in gedrängter Formation fliegen, was auch bei großem fliegerischen Können durchaus nicht ganz ungefährlich ist.

So weit hergeholt diese Erklärung einer weit verbreiteten Erscheinung dem Fernerstehenden auch vorkommen mag, sprechen doch gewichtige Argumente für ihre Richtigkeit. Es gibt meines Wissens keine einzige, im engen Scharzusammenhalt lebende Tierart, bei der nicht die Einzeltiere der Schar bei Beunruhigung, das heißt bei Verdacht auf Anwesenheit eines Freßfeindes, *näher zusammenrücken*. Dies tun gerade die kleinsten und wehrlosesten Tiere am deutlichsten, ja von vielen Fischen tun es nur die kleinen Jungen und die Erwachsenen überhaupt nicht mehr. Manche Fische drängen sich bei Gefahr zu einem dicht geschlossenen Gefüge zusammen, daß sie wie *ein* großer Fisch wirken, und da viele der ziemlich dummen großen Raubfische, wie etwa der Barrakuda, sich wegen drohender Erstickungsgefahr außerordentlich hüten, allzugroße Beutefische anzugreifen, mag darin ein besonderer Schutz gelegen sein.

Ein weiteres sehr starkes Argument für die Richtigkeit meiner Erklärung ergibt sich aus der Tatsache, daß offenbar kein einziger der großen berufsmäßigen Jäger jemals mitten in die dichtgedrängte Schar der Beutetiere hinein angreift. Nicht nur die großen Raubsäugetiere wie Löwe und Tiger überlegen es sich angesichts der Wehrhaftigkeit ihrer Beute, ehe sie einen Kaffernbüffel in der Herde anspringen, sondern auch kleinere Jäger wehrlosen Wildes versuchen fast ausnahmslos, ein Einzeltier aus der Schar abzusprengen, ehe sie es ernstlich zu ergreifen versuchen. Wander- und Baumfalke verfügen über eine besondere Bewegungsweise, die keinem anderen als eben diesem Zwecke dient. An Fischen hat W. Beebe im freien Meere Entsprechendes beobachtet. Er sah eine große Stachelmakrele einem Schwarm kleiner Igelfische folgen und geduldig warten, bis sich schließlich ein Fischchen aus den Reihen des Schwarmes löste, um seinerseits nach einer kleinen Beute zu schnappen. Dieser Versuch endete regelmäßig mit dem Tode des betreffenden kleinen Fisches im Magen des großen.

Wanderscharen von Staren nützen offenbar die Zielschwierigkeiten des Räubers dazu aus, ihm noch zusätzlich durch Abdressur das Fangen von Staren zu verekeln. Gerät ein Schwarm dieser Vögel in Sichtweite von einem fliegenden Sperber oder Baumfalken, so ballt sich der Flug so dicht zusammen, daß man schier meint, die einzelnen Vögel könnten ihre Flügel nicht mehr gebrauchen. In dieser Formation fliehen die Stare aber nicht etwa vor dem Raubvogel, sondern eilen ihm nach und umschließen ihn endlich von allen Seiten, genau wie eine Amoebe einen Nahrungsbrocken umfließt und unter Freilassung eines kleinen leeren Raumes, einer »Vakuole«, in sich aufnimmt. Einzelne Beobachter haben behauptet, daß dem Raubvogel durch dieses Manöver die Luft unter den Flügeln fortgenommen werde, so daß er nicht mehr zu fliegen und noch viel weniger anzugreifen vermöge. Das ist natürlich Unsinn, aber sicher ist ein solches Erlebnis dem Räuber peinlich genug, um im erwähnten Sinne abdressierend zu wirken, was der ganzen Verhaltensweise arterhaltenden Wert verleiht.

Von verschiedenen Soziologen ist die Meinung vertreten worden, die *Familie* sei die ursprünglichste Form sozialen Zusammenhaltes und aus ihr seien stammesgeschichtlich alle die verschiedenen Formen der Vergesellschaftung hervorgegangen, die wir bei höheren Lebewesen vorfinden. Das mag für manche staatenbildende Insekten und möglicherweise auch für einige Säugetiere, einschließlich der Primaten samt dem Menschen, bedingt richtig sein, darf aber nicht verallgemeinert werden. Die ursprünglichste Form der »Gesellschaft« im weitesten Sinne des Wortes ist die anonyme Scharbildung, für die uns die Fische des freien Weltmeeres das typische Beispiel abgeben. Innerhalb des Schwarmes gibt es keinerlei wie immer geartete Struktur, keine Führer und keine Geführten, nur eine gewaltige Ansammlung gleicher Elemente. Gewiß beeinflussen sich diese gegenseitig, gewiß gibt es gewisse einfachste Formen der »Verständigung« zwischen den Individuen, die den Schwarm zusammensetzen. Wenn eines eine Gefahr wahrnimmt und flieht, steckt es alle anderen, die seinen Schrecken wahrnehmen können, mit der gleichen Stimmung an. Wie weit dann die Panik in einem großen Fischschwarm um sich greift, ob sie imstande ist, den ganzen Schwarm zum Wenden und zum Fliehen zu veranlassen, ist eine rein quantitative Frage, deren Beantwortung davon abhängt, wieviel Individuen erschraken und flohen und wie intensiv sie es taten. Auch Reize, die mit Hinwendung, mit »positiven Taxien«, beantwortet werden, können vom ganzen Schwarm beantwortet werden, selbst wenn nur ein Individuum sie empfing. Sein entschlossenes Vorwärtsschwimmen in der betreffenden Richtung reißt todsicher andere Fische mit, und wiederum ist es eine Frage der Quantität, ob der ganze Schwarm sich mitreißen läßt oder nicht.

Die rein quantitative, in gewissem Sinne sehr demokratische Auswirkung dieser Art von Stimmungs-Übertragung bringt es mit sich, daß ein Fisch-Schwarm um so schwerer von Entschluß ist, je mehr Individuen er enthält und je stärker deren Herdentrieb ist. Ein Fisch, der, aus welchen Gründen immer, in bestimmter Richtung zu schwimmen beginnt, kann ja nicht umhin, in Bälde aus dem Schwarm heraus ins freie Wasser zu geraten und gleichzeitig damit unter den Einfluß aller jener Reize, die ihn in den Schwarm zurückzuziehen trachten. Je mehr Fische auf irgendwelche Außenreize hin in gleicher Richtung losschwimmen, desto eher werden sie den Schwarm mitziehen, je größer der Schwarm und damit sein Gegenzug ist, desto weniger weit werden seine unternehmenden Mitglieder kommen, ehe sie, wie von einem Magneten angezogen, um- und in den Schwarm zurückkehren. Ein großer Schwarm kleiner und dicht zusammengedrängter Fische bietet daher ein klägliches Bild der Unentschlossenheit. Immer wieder entsteht ein kleiner Strom unternehmungslustiger Einzeltiere, der sich wie das Scheinfüßchen einer Amoebe vorschiebt. Je länger solche Pseudopodien werden, desto dünner werden sie und desto stärker wird offensichtlich der Zug in ihrer Längsrichtung, und meist endet der ganze Vorstoß mit überstürzter Flucht zurück ins Herz der Schar. Man kann ganz kribbelig werden, wenn man diesem Treiben zusieht, und man kann nicht umhin, an der Demokratie zu zweifeln und Vorteile in der Rechtspolitik zu sehen.

Daß dies indessen wenig berechtigt ist, zeigt ein sehr einfaches Experiment von großer soziologischer Tragweite, das Erich von Holst einst mit Elritzen ausführte. Er operierte einem einzelnen Fischchen dieser Art das Vorderhirn weg, und in diesem stecken, wenigstens bei diesen Fischen, alle Reaktionen des Schwarmzusammenhaltes. Die vorderhirnlose Elritze sieht, frißt und schwimmt wie eine normale, das einzige Verhaltensmerkmal, durch das sie sich von einer solchen unterscheidet, besteht darin, daß es ihr egal ist, wenn sie aus dem Schwarm herausgerät und ihr keiner der Genossen nachschwimmt. Ihr fehlt daher die zögernde Rücksichtnahme des normalen Fisches, der, auch wenn er noch so intensiv in bestimmter Richtung schwimmen möchte, sich doch schon bei den ersten Bewegungen nach den Schwarmgenossen umsieht und sich davon beeinflussen läßt, ob ihm welche folgen und wie viele. All dies war dem vorderhirnlosen Kameraden völlig egal; wenn er Futter sah oder aus sonstwelchen Gründen irgendwohin wollte, schwamm er entschlossen los, und siehe da – *der ganze Schwarm folgte ihm*. Das operierte Tier war eben durch seinen Defekt eindeutig zum Führer geworden.

Die Wirkung der intraspezifischen Aggression, welche die Tiere gleicher Art auseinandertreibt und distanziert, ist derjenigen des Herdentriebes entgegengesetzt, und starke Aggression und engster Scharzusammenhalt schließen einander selbstverständlich aus. Doch sind weniger extreme Ausprägungen beider Verhaltensmechanismen durchaus nicht unvereinbar. Auch bei manchen Arten, die sehr große Zusammenrottungen bilden, rücken die Individuen nie über ein gewisses Maß heran, es bleibt immer ein konstanter Zwischenraum zwischen je zwei Tieren. Stare, die in genau regelmäßigen Abständen wie Perlen einer Perlenkette auf einem Telegraphendraht aufgereiht sitzen, sind ein gutes Beispiel hierfür. Der Abstand zwischen den Individuen entspricht genau der Entfernung, auf die sich je zwei Stare mit den Schnäbeln erreichen können. Unmittelbar nach dem Landen sitzen die Stare unregelmäßig verteilt, aber alsbald beginnen die allzu nahe beieinandersitzenden aufeinander loszuhacken und fahren damit fort, bis allenthalben die »vorgeschriebene« *Individual-Distanz*, wie Hediger es treffend nennt, hergestellt ist. Man kann den Raum, dessen Radius durch die Individual-Distanz dargestellt wird, als ein ganz kleines, gewissermaßen transportables Territorium auffassen, denn die Verhaltensmechanismen, die seine Aufrechterhaltung sichern, sind grundsätzlich dieselben, die in der bereits geschilderten Weise die Gebietsabgrenzung bewirken. Es gibt auch echte Territorien, z. B. bei dem koloniebrütenden Baßtölpel, die in genau gleicher Weise zustande kommen wie die Sitzplatzverteilung der Stare: Das winzige Gebiet eines Tölpelpaares ist genauso groß, daß zwei benachbarte, im Zentrum ihrer »Gebiete«, d. h. auf ihren Nestern sitzende Vögel einander eben gerade nicht mit der Schnabelspitze erreichen können, wenn sie den Hals, soweit sie können, vorstrecken.

Es wurde hier nur der Vollständigkeit halber erwähnt, daß Scharzusammenhalt und intraspezifische Aggression einander nicht *ganz* ausschließen. Im allgemeinen und im typischen Falle fehlt bei Schartieren jegliche Aggression und mit ihr jede Individualdistanz. Heringsartige und karpfenartige Schwarmfische drängen sich bei Beunruhigung, aber auch beim Ruhen bis zur körperlichen Berührung zusammen, und auch bei vielen Fischen, die während der Fortpflanzungszeit territorial und höchst aggressiv sind, verschwindet alles aggressive Verhalten, sowie sich die Tiere zur Nichtbrutzeit in Schwärme vereinigen, wie viele Buntbarsche, Stichlinge und manche andere es tun. Meist ist dann die nichtaggressive Schwarmstimmung äußerlich an besonderen Färbungsmustern des Fisches abzulesen. Auch bei sehr vielen Vogelarten herrscht der Brauch, sich zur Nicht-Brutzeit in die Anonymität des großen Schwarmes zurückzuziehen, so bei Störchen, Reihern, Schwalben und sehr vielen anderen Singvögeln, bei denen die Gatten eines Paares während des Herbstes und Winters durch keinerlei Bande verbunden bleiben.

Nur bei wenigen Vogelarten halten auch in den großen Wanderscharen Ehepaare bzw. Eltern und Kinder zusammen, so bei Schwänen, Wildgänsen und Kranichen. Die große Zahl der Mitglieder und der dichte Zusammenhalt der meisten großen Vogelschwärme erschweren begreiflicherweise das Zusammenbleiben bestimmter Individuen, auf das ja auch die meisten dieser Tiere keinerlei Wert legen. Die Form der Vergesellschaftung ist eben notwendigerweise völlig anonym, jedem Einzelwesen ist die Gesellschaft jedes Artgenossen ebenso lieb wie die jedes anderen. Die Idee der persönlichen Freundschaft, die sich so schön im Volksliede ausspricht, »Ich hatt' einen Kameraden, einen bessern find'st du nit«, gilt für jene Herdenwesen ganz und gar nicht, *jeder* Kamerad ist so gut wie jeder andere auch, du findest zwar keinen besseren, aber auch kaum einen schlechteren, es hätte daher keinerlei Sinn, sich auf ein bestimmtes Individuum als Freund und Kumpan zu versteifen.

Das Band, das eine solche anonyme Schar zusammenhält, ist sehr viel anderer Art als das der persönlichen Freundschaft, das unserer eigenen Gesellschaft Stärke und Bestand verleiht. Dennoch könnte man meinen, daß persönliche Freundschaft und Liebe gut im Schoße der friedlichen Vergesellschaftung der Art entsprungen sein könnten, ein Gedanke, der um so näher liegt, als die anonyme Schar stammesgeschichtlich ganz sicher vor der persönlichen Bindung entstand. Um einem Mißverständnis vorzubeugen, will ich deshalb hier schon vorwegnehmen, was Haupt-Thema des drittnächsten Kapitels ist: Anonyme Scharbildung und persönliche Freundschaft schließen einander deshalb aus, weil die letztere merkwürdigerweise stets mit aggressivem Verhalten gekoppelt ist. Wir kennen kein einziges Wesen, das der persönlichen Freundschaft fähig ist, der Aggression aber entbehrt. Besonders eindrucksvoll ist diese Koppelung bei Tieren, die nur zur Fortpflanzungszeit aggressiv sind, sonst aber der Aggression entbehren und anonyme Scharen bilden. Wenn solche Wesen überhaupt persönliche Bindungen eingehen, lösen sich diese mit dem Erlöschen der Aggressivität. Ebendeshalb halten die Ehegatten bei Störchen, Buchfinken, Buntbarschen und anderen nicht zusammen, wenn sich die großen anonymen Scharen zur Herbstwanderung zusammenfinden.

9
Gesellschaftsordnung ohne Liebe

... kühl bis ans Herz hinan
Goethe

Die am Schluß des vorhergehenden Kapitels vorgenommene Gegenüberstellung von anonymer Schar und persönlicher Bindung soll nur heißen, daß sich diese beiden Mechanismen sozialen Verhaltens gegenseitig weitgehend ausschließen, nicht aber, daß es keine anderen gibt. Es gibt bei Tieren auch Beziehungen zwischen bestimmten Individuen, die diese über lange Zeiträume, ja auf Lebensdauer miteinander verknüpfen, ohne daß dabei persönliche Bindungen entstehen müssen. So wie es bei Menschen Geschäftspartner gibt, die gut zusammenarbeiten, die aber nie auf den Gedanken kämen, einen Ausflug miteinander zu machen oder sonst zusammen sein zu wollen, so gibt es bei manchen Tierarten individuelle Bindungen, die nur mittelbar, durch ein gemeinsames Interesse der Partner an einer gemeinsamen »Unternehmung« zustande kommen, oder, besser gesagt, die in dieser Unternehmung bestehen. Dem vermenschlichenden Tierfreund ist es erfahrungsgemäß befremdlich, ja geradezu unangenehm zu hören, daß bei sehr vielen Vögeln, darunter auch solchen, die in lebenslanger »Ehe« zusammenleben, Männchen und Weibchen durchaus keinen Wert auf Zusammensein legen, sich im buchstäblichen Sinne des Wortes »nichts aus einander machen«, woferne sie nicht gerade eine gemeinsame Funktion am Neste oder im Dienste der Brut zu erfüllen haben.

Einen extremen Fall einer solchen individuellen, aber nicht an ein individuelles Erkennen und Lieben des Partners gebundenen Beziehung stellt die von Heinroth als »Ortsehe« bezeichnete Bindung dar. Bei der Smaragdeidechse z. B. besetzen die Männchen und die Weibchen unabhängig voneinander Gebiete, und jedes Tier verteidigt sein Revier ausschließlich gegen Geschlechtsgenossen. Das Männchen unternimmt nichts gegen das Eindringen eines Weibchens, ja, es kann gar nichts dagegen tun, da es von der schon auf S. 123 besprochenen Hemmung von jedem Angriff auf ein Weib abgehalten wird. Das Weibchen seinerseits kann selbst ein junges und ihm an Körperkraft und -größe gewaltig unterlegenes Männchen nicht angreifen, weil es durch einen gewaltigen angeborenen Respekt für die Insignien der Männlichkeit daran gehindert wird, wie schon auf S. 124 geschildert. Männchen und Weibchen würden daher so unabhängig voneinander ihre Reviergrenzen ziehen, wie es auch sonst Tiere von zwei verschiedenen Arten tun, die keinerlei intraspezifische Distanzierung voneinander beanspruchen. Nur drückt sich die Gleichartigkeit der männlichen und der weiblichen Smaragdeidechsen eben darin aus, daß beide denselben »Geschmack« beweisen, wenn es gilt, eine Wohnhöhle zu beziehen oder einen Platz zu ihrer Anlage zu wählen. Nun stehen selbst in einem über 40 Quadratmeter großen und wohlbedacht angelegten Freigehege, ja selbst in der freien Natur den Eidechsen nicht immer unbegrenzt viele verlockende Wohnmöglichkeiten in Gestalt von hohlliegenden Steinen, Erdlöchern und dergleichen zur Verfügung. So kann es gar nicht ausbleiben, daß einmal ein Männchen und ein Weibchen, die ja durch nichts voneinander distanziert werden, dieselbe Wohnung beziehen. Und da außerdem zwei Wohnmöglichkeiten selten ganz genau gleichwertig und anziehend sind, so war es kaum verwunderlich, daß in unserem Gehege bald ein bestimmtes, besonders günstig nach Süden gelegenes Loch das stärkste Männchen sowohl als das stärkste Weibchen der ganzen Eidechsenkolonie beherbergte. Die auf diese Weise dauernd in engste Berührung gebrachten Tiere kopulieren natürlich öfter miteinander als mit einem zufällig einmal an der Reviergrenze begegneten fremden Partner, ohne daß indessen eine individuelle Bevorzugung des Wohnungs-Mitinhabers festzustellen wäre. Wurde einer der »Lokalgatten« versuchsweise entfernt, so dauerte es nie sehr lange, bis es sich unter den Eidechsen des Geheges »herumgesprochen« hatte, daß zur Zeit ein äußerst begehrenswertes Männchen- bzw. Weibchenrevier vakant sei. Dann setzte es heftige neue Revierkämpfe unter den Interessenten, die in voraussagbarer Weise dazu führten, daß meist schon am nächsten Tage das nächststarke Männchen oder Weibchen Wohnung samt Geschlechtspartner errungen hatte.

Fast genau wie die eben geschilderten Echsen verhalten sich erstaunlicherweise unsere Hausstörche. Wer hätte nicht die schauerlich schöne Geschichte gehört, die überall erzählt wird, wo weiße Störche brüten und wo man Jägerlatein spricht. Sie wird immer wieder ernst genommen, und dann taucht in dieser oder jener Tageszeitung ein Bericht darüber auf, wie die Störche vor dem Wegziehen nach Afrika ein strenges Gericht abhielten, bei dem alle Vergehen einzelner Störche von der großen Storchenversammlung geahndet und vor allem alle Störchinnen, die sich des Ehebruchs schuldig gemacht haben, zum Tode verurteilt und mitleidslos hingerichtet würden. In Wirklichkeit macht sich ein Storch nicht viel aus seiner Gattin, ja, es ist absolut nicht sicher, daß er sie fern vom gemeinsamen Nest überhaupt wiedererkennen würde. Ein Storchenpaar ist durchaus nicht durch jenes magische Gummiband verknüpft, das bei einem Gänse-, Kranich-, Raben- oder Dohlenpaar so offensichtlich um so stärker zieht, je weiter die Gatten voneinander weg sind. Der Storchenmann und seine Frau fliegen so gut wie nie in gleichem Abstand voneinander dahin, wie es die Paare der oben genannten und vieler anderer Arten tun, und auf den großen Wanderzug gehen sie gar zu verschiedenen Zeiten. Das Storchenmännchen kommt im Frühling stets viel früher in die Brutheimat zurück als sein Weibchen oder, besser gesagt, als das zum gleichen Neste gehörige Weibchen. Ernst Schüz hat in der Zeit, in der er die Vogelwarte Rossitten leitete, an den auf seinem Hausdach brütenden Störchen folgende vielsagende Beobachtungen gemacht. Das Männchen kam im Beobachtungsjahre früh zurück, und als es eben erst ein paar Tage zu Hause war und auf seinem Neste stand, erschien ein fremdes Weibchen. Der Mann grüßte klappernd die fremde Frau, sie fiel sofort bei ihm auf dem Neste ein und grüßte ebenso. Der Mann gestattete ihr ohne weiteres den Zutritt und behandelte sie in jeder kleinsten Einzelheit genauso, wie eben ein Storchenmann seine längst erwartete Gattin bei ihrer Rückkunft zu behandeln pflegt. Professor Schüz sagte mir, er hätte geschworen, daß der ankommende Vogel die vertraute, langentbehrte Gattin sei, wenn ihn nicht die Fußringe, bzw. deren Fehlen bei dem neuen Weibchen eines Besseren oder, besser gesagt, eines Schlechteren belehrt hätten.

Die beiden waren schon eifrigst am Ausbessern und Neuauspolstern des Nestes, als plötzlich doch noch das alte Weibchen eintraf. Da begann ein Revierkampf auf Tod und Leben zwischen den beiden Störchinnen, dem der Mann völlig uninteressiert zusah, ohne auch nur daran zu denken, seiner alten Frau gegen die neue oder umgekehrt dieser gegen die alte beizustehen. Schließlich flog die neuangekommene Störchin, von der »rechtmäßigen« Gattin besiegt, wieder fort, und der Storchenmann fuhr im Geschäfte des Nistens nach dem Frauentausch genau dort fort, wo es durch den Kampf der Rivalinnen unterbrochen worden war. Es gab keinerlei Anzeichen dafür, daß er den zweimaligen Austausch der einen Gattin gegen die andere überhaupt bemerkt hatte. Welch beachtlicher Gegensatz zur Sage vom Storchengericht: wenn so ein Vogel die eigene Gattin mit dem Nachbarn auf dem nächsten Dachfirst »in flagranti« ertappen sollte, er würde wahrscheinlich gar nicht imstande sein, sie als die seine zu erkennen!

Beim Nachtreiher liegen die Dinge ganz ähnlich wie beim Storch, keineswegs aber bei allen Reihern schlechthin, unter denen es, wie Otto Koenig gezeigt hat, ziemlich viele Arten gibt, bei denen die Gatten sich ganz zweifellos individuell erkennen und auch fern vom Neste bis zu einem gewissen Grade zusammenhalten. Ich kenne den Nachtreiher ziemlich gut, nachdem ich während vieler Jahre eine künstlich angesiedelte Kolonie freifliegender Vögel dieser Art in meinem Garten bei Paarbildung, Nestbau, Brüten und Jungenaufzucht aus nächster Nähe bis ins kleinste beobachten konnte. Wenn sich die Gatten eines Paares auf neutralem Gebiete, d. h. in größerer Entfernung von ihrem kleinen gemeinsamen Nist-Territorium trafen, sei es, daß sie im Teich fischten, sei es, daß sie zur Fütterung auf eine Wiese kamen, die etwa 100 Meter vom Nistbaume entfernt lag, so wies nichts, aber auch gar nichts darauf hin, daß sich die beiden Vögel kannten. Sie jagten einander genauso wütend von einem guten Fischplatz weg oder kämpften genauso wütend um das von mir gespendete Futter, wie es zwei beliebige Nachtreiher zu tun pflegen, zwischen denen keine wie immer gearteten Beziehungen bestehen. Auch flogen die Gatten eines Paares nie zusammen. Das Zusammenhalten einer größeren oder kleineren Schar von Nachtreihern, wenn sie in tiefer Abenddämmerung zur Donau hinabflogen, um dort zu fischen, trug durchaus den Charakter einer anonymen Vergesellschaftung.

Ebenso anonym ist die Organisation der Brutkolonie, die sich hierin völlig von dem fest geschlossenen Freundeskreis der Dohlensiedlung unterscheidet. Jeder Nachtreiher, der im Frühjahr in Fortpflanzungsstimmung kommt, will sein Nest nahe, aber nicht zu nahe bei dem eines anderen anlegen. Man hat geradezu den Eindruck, der Vogel wolle seinen »gesunden Ärger« mit einem feindlichen Nachbarn haben und sei ohne ihn nicht in der richtigen Brutstimmung. Die Mindestgröße eines Brutreviers ist genau wie bei dem des Tölpels oder beim Sitzplatz eines Stares (S. 145) durch die Reichweite von Hals und Schnabel der beiden Nachbarn bestimmt; die Mittelpunkte zweier Nester können also nie näher als doppelt so weit wie diese Reichweite beieinander stehen. Bei den langhalsigen Reihern ergibt dies einen recht beträchtlichen Abstand.

Ob sich die Nachbarn gegenseitig kennen, vermag ich nicht mit Sicherheit zu sagen. Ich hatte aber nie den Eindruck, daß ein Nachtreiher sich je an die Annäherung eines bestimmten Artgenossen gewöhnt hätte, der auf dem Weg zum eigenen Nest dicht an ihm vorüber mußte. Man sollte meinen, das dumme Vieh müsse doch nach hundertfacher Wiederholung des Vorganges kapiert haben, daß der Anrainer, der ängstlich und mit angedrücktem Gefieder, alles andere als Eroberungsabsichten ausdrückend, nichts will als »rasch vorüber«. Aber der Nachtreiher lernt nie verstehen, daß sein Nachbar ja selbst Revierbesitzer und daher für ihn ungefährlich ist und macht keinen Unterschied zwischen ihm und einem landfremden, auf Revier-Eroberung ausgehenden Eindringling. Selbst der nicht zur Vermenschlichung tierischen Verhaltens neigende Beobachter kann nicht umhin, sich oft über das immerwährende gellende Gezeter und haßerfüllte Schnabelfechten zu ärgern, das in einer Nachtreiherkolonie zu allen Tages- und Nachtstunden immer wieder aufflammt. Man sollte meinen, daß diese unnötige Verschwendung von Energie leicht zu vermeiden wäre, denn Nachtreiher sind grundsätzlich imstande, Artgenossen individuell wiederzuerkennen. Die Jungen einer Brut kennen einander schon als kleine Nestlinge ganz genau und bekämpfen jedes hinzugesetzte Nachtreiherkind, selbst ein genau gleichaltriges, geradezu wütend. Auch nach dem Ausfliegen halten sie noch geraume Zeit zusammen, suchen beieinander Schutz und setzen sich in geschlossener Phalanx gegen Angriffe zur Wehr. Um so erstaunlicher ist es, daß die Brutvögel niemals die Besitzer der angrenzenden Reviere so behandeln, »als ob sie wüßten«, daß jene selbst wohlbestallte Hausbesitzer sind, die sich gewiß nicht mit Eroberungsgedanken tragen.

Warum in aller Welt, so möchte man fragen, ist der Nachtreiher nicht auf die naheliegende »Erfindung« verfallen, seine nachweislich vorhandene Fähigkeit zum Erkennen von Artgenossen durch selektive Gewöhnung an den Reviernachbarn auszunutzen und sich so unglaublich viel Aufregung und Energieaufwand zu ersparen? Die Frage ist schwer zu beantworten und wahrscheinlich falsch gestellt. Es gibt in der Natur eben nicht nur das arterhaltende Zweckmäßige, sondern auch alles, was nicht *so* zweckwidrig ist, daß es den Bestand der Art gefährdet.

Was der Nachtreiher nicht fertig bringt, nämlich sich an den Nachbarn zu gewöhnen, von dem bekannt ist, daß er seinerseits keinen Angriff im Schilde führt, und durch eben diese Gewöhnung die Auslösung unnötiger Aggression zu vermeiden, leistet beachtlicherweise ein Fisch, und zwar einer aus der uns schon ob fischlicher Spitzenleistungen bekannten Gruppe der Cichliden. In der nordafrikanischen Oase Gafsah lebt ein kleiner Maulbrüter, dessen soziales Verhalten wir durch die gründlichen Freilandbeobachtungen von Rosl Kirchshofer kennengelernt haben. Die Männchen bilden eine dichte Siedlung von »Nestern«, besser gesagt von Laichgruben, in denen die Weibchen nur ihre Eier ablegen, um sie, sowie sie vom Männchen befruchtet worden sind, ins Maul zu nehmen und an anderen Orten, im pflanzenreichen Flachwasser des Ufers auszubrüten, wo sie später auch die Jungen betreuen. Jedes Männchen besitzt nur ein verhältnismäßig winziges Revier, das fast zur Gänze von der Ablaichgrube eingenommen wird, die der Fisch durch Fegen mit der Schwanzflosse und Graben mit dem Maul herstellt. Zu dieser Grube versucht jedes Männchen jedes vorbeikommende Weibchen durch bestimmte ritualisierte Handlungen der Balz und des sogenannten Führungschwimmens hinzulocken. Mit dieser Tätigkeit verbringen die Männchen einen sehr großen Teil des Jahres, ja, es ist nicht ganz ausgeschlossen, daß sie jahrein, jahraus am Laichplatz sind. Auch besteht kein Grund zu der Annahme, daß sie ihre Reviere allzu häufig wechseln. Jeder hat also reichlich Muße, seine Nachbarn gründlich kennenzulernen, und man weiß schon lange, daß Buntbarsche hierzu sehr wohl imstande sind. Dr. Kirchshofer scheute vor der gewaltigen Arbeit nicht zurück, alle Männchen einer Brutkolonie einzufangen und individuell zu kennzeichnen. Jeder Fisch kennt tatsächlich die Besitzer angrenzender Reviere ganz genau und duldet sie friedlich auch in nächster Nähe, während er jeden Fremdling, der seiner Laichgrube auch nur von ferne naht, sofort wütend angreift.

Diese an das individuelle Erkennen von Artgenossen gebundene Friedfertigkeit der Maulbrüter-Männchen von Gafsah ist noch nicht jenes Band der Freundschaft, das uns im übernächsten Kapitel beschäftigen wird. Es fehlt ja bei diesen Fischen noch die räumliche Anziehung zwischen den einander persönlich bekannten Einzeltieren, die deren dauerndes Zusammenbleiben bewirkt – und eben dieses ist das objektiv feststellbare Zeichen der Freundschaft. Aber in einem Feld der Kräfte, in dem gegenseitige Abstoßung allgegenwärtig ist, hat jede Verminderung der zwischen zwei bestimmten Objekten wirksamen abstoßenden Kraft Folgen, die von denen der Anziehung nicht zu unterscheiden sind. Noch in einem anderen Punkte gleicht der Nicht-Angriffspakt der benachbarten Maulbrütermännchen echter Freundschaft: sowohl die Verminderung abstoßender Aggressivität als auch die anziehende Wirkung des Befreundet-Seins hängt von *dem Grade des Bekannt-Seins* der betreffenden Einzelwesen ab. Die selektive Gewöhnung an alle vom individuell bekannten Artgenossen ausgehenden Reize ist wahrscheinlich die Voraussetzung für das Entstehen jeder persönlichen Bindung und möglicherweise auch deren Vorläufer in der stammesgeschichtlichen Entwicklung sozialen Verhaltens.

Daß das bloße Bekanntsein mit einem Artgenossen auch beim Menschen aggressionshemmend wirkt, natürlich nur im allgemeinen und ceteris paribus, das läßt sich am besten im Eisenbahnabteil beobachten, das übrigens auch der beste Ort ist, um die abstoßende Wirkung intraspezifischer Aggression und ihre Funktion bei der Gebietsabgrenzung zu studieren. Alle Verhaltensweisen, die in solcher Lage der Abstoßung von Revier-Konkurrenten und Eindringlingen dienen, wie Bedecken freier Plätze mit Mänteln und Handtaschen, Hinauflegen der Füße und Vortäuschen ekelerregenden Schlafes, usw. usf., werden ausschließlich dem individuell völlig Unbekannten gegenüber angewendet und verschwinden schlagartig, sowie der Neuankömmling auch nur im geringen Maße als »Bekannter« auftreten kann.

10
Die Ratten

> Zuletzt, bei allen Teufelsfesten
> Wirkt der Parteihaß doch zum besten,
> bis in den allerletzten Graus.
>
> Goethe

Es gibt einen Typus der Gesellschaftsordnung, der durch eine Form von Aggression gekennzeichnet ist, der wir bisher noch nicht begegnet sind, nämlich durch den kollektiven Kampf einer Gemeinschaft gegen eine andere. Wie ich zu zeigen versuchen werde, ist es in allererster Linie diese soziale Form intraspezifischer Aggression, deren Fehlleistungen die Rolle des »Bösen« im eigentlichen Sinne dieses Wortes spielen. Eben deshalb bildet die in Rede stehende Art der Gesellschaftsordnung ein Modell, an dem sich manche uns selbst bedrohende Gefahren anschaulich machen lassen.

In ihrem Verhalten gegen die Mitglieder der eigenen Gemeinschaft sind die nun zu schildernden Tiere wahre Vorbilder in allen sozialen Tugenden. Aber sie verwandeln sich in wahre Bestien, sowie sie es mit Angehörigen einer anderen als der eigenen Sozietät zu tun haben. Die Gemeinschaften dieses Typus sind stets zu reich an Einzeltieren, als daß sich diese alle untereinander individuell kennen könnten, die Zugehörigkeit zu einer bestimmten Sozietät ist immer an einem bestimmten, allen Mitgliedern eigenen *Geruch* erkenntlich.

Von den staatenbildenden Insekten ist seit langem bekannt, daß ihre oft nach vielen Millionen zählenden Gesellschaften im Grunde genommen Familien sind, da sie sich aus Abkömmlingen eines einzelnen die Kolonie gründenden Weibchens bzw. Paares zusammensetzen. Ebenso weiß man längst, daß sich bei Bienen, Termiten und Ameisen die Mitglieder einer solchen Großfamilie an einem kennzeichnenden Stock-, Nest- bzw. Haufengeruch gegenseitig zu erkennen vermögen und daß es Mord und Totschlag gibt, wenn etwa ein Mitglied einer fremden Kolonie versehentlich in ein Nest eindringt, oder gar, wenn der menschliche Experimentator den unmenschlichen Versuch anstellt, zwei Kolonien durcheinanderzumischen.

Meines Wissens ist es erst seit 1950 bekannt, daß es bei Säugern, und zwar bei Nagetieren, Großfamilien gibt, die sich ebenso verhalten. Es waren F. Steiniger und I. Eibl-Eibesfeldt, die ziemlich gleichzeitig unabhängig voneinander diese bedeutsame Entdeckung machten, der eine an der Wanderratte, der andere an der Hausmaus.

Eibl, der damals noch bei Otto Koenig auf der Biologischen Station Wilhelminenberg arbeitete, trieb das gesunde Prinzip, in möglichst nahem Kontakt mit den zu erforschenden Tieren zu leben, insofern auf die Spitze, als er die frei in seiner Baracke lebenden Hausmäuse nicht nur nicht verfolgte, sondern regelmäßig fütterte und durch entsprechendes, ruhiges und sorgfältiges Verhalten bald so weit gezähmt hatte, daß er sie ungehindert aus nächster Nähe beobachten konnte. Da geschah es eines Tages, daß sich der Verschluß eines großen Behälters öffnete, in dem Eibl eine ganze Zucht großer, dunkelfarbiger und der Wildform nicht allzu fern stehender Labormäuse züchtete. Als sich nun diese Tiere aus dem Käfig wagten und in der Stube umherliefen, wurden sie alsbald von den ansässigen Wildmäusen mit geradezu beispielloser Wut angegriffen, und es gelang ihnen erst nach harten Kämpfen, den sicheren Schutz ihres vorherigen Gefängnisses wiederzugewinnen. Dieses verteidigten sie von nun ab erfolgreich gegen die wilden Hausmäuse, die einzudringen versuchten.

Steiniger setzte Wanderratten, die von verschiedenen Fangplätzen stammten, zusammen in große Gehege, die den Tieren völlig natürliche Lebensbedingungen boten. Die einzelnen Tiere schienen zunächst Angst voreinander zu haben. Sie waren nicht in Angriffs-Stimmung. Immerhin gab es ernste Beißereien, wenn die Tiere einander zufällig begegneten, besonders wenn man zwei entlang einer Raumkante aufeinander zutrieb, so daß sie in ziemlichem Tempo aufeinanderprallten. Wirklich aggressiv wurden sie erst, als sie anfingen, sich einzugewöhnen und Reviere besetzten. Gleichzeitig begann auch die Paarbildung zwischen einander unbekannten Ratten von verschiedenen Fundstellen. Wenn sich mehrere Paare gleichzeitig bildeten, so konnten sich die nun folgenden Kämpfe sehr lange hinziehen, entstand jedoch ein Paar mit einigem Vorsprung, so verschärfte die Tyrannis der vereinten Kräfte beider Gatten den Druck auf die unglücklichen Mitbewohner des Geheges so sehr, daß jede weitere Paarbildung unterbunden wurde. Die ungepaarten Ratten sanken deutlich im Rang und wurden nun von dem Paar dauernd verfolgt. Selbst in den 64 Quadratmeter großen Gehegen genügten einem solchen Paar regelmäßig zwei bis drei Wochen, um sämtliche Mitinsassen, d. h. 10 bis 15 starke, erwachsene Ratten, umzubringen.

Der Mann und die Frau des siegreichen Paares waren gleich grausam gegen die unterlegenen Artgenossen, doch war es deutlich, daß er Männer zu quälen und zu beißen bevorzugte und sie Frauen. Die unterlegenen Ratten wehrten sich nur wenig, versuchten verzweifelt zu fliehen und wandten sich in ihrer Not in eine Richtung, die für Ratten nur selten Rettung bringen kann, nämlich nach oben. An Stellen starker Rattenvorkommen sah Steiniger wiederholt abgekämpfte und verwundete Ratten völlig ungedeckt und am lichten Tage hoch oben auf Büschen und Bäumchen sitzen, offensichtlich verirrte revierfremde Stücke. Die Verletzungen fanden sich meist am Unterrücken und am Schwanz, wo eben der Verfolger den Fliehenden zu fassen bekommt. Der Tod tritt nur selten gnädig durch eine plötzliche tiefgehende Verletzung oder durch Blutverlust ein, häufiger durch Sepsis, besonders bei Bissen, die ins Bauchfell dringen. Meist aber stirbt das Tier an allgemeiner Erschöpfung und nervlicher Überreizung, die zu einem Versagen der Nebennieren führt.

Eine besonders wirksame und tückische Methode, Artgenossen zu töten, beobachtete Steiniger an bestimmten weiblichen Ratten, die sich zu wahren Mordspezialistinnen entwickelten. »Sie schleichen sich langsam an«, schreibt unser Gewährsmann, »springen plötzlich zu und versetzen dem Opfer, das z. B. ahnungslos am Futterplatz frißt, einen Biß in die Halsseite, der außerordentlich häufig die Arteria carotis trifft. Der Kampf dauert dabei meist nur wenige Sekunden. Meist verblutet das tödlich gebissene Tier nach innen und man findet unter der Haut oder in Körperhöhlen umfangreiche Blutergüsse.«

Hat man die blutigen Tragödien beobachtet, die schließlich dem überlebenden Rattenpaar zur Herrschaft über das ganze Gehege verhalfen, so erwartet man wohl kaum die Entwicklung der Sozietät, die sich alsbald, *sehr* bald, aus der Nachkommenschaft der siegreichen Mörder aufbaut. Die Friedfertigkeit, ja Zärtlichkeit, die das Verhältnis von Säugetiermüttern zu ihren Kindern auszeichnet, bezieht nicht nur den Vater mit ein, sondern auch den Großvater samt sämtlichen Onkeln, Tanten, Großonkeln, Großtanten usw. usw. bis ins, ich weiß nicht, wievielte Glied. Die Mütter legen ihre verschiedenen Kinderscharen ins gleiche Nest, und es ist kaum anzunehmen, daß jede von ihnen nur für die eigenen Kinder sorgt. Ernsten Kampf gibt es innerhalb der Großfamilie, auch wenn diese Dutzende von Tieren zählt, überhaupt nicht. Selbst beim Wolfsrudel, dessen Mitglieder doch sonst so höflich miteinander sind, fressen die Ranghöchsten zuerst von der gemeinsamen Beute. Im Rattenrudel *gibt* es keine Rangordnung. Das Rudel greift ein großes Beutetier geschlossen an, und die stärksten Mitglieder haben den größten Anteil an seiner Bewältigung. Beim Fressen aber sind, ich zitiere Steiniger wörtlich, »die kleineren Tiere die zudringlichen: die Größeren lassen sich gutwillig die Nahrungsbrocken von den Kleineren fortnehmen. Auch in der Fortpflanzung sind die in jeder Hinsicht lebhafteren halb- und dreiviertelwüchsigen Tiere den Erwachsenen eher überlegen. Alle Rechte stehen ihnen offen, selbst das stärkste Alttier wird ihnen nichts bestreiten.«

Innerhalb des Rudels gibt es keinen ernstlichen Kampf, höchstens kleine Reibereien, die immer nur mit Schlägen der Vorderpfoten oder mit Tritten der Hinterfüße ausgetragen werden, niemals mit Bissen. Innerhalb des Rudels gibt es keine Individualdistanz, im Gegenteil, Ratten sind Kontakt-Tiere im Sinne Hedigers, die sich gerne gegenseitig berühren. Die Zeremonie der freundlichen Kontaktbereitschaft ist das sogenannte Unterkriechen, das besonders von jüngeren Tieren geübt wird, während größere Tiere kleineren gegenüber ihre Zuneigung mehr durch Überkriechen ausdrücken. Interessanterweise ist eine allzu aufdringliche Freundschaftsbezeigung dieser Art der häufigste Anlaß zu den harmlosen Streitigkeiten innerhalb der Großfamilie. Besonders wenn ein mit Fressen beschäftigtes älteres Tier durch Unter- oder Überkriechen von einem jüngeren allzusehr belästigt wird, wehrt es dieses mit Pfotenschlägen oder Hinterfußtritten ab. Eifersucht und Futterneid sind fast nie die Ursachen dieser Tätlichkeiten.

Innerhalb des Rudels herrscht eine rasch funktionierende Nachrichtenübermittlung durch Stimmungsübertragung und, was am wichtigsten ist, ein Erhalten und Weitergeben einmal gewonnener Erfahrung durch Tradition. Finden die Ratten eine neue, bisher unbekannte Nahrung, so entscheidet nach den Beobachtungen Steinigers meist das erste Tier, das sie findet, ob die Großfamilie davon frißt oder nicht. »Sind erst einige Tiere des Rudels am Köder gewesen, ohne ihn anzunehmen, so geht gewiß kein Rudelangehöriger mehr heran. Besonders wenn die ersten den Giftköder nicht annehmen, so verwittern sie ihn durch ihren Urin oder Kot. Auch wenn es nach den örtlichen Verhältnissen äußerst unbequem gewesen sein muß, den Kot obenaufzusetzen, findet man oft die Losung auf den so abgelehnten Giftködern.« Was aber das Erstaunlichste ist: Das Wissen um die Gefährlichkeit eines bestimmten Köders wird von Generation auf Generation weitergegeben und überlebt bei weitem jene Individuen, die schlechte Erfahrungen mit ihm gemacht haben. Die Schwierigkeit, den erfolgreichsten biologischen Gegenspieler des Menschen, die Wanderratte, wirklich erfolgreich zu bekämpfen, liegt vor allem darin, daß die Ratte mit grundsätzlich ähnlichen Mitteln arbeitet wie der Mensch, mit traditionsmäßiger Überlieferung von Erfahrung und ihrer Verbreitung innerhalb einer eng zusammenhaltenden Gemeinschaft.

Ernstliche Beißereien zwischen Angehörigen derselben Großfamilie kommen nur in einem einzigen Falle vor, der in mehrfacher Hinsicht vielsagend und interessant ist, dann nämlich, wenn eine rudelfremde Ratte anwesend ist und die intraspezifische, interfamiliäre Aggression wachgerufen hat. Was Ratten tun, wenn ein Glied einer fremden Rattensippe in ihr Revier gerät – oder vom Experimentator hineingesetzt wird –, gehört zu den erregendsten, schauerlichsten und widerlichsten Dingen, die man an Tieren beobachten kann. Die fremde Ratte kann minutenlang und länger umherlaufen, ohne das schreckliche Schicksal zu ahnen, das ihrer harrt, und ebenso lange können die Einheimischen mit ihren gewohnten Tätigkeiten fortfahren – bis schließlich der Fremdling einer von ihnen nahe genug kommt, daß diese Witterung von ihm erhält. Da zuckt es wie ein elektrischer Schlag durch dieses Tier, und im Nu ist die ganze Kolonie durch einen Vorgang der Stimmungsübertragung alarmiert, der bei der Wanderratte nur auf Ausdrucksbewegungen, bei der Hausratte aber durch einen scharf gellenden, satanisch hohen Schrei vermittelt wird, in den alle Sippenmitglieder, die ihn hören, mit einstimmen. Mit vor Erregung aus dem Schädel quellenden Augen und gesträubten Haaren begeben sich die Ratten auf die Rattenjagd. So wütend sind sie, daß sie, wenn zwei von ihnen aufeinandertreffen, sich auf jeden Fall zunächst einmal heftig beißen. »So kämpfen sie drei bis fünf Sekunden lang«, berichtet Steiniger, »dann beschnuppern sie einander gründlich mit stark vorgestrecktem Hals und gehen friedlich auseinander. Am Tage der Verfolgung einer fremden Ratte sind alle Rudelangehörigen gegeneinander gereizt und mißtrauisch.« Offensichtlich kennen sich die Mitglieder einer Rattensippe also nicht persönlich, wie es etwa Dohlen, Gänse oder Affen tun, sondern am Sippengeruch, genau wie Bienen und andere staatenbildende Insekten.

Wie bei diesen kann man auch im Versuch ein Sippenmitglied zum verhaßten Fremdling stempeln und umgekehrt, indem man durch entsprechende Maßnahmen den Geruch beeinflußt. Wenn Eibl aus einer Rattenkolonie ein Tier entnahm und in ein fertig eingerichtetes anderes Terrarium versetzte, wurde es schon nach wenigen Tagen beim Zurückbringen in das Gehege der Sippe als fremd behandelt. Nahm er dagegen mit der Ratte auch etwas Bodengrund, Genist usw. aus dem Gehege und brachte alles zusammen in ein reines und leeres Elementglas, so daß das isolierte Tier eine Mitgift an Gegenständen mitbekam, die Sippengeruch an sich hatten, so wurde das betreffende Individuum auch nach wochenlanger Abwesenheit reibungslos als Sippenmitglied wiedererkannt.

Geradezu herzzerreißend war das Schicksal einer Hausratte, die Eibl nach der zuerst beschriebenen Methode behandelt und in meinem Beisein in das Sippengehege zurückgesetzt hatte. Dieses Tier hatte nämlich offensichtlich den Geruch der Sippe nicht vergessen, wußte aber nicht, daß der seinige verändert war. So fühlte es sich, in den alten Behälter zurückgebracht, völlig sicher und zu Hause, und die scharfen Bisse seiner bisherigen Freunde kamen ihm völlig unerwartet. Auch nach mehreren erheblichen Verletzungen reagierte es immer noch nicht mit der Furcht und den verzweifelten Fluchtversuchen, die wirklich fremde Ratten schon nach der ersten Begegnung mit einem angreifenden Mitglied der ansässigen Sippe beobachten lassen. Weichherzigen Lesern sei versichert, wissenschaftlichen zögernd zugestanden, daß wir in jenem Fall das bittere Ende nicht abwarteten, sondern das Versuchstier zur geruchlichen Rück-Nationalisierung durch einen kleinen Drahtkäfig geschützt ins Sippengehege setzten.

Ohne solches sentimentale Eingreifen ist das Los der sippenfremden Ratte wahrhaft schrecklich. Das Beste, was ihr noch passieren kann, ist, wie S. A. Barnett in Einzelfällen beobachtete, daß sie in maßlosem Schrecken von einem Schocktod ereilt wird. Andernfalls wird sie langsam von den Artgenossen zerfleischt. Selten nur meint man einem Tier Verzweiflung und panische Angst und gleichzeitig ein Wissen um die Unentrinnbarkeit eines gräßlichen Todes so deutlich anzusehen wie einer solchen Ratte, die im Begriffe ist, von Ratten hingerichtet zu werden: sie wehrt sich gar nicht mehr! Man kann nicht umhin, ihr Verhalten demjenigen gegenüberzustellen, mit dem sie der Bedrohung von seiten eines großen Raubtieres entgegentreten würde, das sie in eine Ecke getrieben hat und dem sie so wenig entrinnen kann wie den Ratten fremder Sippe. Dennoch setzt sie dem übermächtigen Freßfeind todesmutige Selbstverteidigung entgegen, die beste Verteidigung, die es gibt, den Angriff. Wem jemals eine in die Sackgasse getriebene Wanderratte mit dem gellenden Kriegsschrei ihrer Art ins Gesicht gesprungen ist, wird wissen, was ich meine. Wozu ist der Parteihaß zwischen den Rattensippen gut? Welche arterhaltende Leistung ist es, die dieses Verhalten herausgezüchtet hat? Nun, das Entsetzliche und für uns Menschen zutiefst Beunruhigende liegt darin, daß diese guten alten darwinistischen Gedankengänge ja nur dort anwendbar sind, wo es eine äußere, von der außer-artlichen Umwelt ausgehende Ursache ist, die jene Auslese bewirkt. Nur in diesem Fall bewirkt die Selektion Anpassung. Dort aber, wo nur der Wettbewerb zwischen den Artgenossen selbst Zuchtwahl betreibt, dort besteht, wie wir ebenfalls schon wissen, die ungeheuere Gefahr, daß die Artgenossen einander in ihrer blinden Konkurrenz in die dümmsten Sackgassen der Evolution hineintreiben. Wir haben S. 47 die Schwingen des Argusfasans und das Arbeitstempo der westlichen Zivilisationen als Beispiele solcher Irrwege der Entwicklung kennengelernt. Es ist also durchaus möglich, daß der Parteihaß, der zwischen den Rattensippen herrscht, wirklich nur eine »Erfindung des Teufels« ist, die zu nichts gut ist. Natürlich ist es auf der anderen Seite nicht ausgeschlossen, daß noch unbekannte, von der Außenwelt her selektierende Faktoren am Werke waren und sind, aber das *eine* können wir mit Sicherheit behaupten: jene arterhaltenden Funktionen, die wir sonst von der intraspezifischen Aggression kennen und deren Unentbehrlichkeit wir in dem 3. Kapitel, ›Wozu das Böse gut ist‹, kennengelernt haben, *werden von den Sippenkämpfen nicht erfüllt.* Sie dienen weder der räumlichen Verteilung noch der Auswahl starker Familienverteidiger – diese sind ja, wie wir sahen, selten die Väter der Nachkommenschaft – noch irgendeiner der im 3. Kapitel aufgezählten Funktionen. Auch ist allzugut einzusehen, daß der ständige Kriegszustand, der zwischen benachbarten Großfamilien von Ratten herrscht, einen ganz gewaltigen Auslesedruck in der Richtung einer sich ständig vergrößernden Kampfestüchtigkeit ausüben muß, und daß eine Sippe, die in dieser auch nur im geringsten zurücksteht, der schnellen Ausrottung anheimfallen muß. Wahrscheinlich hat die natürliche Auslese einen Preis auf möglichst volkreiche Großfamilien gesetzt, da die Mitglieder einer Sippe einander offenbar im Kampfe gegen Fremde beistehen, so daß ein kleineres Volk einem größeren gegenüber sicher im Kampfe benachteiligt ist. Steiniger fand auf der kleinen Hallig Norderoog das Land zwischen einer Anzahl von Rattensippen verteilt, die zwischen sich einen etwa 50 Meter breiten Streifen Niemandsland, no rat's land, frei ließen, in dessen Bereich ständig gekämpft wurde. Da die in dieser Weise zu verteidigende Front für ein kleines Volk verhältnismäßig ausgedehnter ist als für ein großes, muß ersteres benachteiligt sein. Man ist versucht zu spekulieren: auf jener Hallig wird es immer weniger und weniger Rattenvölker geben, die überlebenden werden immer größer und immer blutdürstiger werden, da ein Auslese-Prämium auf Vermehrung des Parteihasses steht. Von dem Verhaltensforscher, der des die Menschheit bedrohenden Verderbens stets eingedenk ist, kann man genau das sagen, was in Auerbachs Keller Altmeyer von Siebel sagt:

»Das Unglück macht ihn zahm und mild,
Er sieht in der geschwollnen Ratte(!)
Sein ganz natürlich Ebenbild.«

11
Das Band

> Ich fürchte nichts mehr – Arm in Arm mit dir,
> So ford'r ich mein Jahrhundert in die Schranken.
> Schiller

In den drei verschiedenen Typen von Gesellschaftsordnungen, die ich in den vorangehenden Kapiteln geschildert habe, sind die Beziehungen zwischen den Einzelwesen gänzlich unpersönlich. Die Individuen sind als Element der über-individuellen Gemeinschaft fast beliebig gegeneinander austauschbar. Ein erstes Dämmern persönlicher Beziehungen haben wir bei den revierbesitzenden Männchen des Gafsah-Maulbrüters kennengelernt, die mit dem Nachbarn einen Nicht-Angriffspakt schließen und nur gegen fremde Eindringliche aggressiv sind. Noch handelt es sich hier bloß um ein passives Dulden des wohlbekannten Nachbarn. Noch übt keiner auf den anderen eine anziehende Wirkung aus, die jenen veranlassen könnte, dem Partner zu folgen, falls er fortschwimmen sollte, oder ihm zuliebe zu bleiben, sollte er am Orte verharren, oder gar im Falle seines Verschwindens aktiv nach ihm zu suchen.

Eben diese Verhaltensweisen eines objektiv feststellbaren Zusammenhaltens aber machen jene persönliche Bindung aus, die der Gegenstand dieses Kapitels ist und die ich hinfort kurz das *Band* nennen will. Die Gemeinschaft, die es umschließt, sei als *Gruppe* bezeichnet. Diese ist somit dadurch definiert, daß sie, wie die anonyme Schar, durch Reaktionen zusammengehalten wird, die ein Mitglied beim anderen auslöst, daß aber, im Gegensatz zu jener unpersönlichen Vergesellschaftung, die zusammenhaltenden Reaktionen streng *an die Individualitäten* der Gruppenmitglieder gebunden sind.

Wie der Pakt gegenseitiger Duldung beim Gafsah-Maulbrüter hat also auch die echte Gruppenbildung zur Voraussetzung, daß die Einzeltiere imstande sind, selektiv auf die Individualität jenes anderen Mitgliedes zu reagieren. Bei jenem Maulbrüter, der ja nur an einem einzigen Ort, in der eigenen Nestgrube, auf den Nachbarn anders als auf den Fremden reagiert, geht in den Vorgang dieser besonderen Gewöhnung eine Fülle von Nebenumständen mit ein. Es ist fraglich, ob der Fisch den gewohnten

Nachbarn auch gleich behandeln würde, wenn beide sich plötzlich an einem ungewohnten Ort befänden. Die echte Gruppenbildung ist aber gerade durch ihre Orts-Unabhängigkeit gekennzeichnet. Die Rolle, die jedes ihrer Mitglieder im Leben jedes anderen spielt, bleibt in einer erstaunlichen Anzahl verschiedenster Umweltsituationen dieselbe, mit einem Worte: das *persönliche Wiedererkennen* des Partners in allen nur möglichen Lebenslagen ist Voraussetzung jeder Gruppenbildung. Diese beruht also niemals auf angeborenen Reaktionen allein, was bei anonymer Scharbildung oft genug der Fall ist. Das Kennen des Partners muß selbstverständlich individuell erlernt werden.

Wenn wir die Reihe der Lebensweisen in aufsteigender Richtung, von einfacheren zu höheren fortschreitend, durchmustern, so begegnen wir Gruppenbildung im eben definierten Sinne zum ersten Mal bei den höheren Knochenfischen, und zwar bei den Stachelflossern und unter ihnen im besonderen bei den Buntbarschen und anderen, verhältnismäßig nahe verwandten Barschartigen, so bei den Engelfischen, den Schmetterlingsfischen und den »Demoiselles«. Die drei genannten Familien von Meeresfischen sind uns schon in den ersten beiden Kapiteln begegnet, und zwar, was hier bedeutungsvoll ist, als Wesen mit einem besonders reichlichen Maße an intraspezifischer Aggression.

Ich habe eben (S. 141–146) bei Besprechung der anonymen Scharbildung ausdrücklich gesagt, daß diese am weitesten verbreitete und ursprünglichste Form der Vergesellschaftung nicht aus der Familie, der Einheit von Eltern und Kindern entsprossen ist, wie dies bei den streitbaren Sippen der Ratten und wohl auch den Rudeln anderer Säugetiere der Fall ist. In einem etwas anderen Sinn ist die stammesgeschichtliche Urform des persönlichen Bandes und der Gruppenbildung ganz sicher der Zusammenhalt des *gemeinsam für die Nachkommenschaft sorgenden Paares*. Aus einem solchen entsteht zwar bekanntlich leicht eine Familie, doch ist die Bindung, von der hier die Rede sein soll, weit speziellerer Art. Wir wollen zunächst anschaulich schildern, wie sie bei den Buntbarschen, diesen so dankenswert aufschlußreichen Fischen, zustande kommt.

Wenn man als tierverständiger Beobachter und einsichtsvoller Kenner aller Ausdrucksbewegungen die auf S. 104 genau beschriebenen Vorgänge beobachtet, die bei Buntbarschen das Zusammenfinden ungleichgeschlechtlicher Paare bewirken, so kann man ganz nervös und kribbelig davon werden, wie *böse* die zukünftigen Gatten aufeinander sind. Wieder und wieder sind sie nahe daran, in ernstlichem Kampfe übereinander herzufallen, und immer wieder wird das gefährliche Auflodern des Aggressionstriebes nur mit knapper Not soweit gedämpft, daß es nicht zu Mord und Totschlag kommt. Diese Besorgnis beruht keineswegs etwa auf einer Fehl-Interpretierung der betreffenden Ausdrucksbewegungen der Fische! Jeder praktische Fischzüchter weiß, daß es gefährlich ist, Männchen und Weibchen einer Buntbarschart in ein Becken zusammenzusetzen und wie rasch es dabei eine Leiche gibt, wenn man die Paarbildung nicht dauernd überwacht.

Unter natürlichen Umständen trägt die Gewöhnung erheblich dazu bei, das Ausbrechen des Kampfes zwischen den prospektiven Brautleuten zu verhindern. Man ahmt die Bedingungen des Freilebens im Aquarium am besten nach, indem man in einem möglichst großen Becken mehrere Jungfische, die zunächst noch völlig verträglich sind, miteinander heranwachsen läßt. Die Paarbildung spielt sich dann so ab, daß bei Erreichen der Geschlechtsreife ein bestimmter Fisch, meist ein Männchen, ein Revier beansprucht und alle anderen daraus vertreibt. Wenn dann später ein Weibchen paarungswillig wird, nähert es sich dem Revierbesitzer vorsichtig und antwortet, woferne es den Mann als übergeordnet anerkennt, auf seine anfänglich völlig ernst gemeinten Angriffe in der schon auf S. 104 geschilderten Weise mit sogenanntem Sprödigkeitsverhalten, das, wie schon bekannt, aus Verhaltens-Elementen zusammengesetzt ist, die teils dem Paarungs-, teils dem Fluchttriebe entspringen. Wenn das Männchen trotz der deutlich aggressions-hemmenden Wirkung dieser Gebärden tätlich werden sollte, kann sich das Weibchen auf kurze Zeit aus seinem Revier entfernen. Es kommt aber früher oder später zurück. Dies wiederholt sich während einer Zeitspanne von wechselnder Dauer so lange, bis jedes der beiden Tiere an die Anwesenheit des anderen soweit gewöhnt ist, daß die unvermeidlich vom Partner ausgehenden aggressionsauslösenden Reize erheblich an Wirksamkeit verloren haben. Wie bei vielen ähnlichen Vorgängen einer sehr speziellen Gewöhnung gehen auch hier zunächst alle zufällig obwaltenden Nebenumstände mit in die Gesamt-Situation ein, an die das Tier schließlich gewöhnt ist. Keiner von ihnen darf fehlen, ohne daß die Gesamt-Wirkung der Gewöhnung zerstört wird. Dies gilt vor allem für den Beginn des friedlichen Zusammenlebens; da muß zunächst der Partner immer nur auf dem gewohnten Wege, von der gewohnten Seite her erscheinen, die Beleuchtung muß die gleiche sein wie immer, usw. usw.; anderenfalls empfindet jeder Fisch den anderen als kampf-auslösenden Fremdling. Umsetzen in ein anderes Aquarium kann in diesem Stadium die Paarbildung völlig zerstören. Mit Festigung der Bekanntschaft wird das Bild des Partners immer mehr von dem Hintergrund unabhängig, auf dem es geboten wird, ein Vorgang der Herausgliederung des Wesentlichen, der den Gestaltpsychologen wie den Erforschern bedingter Reflexe wohl bekannt ist. Schließlich ist die Bindung an den Partner von Nebenumständen so weit unabhängig geworden, daß man Paare umsetzen, ja sogar weit weg transportieren kann, ohne ihr Band zu zerreißen. Höchstens »regrediert« unter solchen Umständen die alte Paarbildung auf ein früheres Stadium, d. h., man sieht erneut Zeremonien der Balz und der Befriedung, die bei langverheirateten Eheleuten längst im alltäglichen Trott der Gewohnheit untergegangen waren.

Verläuft die Paarbildung ohne Störungen, so treten allmählich beim Männchen sexuelle Verhaltensweisen mehr und mehr in den Vordergrund. Sie können spurenhaft schon seinen ersten, ernstgemeinten Angriffen auf das Weibchen beigemischt sein, gewinnen jetzt aber an Intensität und Häufigkeit, *ohne daß indessen jene Ausdrucksbewegungen verschwinden, die auf aggressive Stimmung schließen lassen.* Was hingegen rasch abnimmt, ist die anfängliche Fluchtbereitschaft und »Unterwürfigkeit« des Weibchens. Ausdrucksbewegungen der Furcht bzw. Fluchtstimmung schwinden beim Weibchen mit Festigung der Paarbildung mehr und mehr, ja in sehr vielen Fällen so rasch, daß ich sie bei meinen ersten Buntbarschbeobachtungen übersah und jahrelang irrtümlich glaubte, daß zwischen den Gatten eines Paares bei diesen Fischen keine Rangordnung bestünde. Wir haben schon gehört, welche Rolle sie tatsächlich beim gegenseitigen Sich-Erkennen der Geschlechter spielt. Sie bleibt latent auch dann erhalten, wenn die Frau radikal damit Schluß gemacht hat, ihrem Manne gegenüber Unterwürfigkeitsgebärden auszuführen. Nur bei den seltenen Gelegenheiten, bei denen ein altes Paar in Streit gerät, tut sie es dann doch!

Das anfänglich ängstlich unterwürfige Weibchen verliert mit der Furcht vor dem Männchen auch jede Hemmung, aggressive Verhaltensweisen zu zeigen. Plötzlich ist es mit ihrer vorherigen Schüchternheit zu Ende, und sie steht frech und groß mitten im Revier ihres Mannes mit gespreizten Flossen, in vollem Imponiergehaben und in einem Prachtkleid, das sich bei den in Rede stehenden Arten von dem des Männchens kaum unterscheidet. Das Männchen wird, wie zu erwarten, böse, denn die Reizsituation, die von der imponierenden Gattin geboten wird, läßt ja nichts vermissen, was wir aus unseren Reiz-Analysen als kampfauslösende Schlüssel-Reize kennen. Der Mann fährt also auf seine Frau los, nimmt ebenfalls die Stellung des Breitseits-Imponierens an, und es sieht für Bruchteile von Sekunden so aus, als ob er sie rammen würde – und dann passiert das, was mich veranlaßt hat, dieses Buch zu schreiben. Das Männchen hält sich nicht oder nur Bruchteile von Sekunden mit dem Bedrohen des Weibchens auf, es könnte das gar nicht, es wäre zu erregt, es geht tatsächlich zum wütenden Angriff über – – – – *aber nicht gegen seine Frau, sondern scharf an ihr vorüber gegen einen anderen Artgenossen*, unter natürlichen Umständen regelmäßig gegen den Reviernachbarn!

Es ist dies ein klassisches Beispiel des Vorganges, den wir mit Tinbergen eine neu-orientierte oder umorientierte Bewegung (engl. redirected activity) nennen. Er ist dadurch definiert, daß eine bestimmte Verhaltensweise, die von *einem* Objekt ausgelöst wird, aber, weil dieses gleichzeitig hemmende Reize aussendet, an einem *anderen* als dem auslösenden Gegenstand abreagiert wird. So haut beispielsweise ein Mensch, der sich über einen anderen ärgert, eher mit der Faust auf den Tisch als jenem ins Gesicht, eben weil gewisse Hemmungen dies verhindern, während der Zorn wie ein Vulkan Auslaß begehrt. Die meisten bekannten Fälle von neu-orientierter Bewegung betreffen aggressives Verhalten, das durch ein Objekt ausgelöst wird, welches gleichzeitig Furcht erweckt. An diesem speziellen Fall, den er die »Radfahrer-Reaktion« nannte, hat B. Grzimek als erster das Prinzip der Neuorientierung erkannt und beschrieben. Als »Radfahrer« gilt in diesem Fall derjenige, der nach oben buckelt und nach unten tritt. Besonders deutlich wird der solches Verhalten bewirkende Mechanismus dann, wenn ein Tier aus einiger Entfernung auf den Gegenstand seines Zornes zukommt, dann beim Näherkommen gewissermaßen erst merkt, wie furchteinflößend der Gegner eigentlich ist, und nun, da es die einmal angekurbelte Angriffshaltung nicht mehr abzubremsen vermag, seine Wut auf irgendein harmlos danebenstehendes Wesen ergießt.

Selbstverständlich gibt es noch unzählige weitere Formen neu-orientierter Bewegungen: die verschiedensten Zusammenstellungen widerstreitender Antriebe können solche erzeugen. Der besondere Fall des Buntbarsch-Männchens ist für unser

Thema deshalb bedeutsam, weil analoge Vorgänge im Familien- und Gesellschaftsleben sehr vieler höherer Tiere und des Menschen eine ausschlaggebende Rolle spielen. Offenbar wurde im Reiche der Wirbeltiere mehrmals unabhängig die »Erfindung« gemacht, die vom Partner ausgelöste Aggression nicht nur nicht unter Hemmung zu setzen, sondern zum Kampfe gegen den feindlichen Nachbarn auszunützen.

Die Abwendung der unerwünschten, vom Partner ausgelösten Aggression und ihre Kanalisierung in der erwünschten Richtung auf den Reviernachbarn ist natürlich in dem beobachteten und dramatisch geschilderten Fall des Buntbarschmännchens keineswegs eine Erfindung des Augenblicks, die von dem Tier im kritischen Augenblick gemacht oder nicht gemacht werden kann. Sie ist vielmehr längst ritualisiert und zum festen Instinkt-Inventar der betreffenden Art geworden. Alles, was wir im 5. Kapitel über den Vorgang der Ritualisation gelernt haben, dient in erster Linie dem Verständnis der Tatsache, daß aus der neu-orientierten Bewegung ein fester Ritus und damit ein Bedürfnis, ein selbständiges Motiv des Handelns werden kann.

In grauer Vorzeit, *einmal*, schätzungsweise so um die obere Kreide herum (auf eine Million Jahre auf oder ab kommt es hier nicht an!), muß sich die Geschichte zufällig so abgespielt haben, genau wie das Tabakrauchen der beiden Indianerhäuptlinge im 5. Kapitel, sonst hätte kein Ritus entstehen können. Der eine der beiden großen Konstrukteure des Artenwandels, die Selektion, bedarf ja stets eines zufällig entstandenen Anhaltspunktes, um eingreifen zu können, und es ist ihr blinder, aber fleißiger Kollege, die Erbänderung, die ihr diese Unterlage liefert.

Wie bei vielen körperlichen Merkmalen und vielen Instinktbewegungen folgt die individuelle Entwicklung, die Ontogenese, einer ritualisierten Zeremonie in groben Zügen dem Wege, den das stammesgeschichtliche Werden genommen hat. Genau besehen, wiederholt die Ontogenese zwar nicht die Reihe der Ahnenformen, sondern diejenige von *deren Ontogenesen*, wie schon Carl Ernst von Baer richtig erkannte, aber für unsere Zwecke genügt die gröbere Vorstellung. Der aus einem neu-orientierten Angriff entstandene Ritus ähnelt also bei seinem ersten Auftreten weit mehr seinem unritualisierten Vorbild, als er es später in seiner vollen Entfaltung tut. Man sieht deshalb einem jungverpaarten Buntbarschmännchen, besonders wenn die Intensität der ganzen Reaktion nicht allzu hoch ist, ganz deutlich an, daß es eigentlich seiner jungen Frau ganz gerne einen kräftigen Rammstoß versetzen möchte, aber im allerletzten Augenblick durch andersartige Motive daran verhindert wird und nun lieber seine Wut auf den Nachbarn entlädt. In der voll ausgebildeten Zeremonie hat sich das »Symbol« viel weiter von dem Symbolisierten entfernt, und ihre Herkunft wird sowohl durch das »Theatralische« der ganzen Handlung als auch durch den Umstand verschleiert, daß diese so offensichtlich um ihrer selbst willen ausgeführt wird. Es springen dann weit mehr ihre Funktion und Symbolik ins Auge als ihre Herkunft. Es bedarf einer genaueren Analyse, um zu erkunden, wieviel von den ursprünglich in Konflikt stehenden Antrieben im Einzelfalle noch in ihr enthalten ist. Als mein Freund Alfred Seitz und ich vor einem Vierteljahrhundert den hier geschilderten Ritus erstmalig kennenlernten, waren wir uns bald über die Funktion der »Ablösungs«- und »Begrüßungs«-Zeremonie der Buntbarsche durchaus im klaren, durchschauten aber ihre stammesgeschichtliche Herkunft noch lange nicht.

Was uns allerdings gleich an der ersten damals genauer untersuchten Art, dem Afrikanischen Juwelenfisch, auffiel, war die große Ähnlichkeit zwischen den Gebärden der Drohung und der »Begrüßung«. Wir lernten zwar bald, beide voneinander zu unterscheiden und richtig vorauszusagen, ob die betreffende Bewegungsweise zum Kampfe oder zur Paarbildung überleiten würde, konnten aber zu unserem Ärger lange nicht herausfinden, welche Merkmale für unser Urteil maßgebend waren. Erst als wir die fließenden Übergänge näher analysierten, in denen das Männchen vom ernsten Bedrohen der Braut zur Befriedungszeremonie übergeht, wurde uns der Unterschied klar: Beim Drohen bremst der Fisch genau neben dem Angedrohten ruckartig bis zum völligen Stillstand ab, besonders wenn er genügend erregt ist, um nicht nur breitseits zu imponieren, sondern auch den seitlichen Schwanzschlag auszuführen. Bei der Befriedungs- bzw. Ablösungszeremonie dagegen hält der Fisch nicht nur nicht gegenüber dem Partner inne, sondern schwimmt mimisch überbetont an ihm vorbei, um im *Vorüberschwimmen* Breitseits-Imponieren und Schwanzschlag an ihn zu richten. Die Richtung, in welcher der Fisch seine Zeremonie darbietet, ist also mit Emphase eine andere als die, in der er sich zum Angriffe in Bewegung gesetzt hat. Sollte er vor der Zeremonie nahe dem Ehegatten still im Wasser gestanden sein, beginnt er stets entschlossen vorwärts zu schwimmen, *ehe* er imponiert und schwanzschlägt. Es wird also sehr deutlich, beinahe unmittelbar verständlich »symbolisiert«, daß der Gatte eben gerade *nicht* den Gegenstand des Angriffs darstelle, sondern daß dieser anderswo, weiter weg, in der Schwimmrichtung des Fisches zu suchen sei.

Der sogenannte *Funktionswechsel* ist ein Mittel, dessen sich die beiden großen Konstrukteure des Artenwandels oft bedienen, um Restbestände der Organisation, deren Leistung durch das Fortschreiten der Evolution überholt ist, neuen Zwecken dienstbar zu machen. Mit kühner Phantasie haben sie, um einige Beispiele zu nennen, aus einer wasserleitenden Kiemenspalte einen lufthaltigen und schallwellenleitenden Gehörgang gemacht, aus zwei Knochen des Kiefergelenks zwei Gehörknöchelchen, aus einem Scheitelauge eine Drüse mit innerer Sekretion, die Zirbeldrüse, aus einem Reptilienarm einen Vogelflügel usw. usf. Aber alle diese Umkonstruktionen erscheinen zahm und bescheiden im Vergleich zu dem genialen Gewaltstückchen, aus einer nicht nur ursprünglich, sondern auch noch in ihrer gegenwärtigen Form mindestens teilweise von intraspezifischer Aggression motivierten Verhaltensweise durch das einfache Mittel der rituell fixierten Neuorientierung eine Befriedungshandlung zu machen. Es ist dies nicht mehr und nicht weniger als die Umkehrung aller abstoßenden Wirkung der Aggression in ihr Gegenteil: die rituell verselbständigte Zeremonie wird, wie wir im Kapitel über Ritualisierung gesehen haben, zum angestrebten Selbstzweck, zum *Bedürfnis*, wie jede andere autonome Instinktbewegung. Eben damit aber wird sie zum festen Band, das den einen Partner an den anderen knüpft. *Es gehört ja zum Wesen dieser besonderen Art von Befriedungszeremonie, daß jeder der Bundesgenossen sie nur mit dem anderen und nicht mit einem beliebigen Individuum seiner Art ausführen kann.*

Man muß sich klarmachen, welche schier unlösbare Aufgabe hier in einfachster, elegantester und vollkommenster Weise gelöst ist: Zwei geradezu rasend aggressive Tiere, die in ihrem Äußeren, in ihrer Färbung und in ihrem Verhalten notwendigerweise jedes für den anderen dasjenige sein muß, was das rote Tuch für den Stier (allerdings nur im Sprichwort) ist, sollen dazu gebracht werden, sich auf engstem Raum, am Nestort, reibungslos miteinander zu vertragen, also genau an dem Platz, den jedes von ihnen als Revier-Mittelpunkt betrachtet und an dem seine intraspezifische Aggression ihren absoluten Höhepunkt erreicht. Und diese an sich schon schwierige Aufgabestellung wird nun weiterhin noch durch die zusätzliche Forderung erschwert, daß die intraspezifische Aggressivität bei keinem der Gatten eine Abschwächung erleiden darf, wissen wir doch aus dem 3. Kapitel, daß jede kleinste Verminderung der Angriffslust gegen die artgleichen Nachbarn sogleich mit einem Verlust an Territorium und damit an Nahrungsquellen für die zu erwartende Nachkommenschaft bezahlt werden müßte. Unter diesen Umständen kann es die Art »sich nicht leisten«, zwecks Verhinderung von Gattenkämpfen auf Befriedungszeremonien zurückzugreifen, die wie Demutgebärden oder infantile Gesten einen Abbau der Aggressivität zur Voraussetzung haben. Die ritualisierte Neuorientierung vermeidet nicht nur diese unerwünschte Folge, sondern benutzt obendrein noch die unvermeidbarerweise von einem Gatten ausgehenden kampfauslösenden Schlüsselreize, um den Partner gegen den Reviernachbarn aufzustacheln. Diesen Mechanismus des Verhaltens finde ich schlechterdings genial und dazu noch viel ritterlicher als das umgekehrt-analoge Verhalten des Menschen, der die innere Wut, die er auf den lieben Nachbarn oder auf seinen Vorgesetzten hat, abends daheim voller Nervosität und Reizbarkeit an seiner bedauernswerten Frau abreagiert!

Eine besonders erfolgreiche konstruktive Lösung pflegt im großen Stammbaum der Lebewesen mehrmals, von verschiedenen Ästen oder Zweigen unabhängig voneinander gefunden zu werden. Den Flügel haben Insekten, Fische, Vögel und Fledermäuse, die Torpedoform Tintenfisch, Fische, Ichthyosaurier und Wale erfunden. So nimmt es uns nicht allzusehr wunder, daß kampfverhindernde Verhaltensmechanismen, die auf ritualisierter Neuorientierung des Angriffs beruhen, bei sehr vielen verschiedenen Tieren in analoger Ausbildung vorkommen.

Da ist z. B. die wundervolle Befriedungszeremonie, die ganz allgemein als der »Tanz« der Kraniche bezeichnet wird und die, wenn man die Symbolik ihrer Bewegungsweisen einmal verstehen gelernt hat, geradezu zu einer Übersetzung in menschliche Sprache verlockt. Ein Vogel richtet sich hoch und dräuend vor dem anderen empor und entfaltet die mächtigen Schwingen, den Schnabel gegen den anderen gezückt, die Augen scharf auf ihn gerichtet, ein Bild gefährlicher Drohung, und in der Tat gleicht bis zu diesem Punkte die Befriedungsgebärde durchaus der Vorbereitung zum Angriff. Diese drohende Darstellung der eigenen Schrecklichkeit wendet der Vogel im nächsten Augenblick von seinem Gegenüber ab, indem er eine Wendung um 180 Grad vollführt und nun, immer noch mit weit gebreiteten

Flügeln, dem Partner seinen wehrlosen Nacken präsentiert, der bekanntlich beim Europäischen Kranich und vielen anderen Arten mit einem wunderschönen rubinroten Käppchen geziert ist. Sekundenlang verharrt der »tanzende« Vogel betont in dieser Stellung und bringt so in verständlicher Symbolik zum Ausdruck, daß seine Angriffsdrohung nicht gegen den Partner, sondern ganz im Gegenteil geradewegs von diesem weg, gegen die böse Außenwelt, gerichtet ist, wobei schon das Motiv der *Verteidigung* des Freundes anklingt. Hierauf dreht sich der Kranich wiederum dem Freunde zu und wiederholt diesem gegenüber die Demonstration seiner Größe und Stärke, kehrt sich dann sofort wieder ab und vollführt nun bedeutsamerweise einen Scheinangriff gegen irgendein Ersatzobjekt, am liebsten gegen einen danebenstehenden nicht befreundeten Kranich, aber auch gegen eine harmlose Gans, ja im Notfall gegen ein Holzstückchen oder Steinchen, das dann mit dem Schnabel erfaßt und drei- bis viermal in die Luft geworfen wird. Das Ganze sagt so klar wie menschliche Worte: »Ich bin groß und schrecklich, aber nicht gegen dich, sondern gegen den da, gegen den da, gegen den da.«

Vielleicht weniger dramatisch in ihrer Gebärdensprache, aber noch weit bedeutsamer ist die Befriedungszeremonie der Enten- und Gänsevögel, von Oskar Heinroth als das *Triumphgeschrei* bezeichnet. Die Bedeutung, die dieser Ritus hier für uns hat, liegt vor allem darin, daß er bei verschiedenen Vertretern der genannten Vogelgruppe in sehr verschiedener Ausbildung und Komplikation verwirklicht ist, so daß wir aus dieser Stufenfolge ein gutes Bild davon gewinnen können, wie hier im Laufe der Stammesgeschichte aus einer Zorn-ableitenden Verlegenheitsgeste ein Band geworden ist, das eine geheimnisvolle Verwandtschaft zu jenem anderen zeigt, das Menschen verbindet und das uns als das schönste und stärkste auf dieser Erde erscheint.

In seiner primitivsten Form, wie wir sie etwa in dem sogenannten Räbräb-Palaver der Stockenten vor uns haben, unterscheidet sich die Drohung nur sehr, sehr wenig von der »Begrüßung«. Mir selbst ist jedenfalls der kleine Unterschied in der Orientierung des Räbräb-Geschnatters bei der Drohung einer- und der Begrüßung andererseits erst dann klargeworden, als ich das Prinzip der neuorientierten Befriedungszeremonie durch das genauere Studium von Buntbarschen und von Gänsen verstehen gelernt hatte, bei denen es leichter zu durchschauen ist. Die Enten stehen einander mit etwas über die Waagrechte erhobenen Schnäbeln gegenüber und sagen sehr rasch und aufgeregt den zweisilbigen Stimmfühlungslaut, der beim Erpel herkömmlicherweise mit »räbräb« wiedergegeben wird; bei der Ente klingt er mehr nasal, etwa wie »quängwäng«, »quängwäng«. Da nun bei diesen Enten nicht nur soziale Angriffshemmungen, sondern auch die Furcht vor dem Partner Abweichungen aus der Zielrichtung des Drohens bewirken können, so stehen auch zwei sich mit erhobenem Kinn und räbräb ernstlich bedrohende Erpel häufig nicht mit genau aufeinander gerichteten Schnäbeln da. Wenn sie es einmal wirklich tun, werden sie im nächsten Augenblick tätlich und packen einander am Brustgefieder. Für gewöhnlich aber zielen sie auch bei durchaus feindseliger Begegnung ein wenig aneinander vorüber.

Wenn der Erpel dagegen mit seiner angepaarten Ente palavert und ganz besonders, wenn er mit dieser Zeremonie auf das Hetzen seiner prospektiven Braut antwortet (S. 68), sieht man sehr deutlich, wie »es« ihm den Schnabel um so stärker von der angebalzten Ente wegdreht, je stärker er in Balz-Erregung gerät. Dies kann im Extremfalle dazu führen, daß er dem Weibchen, fortwährend weiter »palavernd«, genau den Hinterkopf zukehrt, was formal ganz der S. 133 geschilderten Befriedungszeremonie der Möwen entspricht, die indessen ganz sicher in der dort dargestellten Weise und nicht aus einer Neuorientierung entstanden ist – eine Warnung vor leichtfertigem Homologisieren! Aus dem eben beschriebenen Kopfwegdrehen des Erpels ist, auf dem Wege weiterer Ritualisierung, die so vielen Enten eigene Gebärde des Hinterkopfzudrehens geworden, die bei Stock-, Krick-, Spieß- und anderen Schwimmenten, ebenso aber auch bei der Gruppe der Eiderentenartigen eine große Rolle bei der Balz spielt. Man sieht die Gatten eines Stockentenpaares die Zeremonie des Räbräb-Palavers besonders dann mit größter Hingabe zelebrieren, wenn die beiden einander verloren hatten und sich nach längerer Trennung wiederfinden. Genau Gleiches gilt auch von der Befriedungsgeste mit Breitseits-Imponieren und Schwanzschlag, die wir von Buntbarschpaaren bereits kennen (S. 168). Eben weil sie so häufig bei Wiedervereinigung von vorher getrennten Partnern auftritt, haben die ersten Beobachter sie so oft als »Begrüßung« aufgefaßt.

Obwohl diese Deutung für gewisse sehr spezialisierte Zeremonien dieser Art nicht unrichtig ist, hat die große Häufigkeit und Intensität der Befriedungsgebärde gerade in dieser Situation ursprünglich sicher eine andere Erklärung: die Abstumpfung aller aggressiven Reaktionen durch die Gewöhnung an den

Partner wird schon durch eine kurze Unterbrechung der gewöhnungsbildenden Reizsituation teilweise zunichte gemacht. Davon kann man sehr eindrucksvolle Beispiele erleben, wenn man aus einer Schar zusammen großgewordener, sehr aneinander gewöhnter und daher noch erträglich friedfertiger junger Hähne, Schamadrosseln, Cichliden, Kampffischen oder anderer, ähnlich aggressiver Tierarten ein einzelnes Individuum auch nur für eine Stunde zu irgendeinem Zwecke isolieren muß und dann versucht, es zu den bisherigen Genossen zurückzusetzen. Die Aggression beginnt dann sofort aufzuwallen, wie überhitztes Wasser bei Siedeverzug es bei dem geringsten auslösenden Anstoß tut.

Auch andere kleinste Änderungen in der Gesamtsituation können, wie wir schon wissen (siehe S. 164f.), die Gewöhnung schlagartig unwirksam machen. Mein altes Paar Schamadrosseln duldete im Sommer 1961 einen Sohn aus der ersten Brut, der sich in einem Käfig in demselben Zimmer wie der Nistkasten befand, bis weit über jene Zeit hinaus, zu der diese Vögel normalerweise ihre erwachsenen Kinder aus dem Revier jagen. Als ich jedoch den Käfig vom Tisch auf ein Bücherbord stellte, begannen die Eltern den Sohn so intensiv anzugreifen, daß sie darüber vergaßen, ins Freie zu fliegen, um Futter für die kleinen Jungen zu holen, die sie zu jener Zeit hatten. Dieses plötzliche Zusammenbrechen der am Gewohntsein hängenden Aggressionshemmung ist offenbar eine Gefahr, von der die Bindungen zwischen den Partnern eines Paares jedesmal bedroht sind, wenn die Tiere – auch nur auf eine kleine Zeit – getrennt werden. Ebenso offenbar ist die ausgeprägte Befriedungszeremonie, die jedesmal bei der Wiedervereinigung zu beobachten ist, zu nichts anderem da, als diese Gefahr zu bannen. Mit dieser Annahme stimmt überein, daß die »Begrüßung« um so erregter und intensiver ist, je länger die vorhergehende Trennung war.

Unser menschliches *Lachen* ist wahrscheinlich ebenfalls in seiner ursprünglichen Form Befriedungs- oder Begrüßungszeremonie. Lächeln und Lachen entsprechen sicher verschiedenen Intensitätsgraden derselben Verhaltensweise, d.h., sie sprechen mit verschiedenen Schwellen auf dieselbe Qualität aktivitäts-spezifischer Erregung an. Bei unseren nächsten Verwandten, Schimpanse und Gorilla, gibt es leider keine dem Lachen formal und funktionell entsprechende Grußbewegung, wohl aber bei vielen Makaken, die als Befriedungsgebärde die Zähne fletschen und zwischendurch lippenschmatzend den Kopf hin-

und herwenden, wobei sie die Ohren stark zurücklegen. Merkwürdigerweise tun dies manche fernöstliche Menschen beim grüßenden Lächeln in genau derselben Weise. Das Interessanteste aber ist, daß der Kopf beim intensiven Lächeln von diesen Leuten so gehalten wird, daß das Gesicht nicht gerade auf den Begrüßten zu, sondern schräg an ihm vorbei sieht. Für die funktionelle Betrachtung des Ritus ist es hiebei gleichgültig, wieviel von seiner Form im Genom fixiert und wieviel durch die kulturelle Tradition der Höflichkeit festgelegt ist.

Auf alle Fälle ist es verlockend, das begrüßende Lächeln als eine Befriedungszeremonie zu deuten, die analog dem Triumphgeschrei der Gänse durch Ritualisierung einer neuorientierten Drohung entstanden ist. Wenn man das freundliche Vorüber-Zähnefletschen sehr höflicher Japaner sieht, ist man versucht, das anzunehmen.

Für diese Annahme spricht, daß bei wirklich affektbetonter, hoch intensiver Begrüßung zweier Freunde überraschenderweise aus dem Lächeln ein lautes Lachen wird, das einem selbst merkwürdig inkongruent mit den eigenen Gefühlen vorkommt, wenn es bei Wiedersehen nach sehr langer Trennung unerwartet aus der Tiefe vegetativer Schichten hervorbricht. Den objektiven Verhaltensforscher muß das Verhalten solcher wiedervereinter Menschen zwingend an das Triumphgeschrei von Gänsen gemahnen.

Analog sind auch in mancher Hinsicht die auslösenden Situationen. Wenn mehrere naive Menschen, etwa kleine Jungen, *zusammen* einen oder mehrere andere, nicht zu ihrer Gruppe gehörige »aus«-lachen, enthält die Reaktion ganz wie andere neuorientierte Befriedungsgesten erheblich viel Aggression, die nach außen, auf Nicht-Mitglieder der Gruppe gerichtet ist. Auch das sonst sehr schwer verständliche Lachen bei plötzlicher Entspannung einer Konfliktsituation hat sein Analogon in Befriedungs- und Begrüßungsgesten vieler Tiere. Hunde, Gänse und wahrscheinlich noch viele andere Tiere brechen in intensive Begrüßung aus, wenn eine peinliche Konfliktlage sich plötzlich entspannt. Selbstbeobachtend vermag ich mit Sicherheit zu behaupten, daß gemeinsames Gelächter nicht nur ungemein aggressions-ablenkend wirkt, sondern ein sehr merkliches Gefühl sozialer Verbundenheit schafft.

Das schlichte Verhindern des Kämpfens mag die ursprüngliche und in vielen Fällen sogar die Hauptfunktion aller soeben besprochenen Riten sein. Dennoch haben sie schon auf der verhältnismäßig niedrigen Entwicklungshöhe, wie etwa das Räbräb-Palaver der Stockente sie aufweist, doch schon genug Autonomie, daß sie um ihrer selbst willen angestrebt werden. Wenn ein Stockerpel unter ständigem Ausstoßen seines langgezogenen, einsilbigen Lockrufes »Rääab«...»Rääb«...»Rääab« nach seiner Gattin sucht und, wenn er sie schließlich wiederfindet, sich in einer wahren Orgie des Räbräb-Palaverns mit Kinnheben und Hinterkopfzudrehen ergeht, so kann sich der Beobachter der subjektivierenden Deutung nicht erwehren, daß er sich schrecklich freut, sie wiedergefunden zu haben und daß sein angestrengtes Suchen nach ihr zum erheblichen Teil von der »Appetenz« nach der Begrüßungszeremonie motiviert war. Bei den höher ritualisierten Formen des eigentlichen Triumphgeschreis, wie wir sie bei den Brandentenartigen und erst recht bei den echten Gänsen vorfinden, verstärkt sich dieser Eindruck noch gewaltig, und man ist versucht, die Anführungszeichen bei dem Wort Begrüßung fortzulassen.

Wohl bei allen Schwimmenten und auch bei der Brandente, die unter ihren Verwandten auch in bezug auf das Triumphgeschrei bzw. Räbräb-Palaver den Schwimmenten am ähnlichsten ist, hat diese Zeremonie noch eine zweite Funktion, bei der nur das Männchen die Befriedungszeremonie ausführt, während das Weibchen in der schon Seite 63 geschilderten Weise *hetzt*. Es ist eine subtile Motivationsanalyse, die uns sagt, daß hier der Mann, der seine Drohgebärde gegen ein benachbartes Männchen gleicher Art richtet, in der Tiefe seines Herzens gegen seine Frau aggressiv ist, während diese gegen ihren Gatten keine Aggression empfindet, sondern wirklich gegen jenen Fremden. Dieser aus neuorientiertem Drohen des Mannes und aus Hetzen des Weibchens kombinierte Ritus ist funktionell dem Triumphgeschrei, bei dem ja beide Partner aneinander vorüber drohen, durchaus analog. Es hat sich, sicher unabhängig, bei der Europäischen Pfeifente und bei der Brandente zu einer besonders schönen Zeremonie entwickelt. Dagegen hat interessanterweise die Chilenische Pfeifente eine ebenso hoch differenzierte triumphgeschreiähnliche Zeremonie, bei der beide Gatten neuorientiert drohen, so wie echte Gänse und die meisten größeren Formen der Brandentenartigen. Das Weibchen der Chilenischen Pfeifente trägt das männliche Prachtkleid mit grünschillerndem Kopf und hell rotbrauner Brust, ein unter Schwimmenten einzig dastehender Fall.

Bei der Rostgans, der Nilgans und vielen Verwandten hat das Weibchen zwar eine homologe Hetzbewegung, das Männchen aber reagiert darauf weniger mit einem ritualisierten Vorüberdrohen an seiner Gattin als mit einem wirklichen, tätlichen Angriff auf den von ihr bezeichneten feindlichen Nachbarn. Erst wenn dieser besiegt ist oder der Kampf wenigstens ohne fürchterliche Niederlage des Paares beendet ist, kommt es zu einem nicht endenwollenden Triumphgeschrei. Dieses ist bei vielen Arten, so bei der Orinokogans, der Andengans u. a., nicht nur wegen der Verschiedenheit der männlichen und weiblichen Stimmen ein sehr merkwürdiges Tongemälde, sondern auch wegen der hoch mimisch übertriebenen Gebärden ein sehr komisch wirkendes Schauspiel. Mein Film von einem Andengans-paar, das einen eindrucksvollen Sieg über meinen lieben Freund Niko Tinbergen erringt, ist ein sicherer Lacherfolg. Zuerst hetzt das Weibchen durch einen kurzen Scheinangriff ihren Mann auf den berühmten Ethologen; nun allmählich in Fahrt kommend, greift der Ganter schließlich wirklich an, steigert sich aber gleich darauf in solche Wut hinein und haut so fürchterlich mit den hornbewehrten Flügelbugen, daß die Flucht Nikos am Ende sehr überzeugend wirkt – seine Beine und die Unterarme, mit denen er den Ganter abwehrte, waren braun und blau geschlagen und gezwickt. Nach dem Verschwinden des menschlichen Gegners folgt eine nicht endenwollende Triumphzeremonie, die durch die Überfülle ihres allzumenschlichen Ausdrucks tatsächlich außerordentlich erheiternd wirkt.

Mehr noch als bei anderen Arten der Brandentengruppe hetzt bei der Nordafrikanischen Nilgans das Weib ihren Mann auf alle erreichbaren Artgenossen und mangels solcher leider auch auf andersartige Vögel, sehr zum Kummer des Tiergärtners, der sich dadurch genötigt sieht, die schönen Vögel flugunfähig zu machen und paarweise zu isolieren. Die weibliche Nilgans sieht allen Kämpfen ihres Gatten mit dem Interesse eines berufsmäßigen Ringrichters zu, hilft ihm indessen niemals, wie dies Graugansweibchen manchmal und weibliche Buntbarsche immer tun, ja, sie ist stets bereit, mit fliegenden Fahnen zum Sieger überzugehen, sollte ihr bisheriger Mann den kürzeren ziehen.

Ein solches Verhalten muß eine bedeutende Wirkung auf die geschlechtliche Zuchtwahl ausüben, indem es ein Selektions-Prämium auf möglichst große Kampfkraft und -freudigkeit des Männchens setzt. Es taucht daher hier erneut ein Gedanke auf, der uns schon am Ende des dritten Kapitels beschäftigte. Vielleicht, ja wahrscheinlich, ist die Rauflust der Nilgans, die den Beobachter oft geradezu als irrsinnig anmutet, Folge intraspezifischer Selektion und überhaupt nicht von besonderem Wert für die Arterhaltung. Diese Möglichkeit ist für uns deshalb etwas beunruhigend, weil, wie wir später noch sehen werden, ähnliche Erwägungen auch auf die stammesgeschichtliche Entwicklung des menschlichen Aggressionstriebes zutreffen.

Die Nilgans gehört übrigens auch zu den wenigen Arten, bei denen das Triumphgeschrei in seiner Funktion als Befriedungszeremonie *versagen* kann. Wenn sich zwei Paare an einem durchsichtigen, aber undurchdringlichen Gitter anärgern und in immer höhere Wut hineinsteigern, so kommt es nicht allzu selten vor, daß auf einmal, wie auf Kommando, die Gatten jedes Paares sich einander zuwenden und furchtbar prügeln. Mit einiger Sicherheit kann man dies auch erreichen, indem man einen artgleichen Prügelknaben zu einem Paar ins Gehege setzt und, wenn die Prügelei in vollstem Gange ist, möglichst unauffällig wieder entfernt. Dann ergeht sich das Paar zuerst in einem wahrhaft ekstatischen Triumph-Geschrei, das immer wilder und wilder wird, sich immer weniger von unritualisiertem Drohen unterscheidet, und ganz plötzlich haben sich dann die beiden liebenden Gatten gegenseitig beim Wickel und verdreschen einander nach Noten, was regelmäßig mit dem Siege des Männchens endet, weil es merklich größer und stärker als das Weibchen ist. Daß bei dauerndem Fehlen des »bösen Nachbarn« die Stauung unausgelebter Aggression in jener Weise zum Gattenmord geführt hätte, wie ich es von gewissen Cichliden geschildert habe, ist mir nie bekannt geworden.

Immerhin hat bei der Nilgans und den Tadorna-Arten das Triumphgeschrei seine größte Bedeutung in seiner Funktion als Blitzableiter. Es wird vor allem dort gebraucht, wo Gewitter drohen, d. h., wo sowohl die innere Stimmung der Tiere als auch die auslösende Außensituation intraspezifische Aggression wachruft. Obwohl das Triumphgeschrei besonders bei unserer europäischen Brandente mit hochdifferenzierten, tänzerisch übertriebenen Bewegungsweisen einhergeht, hat es sich hier nicht in jener Weise von den ursprünglich dem Konflikt zugrunde liegenden Trieben gelöst, wie dies etwa bei der schon geschilderten, in der Bewegungsform weniger entwickelten »Begrüßung« mancher Schwimmenten der Fall ist. Es bezieht bei den Brandenten ganz offensichtlich seine Energien immer noch zum größten Teil aus den Urtrieben, aus deren Konflikt die neuorientierte Bewegung einst hervorgegangen ist; es bleibt immer an das Vorhandensein echter, dem Augenblick entspringender Angriffslust sowie der dieser entgegenwirkenden Faktoren gebunden. Dementsprechend unterliegt die Zeremonie bei den genannten Arten starken jahreszeitlichen Schwankungen, ist während der Fortpflanzungszeit am intensivsten, schwindet während der Ruheperiode und fehlt selbstverständlich auch bei den jungen Vögeln vor der Geschlechtsreife völlig.

All dies ist bei der Graugans, und wohl überhaupt bei allen echten Gänsen, völlig anders. Zunächst ist deren Triumphgeschrei nicht mehr alleinige Sache der Ehepaare, sondern ist zu einem Band geworden, das nicht nur diese, sondern die ganze Familie, ja ganz allgemein Gruppen eng befreundeter Individuen zusammenhält. Von geschlechtlichen Trieben ist die Zeremonie fast oder ganz unabhängig geworden, sie wird das ganze Jahr hindurch ausgeführt und ist schon den ganz kleinen Jungen zu eigen.

Der Bewegungsablauf ist länger und komplizierter als bei allen bisher geschilderten Befriedungsriten. Während bei Buntbarschen und oft auch bei Brandentenartigen die Aggression, die durch die Begrüßungszeremonie vom Partner abgeleitet wird, zu einem *nachfolgenden* Angriff gegen den feindlichen Nachbarn führt, geht bei den Gänsen ein solcher in ritualisierter Bewegungsfolge der zärtlichen Begrüßung *voran.* Mit andern Worten, es gehört zur typischen Ausprägung des Triumphgeschreis, daß ein Partner, meist das stärkste Gruppenmitglied, bei Paaren daher stets der Ganter, zum Angriff gegen einen wirklichen oder scheinbaren Gegner vorgeht, ihn bekämpft und dann nach einem mehr oder weniger überzeugenden Siege laut grüßend zu den Seinen zurückkehrt. Von diesem typischen Fall, den eine Abbildung Helga Fischers schematisch wiedergibt, hat das Triumphgeschrei ja auch seinen Namen.

Die zeitliche Abfolge von Angriff und Begrüßung ist genügend ritualisiert, um bei höherer Erregungsintensität auch dann als ganzheitliche Zeremonie durchzubrechen, wenn für wirkliche Aggression kein Anlaß vorliegt. Der Angriff wird dann zum Scheinangriff auf irgendein unschuldig danebenstehendes Gänschen oder geht überhaupt ins Leere, unter lauten Fanfaren des sogenannten Rollens, eines gepreßt klingenden, rauhen Trompetens, das diesen ersten Akt der Triumphgeschrei-Zeremonie begleitet. Obwohl es also unter günstigen Umständen zu einem ausschließlich von der autonomen Motivation des Ritus motivierten Roll-Angriff kommen kann, trägt es zu seiner Auslösung sehr wesentlich bei, wenn der Ganter ernstlich aggressions-auslösenden Reizsituationen ausgesetzt ist. Wie die genauere Motivationsanalyse zeigt, tritt das Rollen besonders dann in Erscheinung, wenn der Vogel sich in einem Konflikt zwischen Angriff und Furcht und sozialer Bindung befindet. Durch das Band, das ihn an seine Gattin und seine Kinder bindet, ist der Ganter an den Ort gebunden und kann nicht

fliehen, selbst wenn der Gegner in ihm außer Aggression auch starken Fluchttrieb auslöst. Die Lage ist für ihn dann die gleiche wie für die in eine Ecke getriebene Ratte, und der scheinbar heldenhafte Mut, mit dem der Familienvater selbst auf überlegene Feinde losfährt, ist der Verzweiflungsmut der kritischen Reaktion, die wir schon S. 35 kennengelernt haben.

Die zweite Phase des Triumphgeschreis, die unter leisem Schnattern ausgeführte Zuwendung zum Partner, gleicht in ihrer Bewegungsform durchaus der Drohgebärde und ist von ihr nur durch die kleine Richtungsabweichung unterschieden, die von der rituell festgelegten Neu-Orientierung bewirkt wird. Doch enthält dieses Vorüber-Drohen am Freunde unter normalen Bedingungen wenig oder gar keine aggressive Motivation mehr, sondern ist ausschließlich vom autonomen Antrieb des Ritus selbst aktiviert, von einem besonderen Instinkt, den man mit Berechtigung den *sozialen* nennen kann.

Zur aggressionsfreien Zärtlichkeit des schnatternden Begrüßens trägt eine *Kontrastwirkung* wesentlich bei. Der Ganter hat beim Scheinangriff und beim Rollen ein erhebliches Maß von Aggression entladen, und seine plötzliche Abwendung vom

Gegner und Zuwendung zur geliebten Familie geht mit einem Stimmungs-Umschwung einher, der nach wohlbekannten physiologischen und psychologischen Gesetzlichkeiten das Pendel in die der Aggression entgegengesetzte Richtung ausschlagen läßt. Bei geringer Eigenmotivation der Zeremonie kann das grüßende Schnattern ein wenig mehr aggressiven Antrieb enthalten. Unter ganz bestimmten, später zu erörternden Bedingungen kann die Grußzeremonie einer »Regression« unterliegen, das heißt auf ein stammesgeschichtlich früheres Stadium rückgebildet werden, wobei dann ebenfalls echte Aggression in sie eingehen kann.

Da die Gebärde des Grüßens und die der Drohung fast gleich sind, ist diese seltene und nicht ganz normale Beimischung von Angriffstrieb in der Bewegungsweise als solcher kaum zu sehen. Wie ähnlich diese Freundschaftsgebärde trotz der grundlegenden Verschiedenheit ihrer Motivation der alten Droh-Mimik ist, geht daraus hervor, daß Verwechslungen eintreten können. Die geringe Richtungsabweichung ist zwar von vorne gesehen, also für den Adressaten der Ausdrucksbewegung, gut zu sehen, von der Seite her, im Profil aber schlechterdings nicht wahrnehmbar, und zwar nicht nur für den menschlichen Beobachter, sondern auch für eine andere Wildgans. Wenn sich im Frühling die Familienbande ganz allmählich lösen und die jungen Ganter auf Freiersfüßen gehen, kann es leicht vorkommen, daß ein Bruder mit dem anderen noch ein Familien-Triumphgeschrei hat, während er schon bestrebt ist, einer fremden jungen Gans Heirats-Anträge zu machen, die keineswegs in Begattungs-Aufforderungen, sondern darin bestehen, daß er fremde Gänse angreift und dann grüßend zur Umworbenen hineilt. Sieht nun der freundliche Bruder dies von der Seite her, so glaubt er regelmäßig, daß der Werbende die fremde junge Gans angreifen wolle, und da männliche Mitglieder einer Triumphgeschreigruppe mutig im Kampfe füreinander einstehen, fährt er wütend auf die prospektive Braut seines Bruders los und verdrischt sie, da er seinerseits nichts für sie empfindet, in rüder Weise, nämlich so intensiv, wie es der Ausdrucksbewegung des anderen entsprechen würde, wenn dieser, anstatt zu grüßen, drohen würde. Wenn dann das Weibchen erschrocken flieht, befindet sich ihr Bewerber in der größten Verlegenheit. Dies ist durchaus keine Vermenschlichung, denn die objektiv-physiologische Grundlage jeder Verlegenheit ist der Konflikt einander widersprechender Antriebe, und in einem solchen befindet sich der junge

Ganter ohne allen Zweifel: Der Trieb, das umworbene Weibchen zu verteidigen, ist in einem jungen Grauganter ganz ungeheuer stark, ebenso mächtig aber ist die Hemmung, den Bruder anzugreifen, der zur Zeit noch sein Kumpan im brüderlichen Triumphgeschrei ist. Wie unüberwindlich diese Hemmung ist, werden wir später noch an eindrucksvollen Beispielen zu erörtern haben.

Da das Triumphgeschrei höchstens in seiner ersten, mit »Rollen« einhergehenden Phase ein wesentliches Maß an Aggression gegen den Partner enthält, sicher aber nicht mehr beim schnatternden Grüßen, hat das letztere auch nach Ansicht Helga Fischers sicher nicht mehr die Funktion einer Befriedungsgebärde. Zwar kopiert es »noch« durchaus die symbolische Form der neu-orientierten Drohung, es besteht aber zwischen den Partnern ganz sicher keine so heftige Aggression, daß sie einer Ablenkung bedürfte.

Nur in einem ganz bestimmten, rasch durchlaufenen Stadium der individuellen Entwicklung lassen sich auch im Grüßen die ursprünglichen, der Neu-Orientierung zugrunde liegenden Triebe deutlich nachweisen. Im übrigen ist die – ebenfalls von Helga Fischer genau untersuchte – individuelle Entwicklung des Triumphgeschreis bei der Graugans durchaus keine Rekapitulation seiner stammesgeschichtlichen Entstehung; man darf den Gültigkeitsbereich der Wiederholungsregel (S. 167) keineswegs überschätzen. Die neugeborene Gans verfügt, noch ehe sie gehen, stehen oder fressen kann, über die Bewegung des Halsvorstreckens, das von einem »Schnattern« in feinstem Fistelstimmchen begleitet wird. Dieser Laut ist zunächst zweisilbig, genau wie das »Räbräb« bzw. der entsprechende Kükenlaut der Enten. Schon nach ein paar Stunden wird daraus ein vielsilbiges »Wiwiwi«, welches im Rhythmus genau dem grüßenden Schnattern der erwachsenen Gänse entspricht. Halsvorstrekken und Wi-Laute sind nun zweifellos die Vorstufe, aus der sich beim Heranwachsen der Gans *sowohl* die Ausdrucksbewegungen des Drohens *als auch* die wesentliche zweite Phase des Triumphgeschreis entwickeln. Wir wissen aus der vergleichenden Erforschung der Stammesgeschichte, daß in ihrem Verlaufe ganz sicher das Grüßen durch Neu-Orientierung und Ritualisierung aus der Drohung hervorgegangen ist. In der individuellen Entwicklung aber hat die formal gleiche Gebärde *zuerst die Bedeutung des Grüßens*. Wenn die kleine Gans eben die schwere und nicht ungefährliche Leistung des Ausschlüpfens vollbracht hat und als nasses Häufchen Unglück mit schlaff ausgestrecktem Hälschen daliegt, gibt es eine einzige Reaktion, die prompt bei ihr auslösbar ist. Wenn man sich über sie beugt und in annähernd gänsehafter Stimmlage ein paar Laute von sich gibt, so hebt sie wackelnd und unsicher das Köpfchen, streckt den Nacken durch und grüßt. Ehe sie irgend etwas anderes tut oder tun kann, begrüßt die kleine Wildgans ihre soziale Umgebung!

Sowohl in seiner Bedeutung als Ausdrucksbewegung als auch in bezug auf die auslösende Situation gleicht das Halsvorstrecken und Wispern der kleinen Graugänse durchaus der Begrüßung und nicht der Drohgebärde der erwachsenen. Merkwürdigerweise aber gleicht es in seiner Form zunächst der letzteren, denn die bezeichnende seitliche Abweichung des vorgestreckten Halses aus der Richtung auf den Partner zu *fehlt* bei den ganz kleinen Gösseln. Erst wenn sie einige Wochen alt sind und die endgültigen Federn zwischen den Dunen sichtbar werden, ändert sich dies. Die Jungvögel beginnen zu dieser Zeit gegen gleichaltrige Gänse fremder Familien merklich aggressiver zu werden, d. h., sie gehen halsvorstreckend und wispernd auf diese zu und versuchen sie zu beißen. Weil nun aber bei einer solchen Rauferei zweier Geschwisterscharen Droh- und Begrüßungsgebärde noch völlig gleich sind, kommt es begreiflicherweise oft zu Mißverständnissen, und ein Geschwisterchen beißt das andere. In dieser besonderen Situation sieht man nun in der Ontogenese erstmalig die ritualisierte Neu-Orientierung der Begrüßungsbewegung: Das von seinem Geschwister gebissene Gänschen beißt nicht zurück, sondern bricht in intensives Wispern und Halsvorstrecken aus, das ganz deutlich an dem anderen Gänschen vorbei weist, und zwar in stumpferem Winkel vorbei als später bei der voll ausgereiften Zeremonie. Die aggressionshemmende Wirkung dieser Gebärde ist ungemein deutlich, das eben noch aggressive Brüderchen oder Schwesterchen läßt sofort los und ergeht sich seinerseits in deutlich vorbei-orientiertem Grüßen. Die Entwicklungsphase, in der das Triumphgeschrei eine so merkliche befriedende Leistung entfaltet, währt nur wenige Tage. Die ritualisierte Neu-Orientierung setzt plötzlich ein und verhindert fortan – von seltenen Ausnahmen abgesehen – jedes Mißverstehen. Außerdem gerät die Begrüßung mit dem Reifen der ritualisierten Zeremonie unter die Vorherrschaft des autonomen, sozialen Triebes und enthält keine, oder doch nur so wenig Aggression gegen den Partner, daß kein besonderer Mechanismus mehr nötig ist, um einen Angriff auf diesen zu verhindern. Die Funktion des Triumphgeschreis ist fürderhin ausschließlich die eines Bandes, das Familienangehörige zusammenhält.

Die Gruppe, die es umschließt, ist merkwürdig exklusiv. Das frischgeschlüpfte Junge genießt das Geburtsrecht auf die Gruppen-Mitgliedschaft und wird »unbesehen« akzeptiert, selbst wenn es gar keine Gans, sondern ein experimentell eingeschmuggelter Wechselbalg, zum Beispiel eine Türkenente ist. Schon nach wenigen Tagen haben die Eltern ihre Kinder und diese ihre Eltern kennengelernt und sind von nun ab nicht mehr bereit, mit anderen Gänsen triumphzuschreien.

Stellt man das ziemlich grausame Experiment an, ein Gänschen in eine fremde Familie zu verpflanzen, so findet das arme Kind um so schwerer Aufnahme in deren Triumphgeschrei-Gemeinschaft, je später man es aus dem ursprünglichen Familienverbande reißt. Das Kind fürchtet sich vor den Fremden, und je mehr es Furcht zeigt, desto mehr sind jene geneigt, darüber herzufallen.

Es hat die rührende Wirkung kindlichen Vertrauens, wenn das völlig erfahrungslose frischgeschlüpfte Gänschen dem ersten Lebewesen, das ihm naht, den Freundschaftsantrag seines kleinen Triumphgeschreis entgegenwispert, »in der Annahme«, daß dieses Wesen eines seiner beiden Eltern sein müsse.

Einem völlig Fremden trägt eine Graugans sonst nur in einer einzigen Lebenslage ein Triumphgeschrei und damit immerwährende Liebe und Freundschaft an, dann nämlich, wenn ein temperamentvoller junger Mann sich sehr plötzlich in ein fremdes Mädchen verliebt – ohne alle Anführungszeichen! Diese ersten Anträge fallen mit der Zeit zusammen, in der die vorjährigen Jungen ihre Eltern verlassen müssen, weil diese sich zur neuen Brut anschicken. Da lockern sich notwendigerweise die Familienbande, ohne indessen jemals ganz zu zerreißen.

Noch mehr als bei den weiter oben besprochenen Entenvögeln ist bei den Gänsen das Triumphgeschrei an das persönliche Kennen des Partners gebunden. Auch die Enten palavern nur mit bestimmten, bekannten Genossen, doch ist weder das Band, das diese Zeremonie um die an ihr teilnehmenden Individuen schlingt, so fest, noch ist die Gruppenzugehörigkeit so schwer zu erwerben wie bei den Gänsen. Bei diesen kann es vorkommen, daß ein neu in einer Siedlung zugeflogenes – oder vom Besitzer zahmer Gänse zugekauftes – Individuum buchstäblich jahrelang braucht, ehe es Aufnahme in eine der miteinander triumphschreienden Gänsegruppen findet.

Leichter gewinnt der Fremdling auf dem Wege plötzlichen Sich-Verliebens einen Partner und auf dem Umwege der Familiengründung Mitgliedschaft an eine größere Triumphgeschrei-Gruppe. Abgesehen von den beiden Spezialfällen des Sich-Verliebens und des Hineingeboren-Werdens in die Familiengruppe, ist das Triumphgeschrei um so intensiver und das Band, das es um die Teilnehmer schlingt, um so fester, *je länger die Tiere einander kennen.* Wenn alle anderen Umstände als gleich vorausgesetzt werden, kann man sagen, die Stärke der Triumphgeschrei-Bindung sei dem *Bekanntheitsgrade* der Partner proportional. Etwas überspitzt aber könnte man sagen, eine Triumphgeschrei-Bindung entstünde immer dann, wenn der Grad der Bekannt- und Vertrautheit zwischen zwei oder mehreren Gänsen weit genug gediehen ist.

Wenn im Vorfrühling die alten Gänsepaare sich mit Brutabsichten und viele junge, ein- und zweijährige Gänse sich mit Liebesgedanken tragen, bleiben stets eine ganze Reihe unverpaarter Gänse verschiedensten Alters als erotisch unbeschäftigte Mauerblümchen übrig, und diese schließen sich dann stets zu größeren oder kleineren Gruppen zusammen. Wir bezeichnen diese Gruppen meist kurz als die Nichtbrüter. Der Ausdruck ist ungenau, denn die vielen jungen, aber fest verpaarten Brautleute brüten ja ebenfalls noch nicht. In solchen Nichtbrütergruppen können sich recht feste Triumphgeschrei-Bindungen ausbilden, die mit Sexualität nicht das Geringste zu tun haben. Es kann auch durch den Umstand, daß von zwei vereinsamten Gänsen jede auf die Gesellschaft der anderen angewiesen ist, zufällig einmal eine Nichtbrüter-Gemeinschaft zwischen einem Mann und einer Frau zustande kommen. Im heurigen Jahr ist eben dies passiert, als aus unserer Graugans-Tochtersiedlung am Ammersee eine verwitwete alte Gans zurückkam und sich mit einem in Seewiesen wohnenden Witwer zusammentat, dessen Frau aus unbekannten Ursachen jüngst gestorben war. Ich glaubte, daß es sich um eine beginnende Paarbildung handle, während Helga Fischer von Anfang an die Ansicht vertrat, daß es sich nur um ein typisches Nichtbrüter-Triumphgeschrei handle, das eben auch einmal ein erwachsenes Männchen mit einem ebensolchen Weibchen verbinden kann. Es gibt ja auch, anderslautenden Meinungen zum Trotz, zwischen Männern und Frauen echte Freundschaften, die mit Verliebtsein wirklich nichts zu tun haben. Immerhin *kann* aus einer solchen Freundschaft leicht Liebe entstehen, und zwar auch bei Gänsen. Es ist ein Wildganszüchtern längst vertrauter Trick, zwei Gänse, die man miteinander verpaaren will, zusammen in einen anderen Zoo oder eine andere Sammlung von Wassergeflügel zu versetzen, wo die beiden als »Zuagroaste« allgemein unbeliebt sind und eins auf die Gesellschaft des anderen angewiesen ist. Auf diese Weise kann man wenigstens die Ausbildung eines Nichtbrüter-Triumphgeschreis erzwingen und hoffen, daß sich daraus eine Paarung entwickelt. Allzu oft habe ich es indessen erleben müssen, daß solche erzwungene Bindungen sich nach Zurückholen in die alte Umgebung alsbald wieder auflösten.

Die Beziehungen, die zwischen dem Triumphgeschrei und der Sexualität, dem eigentlichen Kopulationstrieb, bestehen, sind nicht ganz leicht zu durchschauen. Auf alle Fälle sind sie nur lose, und alles unmittelbar Geschlechtliche spielt im Leben der Wildgänse eine recht untergeordnete Rolle. Was ein Gänsepaar lebenslänglich zusammenhält, ist das Triumphgeschrei und nicht die geschlechtlichen Beziehungen zwischen den Gatten. Vorhandensein einer starken Triumphgeschrei-Bindung zwischen zwei Individuen »bahnt«, d. h. fördert bis zu einem gewissen Grade die Entstehung geschlechtlicher Beziehungen. Wenn zwei Gänse – es können auch zwei Ganter sein – sehr lange durch das Band dieser Zeremonie verbunden waren, versuchen sie schließlich meist zu kopulieren. Umgekehrt aber scheinen Begattungsverhältnisse, die oft schon bei einjährigen, also noch lange nicht fortpflanzungsfähigen Jungvögeln vorkommen, keine Begünstigung für die Entwicklung einer Triumphgeschrei-Bindung zu bedeuten. Man sieht oft zwei junge Gänse wiederholt treten, ohne daß sich daraus irgendwelche Voraussagen über ihre spätere Verpaarung machen ließen.

Dagegen berechtigt selbst die leiseste Andeutung eines Triumphgeschrei-Antrages seitens eines jungen Ganters, woferne er beim Weibchen Erwiderung findet, zu der Voraussage, daß aus beiden mit erheblicher Wahrscheinlichkeit ein festes Paar werden wird. Solche zarten Beziehungen, bei denen Begattungsreaktionen überhaupt keine Rolle spielen, lösen sich gegen den Hochsommer und Frühherbst hin scheinbar völlig auf, doch finden die jungen Gänse, wenn sie im zweiten Lebensfrühling ernstlich zu balzen anfangen, auffallend oft zu ihrer vorjährigen Jugendliebe zurück. Die lockeren und in gewissem Sinne einseitigen Beziehungen, die zwischen Triumphgeschrei und Kopulation bei den Gänsen bestehen, haben weitgehende Analogie zu jenen, die auch beim Menschen zwischen dem Sich-Verlieben und grobsexuellen Reaktionsweisen vorhanden sind. Die »reinste« Liebe führt auf dem Wege zartester Zärtlichkeit zu körperlicher Annäherung, die indessen keineswegs als das Wesentliche an der betreffenden Bindung empfunden wird, während umgekehrt die am stärksten den Begattungstrieb auslösenden Reizsituationen und Partner durchaus nicht immer diejenigen sind, auf die man mit heftigem Sich-Verlieben anspricht. Die beiden Funktionskreise können sich bei der Graugans ebenso vollkommen voneinander lösen und unabhängig machen wie beim Menschen, obwohl sie zweifellos »normalerweise« zusammengehören und sich auf dasselbe Individuum als Partner beziehen müssen, wenn sie ihre arterhaltende Leistung erfüllen sollen.

Der Begriff des Normalen ist einer der am schwersten definierbaren in der ganzen Biologie und leider gleichzeitig ebenso unentbehrlich wie sein Gegenbegriff, der des Pathologischen. Mein Freund Bernhard Hellmann pflegte, wenn ihm etwas besonders Bizarres und Unerklärliches im Bau oder Verhalten eines Lebewesens unterkam, mit scheinbarer Naivität die Frage zu stellen: »Ist das im Sinne des Konstrukteurs?« In der Tat ist es die *einzige* Möglichkeit, die »normale« Struktur und Funktion zu kennzeichnen, daß man feststellt, sie sei diejenige, welche sich *unter dem Auslesedruck ihrer arterhaltenden Leistung* in eben dieser und keiner anderen Form herausgebildet habe. Unglücklicherweise läßt diese Definition all jenes beiseite, was rein zufällig so und nicht anders ist und was durchaus nicht unter den Begriff des Un-Normalen, des Pathologischen zu fallen braucht. Keinesfalls aber verstehen wir unter dem Normalen den aus allen beobachteten Einzelfällen errechneten Durchschnitt, sondern vielmehr den vom Artenwandel durchkonstruierten *Typus*, der sich aus begreiflichen Gründen selten oder nie ganz *rein* verwirklicht findet. Dennoch aber bedürfen wir dieser rein ideellen Konstruktion, um die Störungen der Abweichungen sich von ihm abheben zu lassen. Das Zoologie-Lehrbuch kann es nicht umgehen, einen völlig unversehrten, idealen Schmetterling als Vertreter seiner Art zu beschreiben, einen Schmetterling, den es in genau dieser Form nie und nimmer gibt, weil alle Exemplare, die wir in den Sammlungen vorfinden, jedes in etwas anderer Weise, mißgebildet oder beschädigt sind. Ebensowenig können wir der ebenso ideellen Konstruktion des »Normalverhaltens« der Graugans oder sonst einer Tierart entraten, eines Verhaltens, das verwirklicht wäre, wenn gar keine Störungen auf das Tier eingewirkt hätten, und das es so wenig gibt wie den untadeligen Typus des Schmetterlings. Menschen, die mit guter Fähigkeit zur Gestaltwahrnehmung begabt sind, *sehen* den Idealtypus einer Struktur oder eines Verhaltens ganz unmittelbar, das heißt, sie sind imstande, das Essentielle des Typus vom Hintergrunde der akzidentellen kleinen Unvollkommenheit abzugliedern. Als mein Lehrer Oskar Heinroth in seiner klassisch gewordenen Anatidenarbeit (1910) die lebenslange bedingungslose eheliche Treue der Graugans als ihr »Normal«-Verhalten beschrieb, hatte er damit den störungsfreien Idealtypus völlig richtig abstrahiert, obwohl er ihn schon deshalb niemals in voller Wirklichkeit beobachtet haben konnte, weil ein Gänseleben mehr als ein halbes Jahrhundert dauern kann und eine Gänseehe nur zwei Jahre weniger als das Leben. Dennoch ist seine Aussage richtig, und der von ihm aufgestellte Typus für Beschreibung und Analyse des Verhaltens ebenso unentbehrlich, wie eine aus dem Durchschnitt vieler Einzelfälle errechnete Norm unbrauchbar wäre. Als ich jüngst, kurz vor der Niederschrift dieses Kapitels, mit Helga Fischer ihre Gänseprotokolle eines nach dem anderen durcharbeitete, zeigte ich mich offenbar trotz aller obigen Erwägungen etwas enttäuscht darüber, daß sich der von meinem Lehrer beschriebene Normalfall der absolut und bis über den Tod hinaus getreuen Ehe unter unseren vielen, vielen Gänsen so verhältnismäßig selten verwirklicht fand. Darauf tat Helga, über meine Enttäuschung empört, den unsterblichen Ausspruch: »Ich weiß nicht, was du willst, *Gänse sind schließlich auch nur Menschen.*«

Von der Norm des ehelichen und sozialen Verhaltens gibt es bei den Wildgänsen, und zwar *nachweislich* auch bei freilebenden, sehr weitgehende Abweichungen. Eine sehr häufig vorkommende unter ihnen ist deshalb besonders interessant, weil sie, obwohl in manchen menschlichen Kulturen streng verpönt, bei den Gänsen überraschenderweise arterhaltend, nicht schädlich ist: ich meine die Bindung zwischen zwei Männern. Weder in ihrem Äußeren noch in ihrem Verhalten zeigen die beiden Geschlechter bei den Gänsen grobe, qualitative Abweichungen voneinander. Die einzige Zeremonie der Paarbildung, der sogenannte Winkelhals, die nach Geschlechtern wesentlich verschieden ist, hat zur Voraussetzung, daß sich die prospektiven Partner vor der Anpaarung nicht kennen und daher etwas Angst voreinander haben. Wenn dieser Ritus übersprungen wird, ist die Möglichkeit nicht eingeschränkt, daß ein Ganter seinen Triumphgeschrei-Antrag an ein anderes Männchen statt an ein Weibchen richtet. Dies kommt besonders häufig, aber keineswegs ausschließlich dann vor, wenn sich alle vorhandenen Gänse wegen engerer Gefangenhaltung allzu intim kennen. Solange meine Abteilung des Max-Planck-Instituts für Verhaltensphysiologie in Buldern in Westfalen untergebracht war und wir alle unsere Wasservögel auf einer verhältnismäßig kleinen Teichanlage halten mußten, kam dies so oft vor, daß wir längere Zeit vermeinten, das Zusammenfinden ungleichgeschlechtlicher Partner werde bei Graugänsen nur durch ein Verfahren von Versuch und Irrtum bewirkt. Erst sehr viel später entdeckten wir die Funktion der Winkelhals-Zeremonie, auf die hier indessen nicht näher eingegangen sei.

Wenn ein solcher junger Ganter sein Triumphgeschrei einem anderen Männchen anträgt und dieses darauf eingeht, so findet jeder der beiden, was diesen einen Funktionskreis anlangt, einen weit besseren Partner und Kumpan, als er in einem Weibchen fände. Da die intraspezifische Aggression im Ganter weit stärker ist als in der Gans, ist es auch die Neigung zum Triumphgeschrei, und die beiden Freunde regen einander zu kühnen Taten an. Da kein ungleichgeschlechtliches Paar ihnen die Stirne bieten kann, erringen solche Ganterpaare stets ganz hohe, wenn nicht die höchsten Stellen in der Rangordnung der betreffenden Gänsesiedlung. Sie halten mindestens ebenso getreu lebenslänglich zusammen, wie ein verschiedengeschlechtliches Paar es tut. Als wir unser ältestes Ganterpaar, Max und Kopfschlitz, trennten und ersteren in unsere Tochter-Grauganskolonie auf dem Amper-Stausee bei Fürstenfeldbruck verbannten, verpaarten sich beide nach einem Jahr der Trauer mit weiblichen Gänsen und beide Paare brüteten erfolgreich. Als wir Max – ohne Gattin und Kinder, die wir nicht einzufangen vermochten – auf den Ess-See zurückholten, verließ Kopfschlitz augenblicklich Frau und Kinder und kehrte zu Max zurück. Kopfschlitz' Gattin und Söhne schienen die Situation merkwürdigerweise genau zu erfassen und versuchten, Max in wütenden Angriffen zu vertreiben, was ihnen aber nicht gelang. Heute halten die beiden Ganter wie eh und je zusammen, und Kopfschlitz' verlassene Gattin zottelt traurig in gemessenem Abstand hinter den beiden her.

Der Begriff, der üblicherweise mit dem Wort Homosexualität

verbunden wird, ist sehr weit und sehr schlecht definiert. Als »homosexuell« gilt ebensowohl der weibisch gekleidete, geschminkte Jüngling in der Kaschemme als auch der griechische Sagenheld, obwohl sich der erstere in seinem eigenen Verhalten dem des anderen Geschlechtes annähert, während der zweite, was seine eigenen Handlungen betrifft, ein wahrer Über-Mann ist und nur in der Wahl des Objektes seiner geschlechtlichen Aktivitäten vom Normalen abweicht. In die letztere Kategorie fallen unsere »homosexuellen« Ganter. Ihre Irrung ist deshalb »verzeihlicher« als die des Achilles und des Patroklos, weil Männer und Weiber sich bei den Gänsen weniger unterscheiden als bei den Menschen. Außerdem verhalten sie sich insofern weit weniger »tierisch« als die meisten menschlichen Homosexuellen, als sie niemals oder nur in verschwindend seltenen Ausnahmefällen kopulieren oder Ersatzhandlungen ausführen. Im Frühling sieht man sie zwar die Zeremonie der Begattungseinleitung zelebrieren, das schöne und graziöse Halseintauchen, das der Dichter Hölderlin an Schwänen sah und im Gedichte verherrlichte. Wenn sie nach diesem Ritus zur Kopulation schreiten wollen, versucht naturgemäß jeder auf den anderen aufzusteigen und keiner denkt daran, sich nach Art des Weibchens flach aufs Wasser zu legen. Wenn der Ablauf der Dinge in dieser Weise zum Stocken kommt, werden sie zwar ein wenig ärgerlich aufeinander, lassen aber dann den Versuch ohne besondere Aufregung oder Enttäuschung einfach sein. Jeder hält den anderen gewissermaßen für eine Frau, und daß diese ein wenig frigide ist und just nicht getreten werden will, tut der großen, großen Liebe keinen merklichen Abbruch. Mit dem Fortschreiten des Frühlings lernen die Ganter allmählich, daß sie nicht kopulieren können, und versuchen gar nicht mehr aufzusteigen, vergessen dies aber interessanterweise über den Winter hin und versuchen im nächsten Frühling mit frischer Hoffnung, einander zu treten.

Häufig, aber durchaus nicht immer, findet der Begattungstrieb solcher, durch das Triumphgeschrei aneinander gebundener Ganter in anderer Richtung seine Befriedigung. Wahrscheinlich ist es die soziale Vorrangstellung, die solche Ganter dank ihrer vereinten Kampfeskraft regelmäßig erringen, welche eine ungeheuer starke Anziehung auf unverpaarte Weibchen ausübt; jedenfalls findet sich früher oder später eine Gans, die zwei solchen Helden in bescheidener Entfernung nachfolgt und die, wie genauere Beobachtung sowie der anschließende Verlauf der Ereignisse zeigen, in *einen* der beiden verliebt ist. Ein solches

Mädchen steht bzw. schwimmt dann zunächst als armes Mauerblümchen daneben, wenn beide Ganter ihre erfolglosen Begattungsversuche anstellen, früher oder später aber macht es die schlaue Erfindung, sich in jenem Augenblick rasch in Bereitschaftsstellung zwischen die beiden Männer zu schieben, wo der von ihr erwählte den Versuch macht aufzusteigen. Sie bietet sich dabei *immer nur demselben* Ganter an! Dieser tritt sie dann regelmäßig, wendet sich aber unmittelbar danach mit gleicher Regelmäßigkeit seinem Freunde zu und vollführt diesem gegenüber die Zeremonie des Paarungsnachspieles: »Eigentlich habe ich dabei an dich gedacht!« Der zweite Ganter macht dann häufig ganz regelrecht bei dem Nachspiel mit. In einem zu Protokoll stehenden Fall pflegte die Gans nicht den beiden Gantern überallhin zu folgen, vielmehr wartete sie zur Mittagszeit, zu der Gänse stets am kopulationsfreudigsten sind, in einer bestimmten Ecke des Teiches auf ihren Geliebten, der eilig angeschwommen kam und nach dem Treten sofort auf- und quer über den Teich zu seinem Freunde zurückflog, um mit diesem das Begattungsnachspiel zu vollführen, was besonders unfreundlich der Dame gegenüber wirkte. Diese schien indessen nicht »beleidigt«.

Auf der Seite des Ganters kann eine solche Begattungsbeziehung allmählich zur »lieben Gewohnheit« werden, auf der Seite der Gans besteht sowieso von vornherein die latente Bereitschaft, in sein Triumphgeschrei einzustimmen. Mit zunehmender Bekanntschaft vermindert sich der Abstand, in dem die Gans dem Männchenpaare folgt und auch der andere, sie nicht tretende Ganter gewöhnt sich nach und nach an sie. Ganz allmählich beginnt sie dann, erst schüchtern und später mit zunehmender Selbstsicherheit, in das Triumphgeschrei der beiden Freunde mit einzustimmen, und diese gewöhnen sich mehr und mehr an ihre dauernde Anwesenheit. So wird das Weibchen auf dem Umwege über lange, lange Bekanntschaft aus dem mehr oder weniger unerwünschten Anhängsel des einen der beiden Ganter zu einem beinahe, ja nach sehr langer Zeit sogar völlig gleichwertigen Mitglied der Triumphgeschrei-Gemeinschaft.

Dieser lange Vorgang kann unter Umständen durch ein besonderes Verfahren abgekürzt werden, dann nämlich, wenn die Gans, die ja zunächst von niemandem Hilfe bei der Verteidigung eines Nestgebietes empfängt, es allein fertigbringt, einen Nistplatz zu erobern und zu brüten. Da kann es passieren, daß die beiden Ganter sie entweder beim Brüten oder nach dem Schlüpfen der Jungen entdecken und adoptieren. Das heißt, sie adoptieren genau genommen die Brut, die Jungen, und nehmen es in Kauf, daß diese eine Mutter haben, die mitruft, wenn sie mit den Adoptivkindern triumphschreien, die ja in Wirklichkeit die Nachkommen von einem der beiden sind. Nestwache-Stehen und Kinderführen sind, wie schon Heinroth schreibt, so recht die Höhepunkte im Leben eines Ganters und offensichtlich mehr mit Gefühlen und Affekten geladen als Begattungsvorspiel und Treten; so bilden sie denn auch eine bessere Brücke als die Begattung zum engeren Bekanntwerden der beteiligten Individuen und zur Ausbildung eines gemeinsamen Triumphgeschreis. Auf welchem dieser verschiedenen Wege es auch sei, immer kommt schließlich und endlich, d. h. nach einigen Jahren eine ganz richtige Ehe zu dritt zustande, auch insofern, als nach kürzerer oder längerer Zeit auch der zweite Ganter die Gans zu treten beginnt und alle drei Vögel das Begattungsspiel gemeinsam ausführen. Das Merkwürdigste an solchen Dreier-Ehen, von denen wir eine ganze Anzahl zu beobachten Gelegenheit hatten, ist ihr biologischer Erfolg: sie stehen stets obenan in der Rangordnung ihrer Siedlung, werden nie vom Nestrevier vertrieben und ziehen Jahr für Jahr eine erkleckliche Anzahl von Kindern groß. Man kann also die »homosexuelle« Triumphgeschrei-Bindung zweier Ganter keineswegs als etwas Pathologisches betrachten, um so weniger, als sie auch bei freilebenden Gänsen vorkommt: Peter Scott beobachtete an wilden Kurzschnabelgänsen in Island einen erheblichen Prozentsatz von Familien, die aus zwei Männern und einer Frau bestanden. Der biologische Vorteil, der sich aus der verdoppelten Verteidigungstätigkeit der Väter ergibt, war dort noch deutlicher als bei unseren, gegen Raubzeug weitgehend geschützten, Gänsen.

Ich habe genugsam geschildert, wie kraft langer Bekanntschaft ein neues Mitglied Aufnahme in den exklusiven Kreis einer Triumphgeschrei-Gemeinschaft finden kann. Es bleibt mir noch der Vorgang zu schildern, durch den eine solche Bindung jählings, man möchte sagen explosiv, entsteht und, eh man's gedacht, zwei Individuen für immer aneinander kettet. Wir sagen dann, ohne Anführungszeichen, die beiden hätten sich ineinander verliebt. Das englische »falling in love« und der mir wegen seiner Vulgärität verhaßte deutsche Ausdruck »sich verknallen« bringen beide anschauliche Gleichnisse für die Plötzlichkeit des Vorgangs.

Bei Weibchen und ebenso bei sehr jungen Männchen ist die

Veränderung des Verhaltens wegen einer gewissen »verschämten« Zurückhaltung nicht so offenkundig, wenn auch keineswegs weniger tiefgreifend und folgenschwer als bei erwachsenen Männern – eher ist das Gegenteil der Fall. Von voll herangereiften Gantern dagegen wird die neue Liebe mit Pauken und Drommeten kundgetan, und es ist ganz unglaublich, welche Veränderungen in seiner äußeren Erscheinung ein Tier erzielen kann, das weder, wie ein Knochenfisch, über bunte Balzfarben verfügt, die in der entsprechenden Stimmung aufglühen, noch, wie der Pfau und viele andere Vögel, über besondere Gefiederstrukturen, die bei der Werbung in Erscheinung treten. Es ist mir passiert, daß ich einen wohlbekannten Ganter buchstäblich nicht wiedererkannte, als er von gestern auf heute »in Liebe gefallen« war. Der Muskeltonus ist erhöht, wodurch eine kraftvoll gespannte Haltung entsteht, die sämtliche Konturen des Vogels verändert, jede Bewegung wird mit übertriebenem Kraftaufwand vollführt, das Auffliegen, das sonst einen schwierigen »Entschluß« bedeutet, fällt dem Verliebten so leicht, als wäre er ein Kolibri, er fliegt kleinste Strecken, die jede vernünftige Gans zu Fuß gehen würde, und fällt rauschend und mit Triumphgeschrei bei der Angebeteten ein. Im Bremsen und Beschleunigen gefällt sich der Ganter genau wie ein Halbstarker auf einem Motorrad, und auch im Suchen von Händeln verhält er sich, wie wir schon vorher gehört haben, sehr ähnlich wie ein solcher.

Ein junges Weibchen, das sich verliebt, drängt sich niemals dem Geliebten auf, läuft ihm auch niemals nach, sondern findet sich höchstens »wie zufällig« an Orten, die er häufig besucht. Ob sie seiner Werbung geneigt ist, erfährt der Ganter nur durch das Spiel der Augen, sie sieht nämlich seinem Imponiergehaben *nicht direkt zu*, sondern schaut »angeblich« anderswohin, in Wirklichkeit schaut sie aber doch hin, und zwar, wie um die Richtung ihrer Blicke zu verbergen, ohne den Kopf zu drehen, mit anderen Worten, sie schielt aus dem Augenwinkel nach ihm, haargenau wie Menschenmädchen es tun.

Wie dies leider auch beim Menschen der Fall sein kann, trifft Amors Hexenschuß manchmal nur *ein* Individuum. Daß dies nach unseren Protokollen öfter ein junger Mann als ein junges Mädchen ist, mag Täuschung sein, die dadurch entsteht, daß man die zarten Äußerungen weiblichen Verliebtseins auch bei Gänsen leichter übersieht als die mehr augenfälligen männlichen. Beim Männchen hat die Werbung häufig auch dann Erfolg, wenn der Gegenstand seiner Liebe nicht allsogleich mit Gegenliebe reagiert, denn ihm steht es ja frei, in aufdringlichster Weise hinter der Geliebten herzurennen, alle anderen Bewerber zu verprügeln und durch die maßlose Beharrlichkeit seiner erwartungsvollen Anwesenheit die Umworbene allmählich doch so weit an sich zu gewöhnen, daß sie in sein Triumphgeschrei einstimmt. Unglückliche und dauernd erfolglose Verliebtheit gibt es vor allem dann, wenn ihr Objekt anderweitig fest gebunden ist. Ein Ganter gibt in allen beobachteten derartigen Fällen seine Bewerbung sehr bald auf. Von einer sehr zahmen, von mir handaufgezogenen weiblichen Gans aber steht zu Protokoll, daß sie mehr als vier Jahre lang einem glücklich verheirateten Ganter in unwandelbarer Liebe nachfolgte. Sie war immer bescheiden in mehreren Metern Abstand von seiner Familie »wie zufällig« anwesend. Ihre eigene sowie die eheliche Treue ihres Geliebten stellte sie alljährlich durch ein unbefruchtetes Gelege unter Beweis!

Die Treue in bezug auf das Triumphgeschrei und die Treue in bezug auf die Begattung sind in eigenartiger Weise miteinander korreliert, und zwar bei Mann und Frau in etwas verschiedener Weise. In dem idealen Normalfall, in dem alles klappt und gar keine Störung eintritt, das heißt, wenn zwei temperamentvolle, prächtige, gesunde junge Graugänse sich in ihrem ersten Lebensfrühling heftig ineinander verlieben, keine von beiden sich verfliegt, vom Fuchs gefressen, von Fadenwürmern befallen, vom Wind gegen eine Telegraphenleitung geschleudert usw. wird, so sind beide Gatten einander wohl immer lebenslänglich treu, sowohl bezüglich des Triumphgeschreis als bezüglich der Begattung. Zerreißt nun das Schicksal das erste Band der Liebe, so sind zwar Ganter wie Gans imstande, eine neue Triumphgeschrei-Bindung einzugehen, um so leichter, je früher die Störung eintrat, doch ist dann merkwürdigerweise die Monogamie der Begattung gestört, und zwar beim Ganter stärker als bei der Gans. Ein solcher Vogel schreit mit seiner Frau völlig normal Triumph, steht getreulich Nestwache, verteidigt seine Familie so tapfer wie nur irgendeiner, kurz, er ist in jeder Hinsicht ein vorbildlicher Familienvater – nur daß er gelegentlich andere Weibchen tritt. Zu solchen Verirrungen ist er besonders dann bereit, wenn sein angepaartes Weibchen abwesend ist, zum Beispiel fern vom Neste, während sie brütet. Naht sich dann die fremde Frau der Familie oder dem Mittelpunkt des Brutreviers, so wird sie vom Ganter oft heftig angegriffen und vertrieben. Vermenschlichende Beschauer bezichtigen dann den Ganter bewußter Geheimhaltung seines »Verhältnisses« vor seiner Frau, was selbstverständlich eine gewaltige Überschätzung seiner geistigen Fähigkeiten bedeutet. In Wirklichkeit reagiert er in Nest- oder Familien-Nähe auf die Fremde so wie auf jede nicht zur Gruppe gehörende Gans mit Vertreiben, während er auf neutralem Gebiet nicht durch die Reaktionen der Familienverteidigung daran gehindert wird, das Weibchen in ihr zu sehen. Das fremde Weibchen fungiert ausschließlich als Partnerin des Tretaktes, der Ganter zeigt keine Neigung, sich sonst in ihrer Nähe aufzuhalten, mit ihr zu gehen oder gar sie und ihr Nest zu verteidigen. Gelingt ihr eine Brut, so muß sie ihre unehelichen Kinder allein großziehen.

Das fremde Weibchen seinerseits versucht vorsichtig und stets nur »wie zufällig« in die Nähe ihres Freundes zu kommen. Er liebt sie nicht, aber sie liebt ihn, d. h., sie wäre bereit, seinen Triumphgeschrei-Antrag anzunehmen, sollte er ihr einen machen. Bei der weiblichen Graugans ist nämlich die Bereitschaft zur Begattung viel stärker an Verliebt-Sein gebunden als beim Ganter, mit anderen Worten, es tritt die bekannte Dissoziation zwischen dem Band der Liebe und dem Trieb zur Begattung auch unter Gänsen bei den Männern leichter und öfter auf als bei den Frauen. Auch fällt es weiblichen Gänsen weit schwerer als Gantern, nach Zerreißen der alten Bindung eine neue einzugehen. Dies gilt vor allem für ihre erste Witwenschaft. Je öfter sie Witwe wurde oder von ihrem Partner verlassen worden ist, desto leichter wird es ihr, einen neuen zu finden, desto weniger fest wird dabei allerdings meist das neue Band. Eine mehrfach verwitwete oder »geschiedene« Gans zeigt dann ein vom Typischen weit abweichendes Verhalten. Sexuell aktiver und weniger durch Sprödigkeit gehemmt als ein junges Weibchen, gleicherweise bereit, ein neues Triumphgeschrei- wie ein neues Begattungs-Verhältnis einzugehen, wird eine solche Gans zum Prototyp der »Femme fatale«. Sie fordert die ernstgemeinte Werbung junger Ganter, die zu lebenslänglicher Bindung bereit wären, geradezu heraus, macht den Erwählten dann aber nach kurzer Ehe unglücklich, wenn sie ihn um eines neuen Geliebten willen verläßt. Die Lebens- und Ehegeschichte unserer ältesten Graugans Ada ist ein wundervolles Beispiel für das eben Gesagte und endet – wohl ein seltener Fall – schließlich doch mit einer späten »grande passion« und anschließend glücklichen Ehe. Adas Protokoll liest sich wie ein spannender Sittenroman – doch der soll in einem anderen Buch stehen.

Je länger ein Paar glücklich verheiratet war und je näher die Eheschließung dem weiter oben skizzierten Idealfall kam, desto schwerer fällt es in der Regel dem Überlebenden, nach Verlust des Gatten eine neue Triumphgeschrei-Bindung einzugehen, den Weibchen, wie gesagt, noch schwerer als den Männchen. Heinroth berichtet von Fällen, in denen verwitwete Gänse lebenslänglich völlig einsam und geschlechtlich inaktiv blieben. Von Gantern haben wir niemals Ähnliches beobachtet, spät verwitwete trauerten längstens ein ganzes Jahr lang, begannen dann verschiedentliche Begattungsverhältnisse einzugehen und brachten es schließlich und endlich auf Umwegen, wie wir solche schon S. 190 kennengelernt haben, doch wieder zu einer richtigen Triumphgeschrei-Bindung. Ausnahmen von den eben skizzierten Regeln gibt es in Menge. Wir sahen eine lang und störungsfrei verheiratete Gans unmittelbar nach Verlust des Gatten eine neue und in jeder Hinsicht vollständige Ehe eingehen, und unsere Erklärung, daß mit der alten Ehe doch irgend etwas nicht gestimmt haben dürfte, klingt allzusehr nach einer petitio principii.

Solche Ausnahmen sind so außerordentlich selten, daß ich vielleicht besser daran getan hätte, sie ganz zu verschweigen, um den richtigen Eindruck von der Festigkeit und Dauerhaftigkeit zu vermitteln, wie sie die Triumphgeschrei-Bindung kennzeichnen, und zwar *nicht* im idealisierten Normalfalle, sondern im statistischen Durchschnitt aller beobachteten Fälle. Das Triumphgeschrei ist, um ein Wortspiel zu gebrauchen, das Leitmotiv unter sämtlichen Motivationen, die das tägliche Leben der Wildgänse bestimmen. Es schwingt als leiser Unterton des gewöhnlichen Stimmfühlungs-Schnatterns – das Selma Lagerlöf so erstaunlich richtig mit »Hier bin ich, wo bist du?« übersetzt – dauernd ein wenig mit, leicht anschwellend, wenn zwei Familien einander etwas feindselig in den Weg geraten, völlig abklingend nur beim gemütlichen Weiden und vor allem beim Alarm, bei gemeinsamer Flucht und beim Fliegen in großer Schar über weite Strecken. Aber sowie eine solche, das Triumphgeschrei vorübergehend unterdrückende Erregung abgeklungen ist, bricht sogleich, gewissermaßen als Kontrasterscheinung, das rasche Begrüßungs-Geschnatter hervor, das wir bereits als die schwächste Intensitäts-Stufe des Triumphgeschreis kennen. Die Mitglieder einer von diesem Bande zusammengehaltenen Gruppe versichern einander sozusagen den ganzen Tag lang und bei jeder sich bietenden Gelegenheit: »Wir gehören zusammen, wir treten gemeinsam zu allen Außenstehenden in Gegensatz!«

Wir haben schon an anderen Instinkthandlungen jene merkwürdige Spontaneität, jene von innen kommende Produktion von Erregung kennengelernt, die für eine bestimmte Verhaltensweise spezifisch ist und deren Menge genau auf den »Verbrauch« der betreffenden Bewegung abgestimmt ist, d. h. um so reichlicher fließt, je häufiger das Tier jene Handlung auszuführen hat. Mäuse müssen nagen, Hennen picken, Eichhörnchen umherhüpfen. Sie müssen es unter normalen Lebensbedingungen, um den Lebensunterhalt zu bestreiten. Wenn diese Notwendigkeit unter den Bedingungen der Labor-Gefangenschaft *nicht* besteht, müssen sie es aber ebenso, und zwar deshalb, weil alle Instinktbewegungen von einer inneren Reizproduktion hervorgebracht und nur in bezug auf das Jetzt und Hier ihrer Auslösung von Außenreizen gesteuert werden. Ebenso muß eine Graugans triumphschreien, und wenn ihr die Möglichkeit genommen ist, dieses Bedürfnis zu befriedigen, wird sie zu einem pathologischen Zerrbild ihrer selbst. Sie kann nicht einmal den gestauten Trieb an einem Ersatzobjekt abreagieren, wie die Maus es tut, die beliebige Gegenstände benagt, oder das Eichhörnchen, das im engen Käfig stereotype Purzelbäume schlägt, um seinen Bewegungstrieb loszuwerden. Eine Graugans, die keinen Partner besitzt, mit dem sie triumphschreien kann, steht und sitzt traurig und deprimiert herum. Wenn Yerkes von Schimpansen einmal so treffend gesagt hat, *ein* Schimpanse sei überhaupt kein Schimpanse, so gilt Entsprechendes für eine Wildgans in noch viel höherem Maße und selbst dann, ja ganz besonders dann, wenn eine einzelne Gans sich in einer volkreichen Siedlung befindet, in der sie keinen Triumphgeschrei-Partner hat. Erzeugt man diese traurige Sachlage absichtlich im Versuch, indem man ein einzelnes Gänseküken als »Kaspar Hauser« isoliert von Artgenossen großzieht, so beobachtet man an einem solchen Unglückswesen eine Reihe von kennzeichnenden Störungen des Verhaltens zur unbelebten und mehr noch zur belebten Umwelt, die höchst bedeutsam denjenigen ähneln, die René Spitz an hospitalisierten und eines ausreichenden sozialen Kontaktes beraubten Menschenkindern feststellte. Ein solches Wesen verliert nicht nur die Fähigkeit, sich aktiv mit den Reiz-Situationen seiner Umwelt auseinanderzusetzen, sondern trachtet, sich allen Außenreizen nach Möglichkeit zu entziehen. Die Bauchlage mit dem Gesicht der Wand zugekehrt ist »pathognomonisch« für solche Zustände, d.h. allein zu ihrer Diagnose hinreichend. Auch Gänse, die man in dieser Weise seelisch verkrüppeln läßt, setzen sich so, daß sie mit dem Schnabel in einen Winkel des Zimmers schauen, in zwei diagonal gegenüberliegende Winkel, wenn man zwei in denselben Raum setzt, wie wir es einmal taten. René Spitz, dem wir dieses Experiment demonstrierten, war geradezu erschüttert über die Analogien zwischen dem Verhalten unserer Versuchstiere und dem der von ihm untersuchten Waisenhauskinder. Im Gegensatz zu diesen ist aber eine so geschädigte Gans weitgehend heilbar, ob ganz, wissen wir noch nicht, da die Restitution Jahre in Anspruch nimmt. Beinahe noch dramatischer als eine solche experimentelle Verhinderung der Bildung einer Triumphgeschrei-Bindung wirkt sich ihr gewaltsames Zerreißen aus, das ja unter natürlichen Bedingungen nur zu oft vorkommt. Als erste Reaktion auf das Verschwinden des Partners versucht eine Graugans mit aller Macht, ihn wieder zu finden. Sie ruft dauernd, buchstäblich Tag und Nacht den dreisilbigen Distanzruf, läuft eilig und aufgeregt im gewohnten Gebiet umher, an Plätzen, wo sie sich mit dem Vermißten zusammen aufzuhalten pflegte, dehnt ihre Such-Exkursionen immer mehr aus und fliegt, immer rufend, weit umher. Jede Kampfbereitschaft ist mit dem Verlust des Partners schlagartig erloschen, die vereinsamte Gans wehrt sich gegen die Angriffe der Artgenossen überhaupt nicht mehr, flieht vor den schwächsten und jüngsten Gänsen und fällt, da sich ihr Zustand in der Kolonie rasch »herumspricht«, sofort auf die tiefste, allertiefste Stufe der Rangordnung. Die Schwelle aller fluchtauslösenden Reize ist erheblich herabgesetzt, der Vogel zeigt sich nicht nur Artgenossen gegenüber völlig feige, er erschrickt auch über alle von der Außenwelt herkommenden Reize mehr als sonst. Dem Menschen gegenüber kann eine bisher zahme Gans völlig scheu werden.

Manchmal allerdings, bei menschen-aufgezogenen Gänsen, kann das Umgekehrte eintreten, und die vereinsamten Vögel können sich erneut engst an den Pfleger anschließen, dem sie, solange sie glücklich mit anderen Gänsen verbunden waren, keinerlei Beachtung mehr zollten. Dies tat z.B. der Ganter Kopfschlitz, als wir, wie S. 188 erzählt, seinen Freund Max in die Verbannung schickten. Normal von ihren Eltern aufgezogene Wildgänse können im Zustande der Vereinsamung zu Eltern oder Geschwistern zurückkehren, mit denen sie vorher keinerlei merkbare Beziehungen mehr unterhalten hatten, an denen sie aber, wie eben diese Beobachtungen zeigen, latent noch hängen. In denselben Erscheinungskreis gehört zweifellos die Beobachtung, daß Gänse, die wir als erwachsene Vögel in die Tochterkolonien unserer Gänsesiedlung am Ammersee oder am Amperstauweiher in Fürstenfeldbruck verpflanzt hatten, dann in die alte Gänsesiedlung am Ess-See zurückkehrten, wenn sie ihren Gatten oder Triumphgeschrei-Partner verloren hatten.

Alle im Obigen beschriebenen, das vegetative Nervensystem sowie das Verhalten betreffenden Symptome finden sich in weitgehend analoger Weise bei sich grämenden Menschen. John Bowlby hat in seiner Studie über den Gram bei kleinen Kindern eine ebenso anschauliche wie ergreifende Schilderung dieser Vorgänge gegeben, und es ist schier unglaublich, bis in welche Einzelheiten die Analogien zwischen Mensch und Vogel hier reichen! Genau wie das menschliche Antlitz, vor allem die Umgebung der Augen, bei längerem Bestehen der beschriebenen depressiven Zustände – »vom Schicksal« – mit dauernden Runen gezeichnet wird, so geschieht das auch bei dem Gesicht einer Graugans. Hier wie dort ist es besonders die untere Umrandung der Augen, die durch eine lang anhaltende Senkung des Sympathicotonus eine Veränderung erfährt, die wesentlich für den Ausdruck der »Vergrämtheit« ist. Meine liebe alte Graugans Ada erkenne ich unter Hunderten von anderen Gänsen von weitem an diesem gramgezeichneten Ausdruck ihrer Augen, und daß dies keineswegs etwa auf einer Einbildung meinerseits beruht, wurde mir einst in sehr eindrucksvoller Form bewiesen. Ein hochgelehrter Tier- und insbesondere Vogelkenner, der nichts von Adas Vorgeschichte wußte, zeigte plötzlich auf sie und sagte: »Diese Gans muß besonders Schweres durchgemacht haben!«

Wir halten aus grundsätzlichen, erkenntnistheoretischen Erwägungen alle Aussagen über das subjektive Erleben von Tieren für wissenschaftlich nicht legitim, mit Ausnahme der einen, daß Tiere ein subjektives Erleben haben. Das Nervensystem der Tiere ist anders als das unsere, das physiologische Geschehen, das sich in ihm abspielt, ebenfalls, und es ist als sicher anzunehmen, daß ein Erleben, das diesem Geschehen parallel geht, ebenfalls qualitativ anders sei als das unsere. Diese erkenntnistheoretisch saubere Einstellung zum subjektiven Erleben der Tiere bedeutet natürlich nie und nimmer die Ableugnung seiner Existenz, und mein Lehrer Heinroth pflegte auf den Vorwurf, daß er im Tiere eine seelenlose Maschine sähe, lächelnd zu antworten: »Ganz im Gegenteil, ich halte Tiere für *Gefühlsmenschen* mit äußerst wenig Verstand!« Wir wissen nicht, und wir können nicht wissen, was subjektiv in einer Gans vorgeht, die mit allen objektiven Symptomen menschlicher Trauer herumsteht. Aber wir können uns des *Gefühles* nicht erwehren, daß ihr Leiden dem unseren geschwisterlich verwandt ist!

Rein objektiv gesehen, haben alle Erscheinungen, die man an einer ihrer Triumphgeschrei-Bindung beraubten Wildgans beobachten kann, denkbar größte Ähnlichkeit mit jenen, die man an einem extrem *heimattreuen* Tiere zu sehen bekommt, wenn man es aus der gewohnten Umgebung herausreißt und in die Fremde versetzt. Man sieht dann dasselbe verzweifelte Suchen und denselben Verlust alles Angriffsmutes, solange das Tier sein Heimatgebiet nicht wiedergefunden hat. Es ist für den Kundigen eine sehr anschauliche und treffende Schilderung der Beziehungen einer Graugans zu ihrem Triumphgeschrei-Partner, wenn man sagt, sie verhalte sich zu diesem in jeder Hinsicht so, wie ein ausgesprochen reviertreues Tier sich zum Mittelpunkt seines Territoriums verhält, an den das Tier um so fester gebunden ist, je größer der »Bekanntheitsgrad« ist. In unmittelbarer Nähe dieses Punktes enthalten nicht nur die intraspezifische Aggression, sondern auch sehr viele andere, autonome Lebenstätigkeiten der betreffenden Art ihre höchste Intensität. Monika Meyer-Holzapfel hat den persönlich befreundeten Partner als »das Tier mit der Heimvalenz« bezeichnet und mit diesem Terminus, der alles anthropomorphe Subjektivieren tierischen Verhaltens mit Erfolg vermeidet, dennoch die Fülle aller Gefühlswerte erfaßt, die dem wahren Freunde zukommen.

Dichter und Psychoanalytiker wissen längst, wie nahe Liebe und Haß beieinander wohnen und daß auch bei uns Menschen das Objekt der Liebe fast stets in »ambivalenter« Weise auch ein solches der Aggression ist. Das Triumphgeschrei der Gänse ist, wie nicht oft genug betont werden kann, nur ein Analogon und bestenfalls ein kraß vereinfachtes Modell menschlicher Freundschaft und Liebe, doch zeigt es in bedeutsamer Weise, wie eine solche Ambivalenz zustande kommen kann. Wenn bei der Graugans auch dem zweiten Akt der Zeremonie, der freundlich grüßenden Zuwendung, unter normalen Bedingungen so gut wie keine Aggression mehr beigemischt ist, so enthält doch der Gesamtablauf, insbesondere in seinem ersten, vom »Rollen« begleiteten Teil, ein gerütteltes Maß autochthoner Aggression, die sich, wenn auch nur latent, gegen den geliebten Freund und

Partner richtet. Daß dem so ist, wissen wir nicht nur aus den stammesgeschichtlichen Erwägungen, die im vorigen Kapitel erörtert wurden, sondern auch aus Beobachtungen von Ausnahmefällen, die ein Streiflicht auf das Zusammenspiel von ursprünglicher Aggression und autonom gewordener Triumphgeschrei-Motivation werfen.

Unser ältester Schneeganter, Paulchen, verpaarte sich im zweiten Lebensjahr mit einer gleichaltrigen Schneegans, erhielt aber gleichzeitig eine Triumphgeschrei-Bindung noch zu einem zweiten Schneeganter, Schneerot, aufrecht, der zwar nicht sein Bruder war, aber im brüderlichen Zusammenleben einem solchen gleichkam. Nun haben Schneeganter die bei Schwimm- und Tauchenten weitverbreitete, bei Gänsen sonst gar nicht übliche Gepflogenheit, fremde Weibchen zu vergewaltigen, ganz besonders dann, wenn diese auf dem Nest sitzen und brüten. Als nun im nächsten Jahr Paulchens Gattin ein Nest baute, Eier legte und brütete, ergab sich eine ebenso interessante wie grauenhafte Situation: Schneerot vergewaltigte das Weibchen dauernd in der brutalsten Weise, und Paulchen vermochte nicht das geringste dagegen zu tun! Wenn Schneerot auf das Nest kam und die Gans packte, stürzte Paulchen in höchster Wut auf den Wüstling los, dann aber, bei ihm angekommen, in scharfer Bajonettkurve an ihm vorbei, um anschließend irgendein harmloses Ersatzobjekt, z. B. unseren Photographen, anzugreifen, der die Szene filmte. Niemals vorher war mir die Macht der durch Ritualisierung festgelegten Neu-Orientierung so eindringlich vor Augen geführt worden: Paulchen *wollte* Schneerot angreifen, unverkennbar war es dieser, der seinen Zorn erregte, aber er *konnte* nicht an ihn heran, weil die feste Bahn der ritualisierten Bewegungsform ihn so fest und sicher an dem Gegenstand seines Zornes vorüberleitete, wie eine entsprechend gestellte Weiche eine Lokomotive auf ein Nebengleis laufen läßt.

Wie das Verhalten dieses Schneeganters sehr eindeutig zeigt, lösen auch eindeutig aggressionsauslösende Reizwirkungen, wenn sie vom Partner ausgehen, nur Triumphgeschrei und keinen Angriff aus. Bei der Schneegans ist die Zeremonie nicht so deutlich wie bei der Graugans in zwei Akte geschieden, von denen der erste stärker aggressionshaltig und nach außen gerichtet ist, der zweite aber in einer fast nur sozial motivierten Zuwendung zum Partner besteht. Die ganze Schneegans und besonders ihr Triumphgeschrei scheint mehr mit Aggression geladen als unsere freundliche Graugans. Bezüglich dieses Merkmals ist das Triumphgeschrei der Schneegans primitiver als das ihrer grauen Verwandten. So konnte in dem geschilderten abnormalen Fall ein Verhalten zustande kommen, das in der Mechanik seiner Antriebe durchaus dem urtümlichen neu-orientierten, am Partner vorbeizielenden Angriff entsprach, wie wir ihn S. 165 an Buntbarschen kennengelernt haben. Der Freudsche Begriff der *Regression* ist hier gut anwendbar.

Ein etwas anders gearteter Regressionsvorgang kann auch am Triumphgeschrei der Graugans, und zwar an dessen zweiter, am wenigsten aggressiven Phase, gewisse Veränderungen bewirken, aus denen die ursprüngliche Beteiligung des Aggressionstriebes eindrucksvoll hervorgeht. Der hochdramatische Vorgang spielt sich nur dann ab, wenn in der S. 202 geschilderten Weise zwei starke Ganter eine Triumphgeschrei-Bindung eingegangen sind. Da, wie ebenfalls schon erwähnt, auch die kampfestüchtigste Gänsefrau dem kleinsten Ganter im Kampfe unterlegen ist, kann kein normales Gänsepaar jemals den Kampf gegen zwei solche Freunde bestehen, weshalb diese regelmäßig hoch oben in der Rangordnung der Gänsesiedlung stehen. Nun wächst mit dem Alter und dem langen Innehaben eines hohen Ranges das »Selbstbewußtsein«, d. h. die Sieges-Sicherheit und mit ihr die Intensität der Aggression. Gleichzeitig wächst die Intensität des Triumphgeschreis, wie wir S. 184 gesehen haben, mit dem Bekanntheitsgrade der Partner, also mit der Dauer ihres Bundes. Unter diesen Umständen ist es erklärlich, daß sich die Verbundenheits-Zeremonie eines solchen Ganterpaares bis zu Intensitätsgraden steigert, die von ungleichgeschlechtlichen Paaren niemals erreicht werden. Die schon mehrfach erwähnten Ganter Max und Kopfschlitz, die nunmehr 9 Jahre miteinander »verheiratet« sind, erkenne ich von weitem an der überschnappenden Begeisterung ihres Triumphgeschreis.

Manchmal kann es nun vorkommen, daß sich das Triumphgeschrei solcher Ganter über alle Maßen bis zur Ekstase steigert, und dann ereignet sich etwas ganz Merkwürdiges und Unheimliches. Die Laute werden immer stärker, gepreßter und schneller, die Hälse werden mehr und mehr waagrecht vorgestreckt, verlieren also die für die Zeremonie kennzeichnende aufgerichtete Haltung, und *der Winkel, in dem die neu-orientierte Bewegung von der Richtung auf den Partner zu abweicht, wird immer kleiner*. Mit anderen Worten, die ritualisierte Zeremonie *verliert* mit der extremen Steigerung ihrer Intensität mehr und mehr jene Bewegungsmerkmale, die sie von ihrem unritualisierten Vorbild unterscheiden. Sie kehrt also in echter Regression im Sinne Freuds auf einen stammesgeschichtlichen früheren, ursprünglichen Zustand zurück. J. Nicolai hat diese »Entritualisierung« an Gimpeln als erster entdeckt. Die Begrüßungszeremonie des Weibchens ist bei diesen Vögeln wie das Triumphgeschrei der Gänse durch Ritualisierung aus ursprünglichen Drohgebärden entstanden. Erhöht man nun bei der Gimpelfrau die sexuellen Antriebe durch längere Einzelhaft und setzt sie dann mit einem Männchen zusammen, so verfolgt sie ihn mit Begrüßungsgebärden, die um so deutlicher den Charakter der Aggression annehmen, je stärker der Geschlechtstrieb gestaut ist.

Die Erregung solcher ekstatischen Haßliebe kann bei dem Ganterpaar auf jeder beliebigen Stufe halt machen und wieder abklingen; dann entwickelt sich ein zwar immer noch extrem erregtes, aber doch normal in leises und zärtliches Schnattern ausklingendes Triumphgeschrei, selbst wenn die Gebärden sich eben noch bedrohlich dem Ausdruck wütender Angriffslust genähert hatten. Auch wenn man derlei zum erstenmal sieht und noch nichts von den eben geschilderten Vorgängen weiß, empfindet man bei Beobachtung derartiger Äußerungen heißester Liebe ein gewisses Unbehagen. Man denkt unwillkürlich an Ausdrücke wie »ich könnte dich vor Liebe fressen« und erinnert sich der alten Weisheit, die Freud so oft betont hat, daß nämlich die Umgangssprache ein verläßlich richtiges Gefühl für tiefste psychologische Zusammenhänge hat.

In vereinzelten Fällen aber, von denen wir immerhin in den zehn Jahren unserer Gänsebeobachtung drei zu Protokoll haben, geht die in höchster Ekstase auftretende Ent-Ritualisierung des Triumphgeschreis *nicht* zurück, und dann geschieht etwas Unwiderrufliches und für das künftige Leben der beteiligten Individuen höchst Folgenschweres: Die Droh- und Kampfstellung der beiden Ganter nimmt immer reinere Formen an, die Erregung steigt zum Siedepunkt, und plötzlich haben sich die beiden bisherigen Freunde gegenseitig beim Kragen und lassen einen Hagel weithin schallender Schläge mit dem hornbewehrten Flügelbug aufeinander niederprasseln. Man *hört* einen solchen tödlich ernsten Kampf buchstäblich kilometerweit. Während ein gewöhnlicher Kampf zwischen zwei Gantern, der aus der Rivalität um ein Weibchen oder um einen Nistplatz entbrennt, selten mehr als einige Sekunden, nie über eine Minute dauert, verzeichneten wir bei einem der drei Kämpfe zwischen bisherigen Triumphgeschrei-Partnern eine *volle* Viertelstunde, *nachdem* wir, durch den Lärm der Schlacht alarmiert, von weither herbeigeeilt waren. Die fürchterliche, verbissene Wut solcher Kämpfe erklärt sich wohl nur zum geringeren Teil daraus, daß die Gegner einander so genau kennen, daß sie weniger Furcht voreinander empfinden als vor Fremden. Auch die besondere Gräßlichkeit ehelicher Streitigkeiten stammt nicht nur aus dieser Quelle. Ich glaube vielmehr, es steckt in jeder echten Liebe ein so hohes Maß latenter, durch die Bindung verdeckter Aggression, daß beim Zerreißen dieses Bandes jenes gräßliche Phänomen zustande kommt, das wir Haß nennen. Keine Liebe ohne Aggression, aber auch kein Haß ohne Liebe!

Der Sieger verfolgt den Besiegten nie, und wir haben niemals erlebt, daß ein zweiter Kampf zwischen den beiden stattgefunden hätte. Im Gegenteil, die Ganter vermeiden einander fortan geflissentlich, in der großen Schar der draußen auf den Moorwiesen weidenden Gänse findet man sie immer an entgegengesetzten Punkten der Peripherie. Wenn sie je einmal durch Zufall – wenn sie einander nicht rechtzeitig bemerkt haben – oder durch absichtliche experimentelle Einwirkung unsererseits einander in die Nähe kommen, zeigen sie so ziemlich das merkwürdigste Verhalten, das ich je an Tieren gesehen habe und das man kaum zu beschreiben wagt, um nicht in den Verdacht maßloser Vermenschlichung zu geraten. Die Ganter sind nämlich *verlegen!* Sie können sich nicht sehen, sie können einander nicht ansehen. Ihre Blicke schweifen unstet flackernd umher, werden magisch vom Objekt ihrer Liebe und ihres Hasses angezogen, zucken wieder von ihm weg, wie ein Finger vor heißem Metall zurückzuckt, und zu alledem vollführen beide andauernd Übersprungbewegungen, putzen am Gefieder herum, schütteln nicht Vorhandenes vom Schnabel ab usw. Einfach fortzugehen vermögen sie auch nicht, denn alles was nach Flucht aussehen könnte, ist durch das uralte Gebot verhindert, um jeden Preis »das Gesicht wahren«. Man kann nicht umhin, die beiden zu bedauern und die Situation als höchst peinlich zu empfinden. Der Forscher, der sich mit den Problemen der intraspezifischen Aggression beschäftigt, würde sehr viel darum geben, durch eine genaue quantitative Motivationsanalyse, das Mischungsverhältnis feststellen zu können, in dem ursprüngliche Aggression und autonom verselbständigter Trieb zum Triumphgeschrei in den verschiedenen Einzelfällen dieser Zeremonie zusammenwirken. Wir glauben, der Lösung dieser Aufgabe allmählich näherzukommen, doch würde die Darstellung der betreffenden Untersuchung hier zu weit führen.

Dagegen wollen wir noch einmal überblicken, was wir aus dem vorliegenden Kapitel über die Aggression und über jene besonderen Hemmungsmechanismen gelernt haben, die zwischen ganz bestimmten, dauernd zusammenhaltenden Individuen nicht nur jeden Kampf ausschalten, sondern zwischen ihnen ein Band jener Art bilden, von der wir ein Beispiel im Triumphgeschrei der Gänse näher kennengelernt haben. Ferner wollen wir die Beziehungen untersuchen, die zwischen einem Band solcher und jenen anderen Mechanismen sozialen Zusammenlebens bestehen, die ich in den vorangehenden Kapiteln geschildert habe. Wie ich nun zu eben diesem Zwecke die betreffenden Kapitel noch einmal durchlese, überkommt mich ein entmutigendes Gefühl der Machtlosigkeit angesichts der Erkenntnis, wie wenig es mir gelungen ist, der Größe und Bedeutung des stammesgeschichtlichen Geschehens gerecht zu werden, von dem ich wirklich zu wissen glaube, wie es sich abgespielt hat, und das darzustellen ich mich unterfangen habe. Man sollte meinen, daß ein leidlich sprachbegabter Gelehrter, der sich sein ganzes Leben mit einer bestimmten Materie beschäftigt hat, imstande sein müsse, das mühevoll Errungene so darzustellen, daß er dem Zuhörer oder Leser nicht nur das mitteilt, was er *weiß*, sondern auch das, was er dabei *fühlt*. Ich kann nur hoffen, daß den Leser aus den lapidaren Tatsachen ein Hauch dessen anweht, was ich nicht in Worten auszudrücken vermag, wenn ich hier zu dem mir zustehenden Mittel der knappen wissenschaftlichen Zusammenfassung greife.

Wie wir aus dem 8. Kapitel wissen, gibt es Tiere, die der intraspezifischen Aggression völlig entbehren und lebenslang in fest gefügten Scharen zusammenhalten. Man sollte meinen, solche Wesen seien prädestiniert für die Ausbildung dauernder Freundschaft und brüderlichen Zusammenhaltes einzelner Individuen, doch findet sich dergleichen gerade unter solchen friedlichen Herdentieren niemals, ihr Zusammenhalt ist stets völlig anonym. Ein persönliches Band, eine individuelle Freundschaft finden wir *nur* bei Tieren mit hoch entwickelter intraspezifischer Aggression, ja, dieses Band ist um so fester, je aggressiver die betreffende Tierart ist. Es gibt kaum aggressivere Fische als Buntbarsche, kaum aggressivere Vögel als Gänse. Das sprichwörtlich aggressivste aller Säugetiere, Dantes »bestia senza pace«, der Wolf, ist der treueste aller Freunde. Wenn Tiere jahreszeitlich abwechselnd einmal territorial und aggressiv sind, das andere Mal aber aggressionslos und gesellig, so beschränkt sich jede etwaige persönliche Bindung auf die Periode der Aggressivität.

Das persönliche Band entstand im Laufe des großen Werdens ohne allen Zweifel in dem Zeitpunkte, als bei *aggressiven* Tieren das Zusammenarbeiten zweier oder mehrerer Individuen zu einem der Arterhaltung dienenden Zweck, meist wohl der Brutpflege, notwendig wurde. Das persönliche Band, die Liebe, entstand zweifellos in vielen Fällen *aus* der intraspezifischen Aggression, in mehreren bekannten auf dem Wege der Ritualisierung eines neu-orientierten Angriffs oder Drohens. Da die so entstandenen Riten *an die Person des Partners* gebunden sind und da sie weiters als selbständig gewordene Instinkthandlungen zum *Bedürfnis* werden, machen sie auch die Anwesenheit des Partners zum unabdingbaren Bedürfnis und diesen selbst zu dem »*Tier mit der Heimvalenz*«.

Die intraspezifische Aggression ist um Millionen Jahre *älter* als die persönliche Freundschaft und Liebe. Es hat durch lange Epochen der Erdgeschichte Tiere gegeben, die ganz sicher außerordentlich böse und aggressiv waren. Fast alle Reptilien, die wir heute kennen, sind es, und es ist nicht anzunehmen, daß die der Vorzeit es weniger waren. Ein persönliches Band aber kennen wir nur bei Knochenfischen, Vögeln und Säugern, bei Gruppen also, von denen keine vor dem späteren Erdmittelalter auftauchte. Es gibt also sehr wohl intraspezifische Aggression ohne ihren Gegenspieler, die Liebe, aber es gibt umgekehrt *keine Liebe ohne Aggression*.

Ein Verhaltensmechanismus, der begrifflich scharf von der intraspezifischen Aggression getrennt werden muß, ist der *Haß*, der häßliche kleine Bruder der großen Liebe. Anders als gewöhnliche Aggression, richtet er sich gegen ein *Individuum*, ganz wie die Liebe es tut, und wahrscheinlich hat er deren Vorhandensein zur Voraussetzung: Man kann wohl nur dort richtig hassen, wo man geliebt hat und es, wenn man das auch ableugnen möchte, immer noch tut.

Es ist wohl überflüssig, auf die Analogien hinzuweisen, die zwischen den im Vorangehenden geschilderten sozialen Verhaltensweisen mancher Tiere, vor allem der Wildgänse, und solchen des Menschen bestehen. Alle Binsenwahrheiten unserer Sprichwörter scheinen für diese Vögel gleicherweise zu gelten. Als gewiegte Stammesgeschichtler und gute Darwinisten können und müssen wir daraus wichtige Schlüsse ziehen. Zunächst wissen wir, daß die jüngsten gemeinsamen Ahnen von Vögeln und Säugetieren sehr tiefstehende Reptilien des oberen Devon und der unteren Steinkohle waren, die sicher kein hochentwickeltes Gesellschaftsleben besaßen und kaum klüger waren als Frösche. Die Ähnlichkeiten der sozialen Verhaltensweisen von Graugans und Mensch sind daher nicht von einem gemeinsamen Ahnen ererbt, sind nicht »homolog«, sondern ganz sicher durch sogenannte konvergente Anpassung entstanden. Ganz sicher verdanken sie ihr Dasein nicht dem Zufall, das wäre von einer Unwahrscheinlichkeit, die sich zwar errechnen, aber nur durch astronomische Ziffern ausdrücken ließe.

Wenn hochkomplexe Normen des Verhaltens, wie etwa Sich-Verlieben, Freundschaft, Rangordnungs-Streben, Eifersucht, Gram usw. usf., bei Graugans und Mensch nicht nur ähnlich, sondern bis in lächerliche Einzelheiten schlechthin gleich sind, so sagt uns dies *mit Sicherheit*, daß jeder dieser Instinkte eine ganz bestimmte arterhaltende Leistung entfaltet, und zwar jeweils eine solche, die bei der Graugans und beim Menschen ganz oder nahezu gleich ist. Nur so kann die Übereinstimmung des Verhaltens zustande gekommen sein.

Als gute Naturforscher, die nicht an »untrügliche Instinkte« und sonstige Wunder glauben, nehmen wir selbstverständlich an, daß jede dieser Verhaltensweisen die Funktion einer entsprechenden speziellen körperlichen Organisation von Nervensystem, Sinnesorganen usw. ist, mit anderen Worten einer Struktur, die der Selektionsdruck dem Organismus angezüchtet hat. Stellen wir uns nun, etwa an der Hand eines elektronischen oder sonstigen Gedankenmodells, die *Komplikation* vor, die ein physiologischer Apparat dieser Art mindestens haben muß, um eine soziale Verhaltensweise wie beispielsweise das Triumphgeschrei zu produzieren, so werden wir uns mit Erstaunen bewußt, daß ein bewundernswertes Organ, wie ein Auge oder ein Ohr, im Vergleich dazu als etwas geradezu Einfaches erscheint. Je komplexer und differenzierter zwei analog gebaute und Gleiches leistende Organe sind, desto größer ist unsere Berechtigung, sie unter einem funktionell bestimmten Begriff zu vereinigen und mit dem gleichen Namen zu benennen, seien sie auch stammesgeschichtlich noch so verschiedener Herkunft. Wenn etwa die Tintenfische oder Kopffüßer auf der einen Seite und die Wirbeltiere auf der anderen unabhängig voneinander Augen erfunden haben, die nach dem gleichen Prinzip der Linsenkamera gebaut sind und in beiden Fällen gleiche konstruktive Einheiten, wie Linse, Iris, Glaskörper und Netzhaut aufweisen, so wird kein

Vernünftiger Anstoß daran nehmen, beide, das Organ des Tintenfisches und das des Wirbeltieres, ein Auge zu nennen, und zwar *ohne alle Anführungszeichen*. Mit ebenso gutem Recht lassen wir diese fort, wenn wir von sozialen Verhaltensweisen höherer Tiere sprechen, die solchen des Menschen in mindestens ebenso vielen Merkmalen analog sind.

Geistig hochmütigen Menschen sollte das in diesem Kapitel Gesagte eine ernste Mahnung sein. Bei einem Tier, das noch nicht einmal zur bevorzugten Klasse der Säugetiere gehört, findet die Forschung einen Mechanismus des Verhaltens, der bestimmte Individuen lebenslänglich zusammenhält, der zum stärksten, alles Handeln beherrschenden Motiv geworden ist, der alle »tierischen« Triebe, wie Hunger, Sexualität, Aggression und Furcht, zu überwinden vermag und die Gesellschaftsordnung in ihrer artbezeichnenden Form bestimmt. In all den Punkten ist dieses Band jenen Leistungen analog, die bei uns Menschen mit den Gefühlen der Liebe und Freundschaft in ihrer reinsten und edelsten Form einhergehen.

12
Predigt der Humilitas

> Das ist der Ast in deinem Holz
> An dem der Hobel hängt und hängt:
> Das ist dein Stolz,
> Der immer wieder dich
> in seinen steifen Stiefel zwängt.
>
> Christian Morgenstern

Was in den bisherigen elf Kapiteln steht, darf als Naturwissenschaft gelten. Die wiedergegebenen Tatsachen sind schlecht und recht gesichert, soweit dies von den Ergebnissen einer Forschungsrichtung behauptet werden darf, die so jung ist wie die vergleichende Verhaltensforschung. Nun aber verlassen wir die Darstellung dessen, was Beobachtung und Experiment über das aggressive Verhalten bei Tieren zutage gefördert haben, und wenden uns der Frage zu, ob man aus alledem etwas lernen könne, das auf den Menschen anwendbar und zur Verhütung der Gefahren nützlich ist, die ihm aus seinem Aggressionstriebe erwachsen.

Es gibt Leute, die schon in dieser Frage eine Beleidigung der Menschenwürde erblicken. Allzugerne sieht sich der Mensch als Mittelpunkt des Weltalls, als etwas, das nicht zur übrigen Natur gehört, sondern ihr als etwas wesensmäßiges Anderes, Höheres gegenübersteht. In diesem Irrtum zu beharren, ist vielen Menschen ein Bedürfnis, sie bleiben taub gegen den klügsten Befehl, den je ein Weiser ihnen gegeben hat, gegen das berühmte νῶθι σαυτόν, das dich »erkenne selbst«, von Cheilon ausgesprochen, aber meist dem Sokrates zugeschrieben. Was hindert die Menschen, ihm zu gehorchen? Es sind drei aufs stärkste mit Affekten besetzte Hindernisse, die das tun. Das erste ist bei jedem Einsichtigen leicht zu beseitigen, das zweite bei aller Schädlichkeit seiner Wirkung immerhin ehrenwert und das dritte geistesgeschichtlich verständlich und damit verzeihlich, aber wohl am schwersten aus der Welt zu schaffen. Alle drei aber sind untrennbar verbunden und verwoben mit einer bösen menschlichen Eigenschaft, von der alte Weisheit besagt, daß sie vor dem Fall komme, mit dem *Hochmut*. Ich will nun diese Hindernisse zunächst eins nach dem anderen besprechen und zeigen, in welcher Weise sie Schaden stiften.

Danach werde ich mein Möglichstes tun, zu ihrer Beseitigung beizutragen.

Das erste Hemmnis ist das primitivste. Es verhindert die Selbsterkenntnis des Menschen dadurch, daß es ihm die Einsicht in das eigene historische Gewordensein verwehrt. Seine Gefühlsbetontheit und seine hartnäckige Kraft kommen paradoxerweise von der großen Menschenähnlichkeit unserer nächsten Verwandten. Wenn den Menschen der Schimpanse nicht bekannt wäre, fiele es leichter, sie von ihrer Herkunft zu überzeugen. Unerbittliche Gesetze der Gestaltwahrnehmung verhindern, daß wir im Affen und besonders im Schimpansen ein Tier wie andere Tiere sehen, und zwingen uns, in seinem Gesicht das menschliche Antlitz zu erblicken. In dieser Sicht, nach menschlichem Maßstabe gemessen, erscheint der Schimpanse begreiflicherweise als etwas Gräßliches, als eine geradezu teuflische Karikatur unser selbst. Schon dem uns verwandtschaftlich etwas ferner stehenden Gorilla und erst recht dem Orang-Utan gegenüber haben wir geringere Schwierigkeiten. Die Köpfe der alten Männer, als bizarre Teufelsmasken aufgefaßt, können durchaus ernst genommen werden, und man kann sie sogar schön finden. Beim Schimpansen gelingt das ganz und gar nicht. Er ist unwiderstehlich lächerlich und dabei so gemein, so vulgär und abstoßend, wie nur ein heruntergekommener Mensch es sonst noch sein kann. Dieser subjektive Eindruck ist so unrichtig nicht: es sprechen Gründe für die Annahme, daß der gemeinsame Ahne von Mensch und Schimpanse nicht tiefer, sondern wesentlich höher stand, als dieser heute steht. So lächerlich die Abwehrreaktion des Menschen gegen den Schimpansen an sich ist, hat ihre starke Affektbesetzung so manchen Denker dazu verleitet, völlig unbegründbare Theorien über die Abstammung des Menschen aufzubauen. Seine Herkunft von Tieren wird zwar nicht geleugnet, seine nahe Verwandtschaft mit dem anstößigen Schimpansen aber wird entweder mit einigen logischen Purzelbäumen übersprungen oder auf sophistischen Umwegen umgangen.

Das zweite Hemmnis der Selbsterkenntnis ist die gefühlsmäßige Abneigung gegen die Erkenntnis, daß unser Tun und Lassen den Gesetzen natürlicher Verursachung unterliegt. Bernhard Hassenstein hat dies als das »antikausale Werturteil« bezeichnet. Das dumpfe, an Klaustrophobie gemahnende Gefühl des Gefesseltseins, das viele Menschen bei Betrachtung der allgemeinen ursächlichen Bestimmtheit des Naturgeschehens beschleicht, hängt sicher mit ihrem berechtigten Bedürfnis nach Freiheit des eigenen Wollens zusammen und mit dem ebenso berechtigten Wunsche, das eigene Handeln nicht durch zufällige Ursachen, sondern durch hohe Ziele bestimmen zu lassen.

Ein drittes großes Hemmnis menschlicher Selbsterkenntnis ist – zumindest in unserem westlichen Kulturkreis – ein Erbe idealistischer Philosophie. Es entspringt der Zweiteilung der Welt in die äußere Welt der Dinge, die idealistischem Denken als grundsätzlich wert-indifferent gilt, und in die intelligible Welt der inneren Gesetzlichkeit des Menschen, der allein Werte zuerkannt werden. Diese Zweiteilung läßt sich die Egozentrizität des Menschen gerne gefallen, sie kommt seiner Abneigung gegen die eigene Naturgesetzlichkeit in erwünschter Weise entgegen, und so ist es nicht zu verwundern, daß sie so tief in das Denken der Allgemeinheit eingedrungen ist. Wie tief, läßt sich aus der Bedeutungsänderung entnehmen, der die Worte »Idealist« und »Realist« in unserer deutschen Sprache unterlegen sind, die ursprünglich philosophische Einstellungen bezeichnete und heute moralische Werturteile enthalten. Man muß sich klarmachen, wie üblich es in unserem westlichen Denken geworden ist, »naturwissenschaftlich erforschbar« mit »grundsätzlich wert-indifferent« gleichzusetzen. Ich muß mich hier gegen den naheliegenden Vorwurf verwahren, daß ich gegen die drei hochmütigen Hindernisse menschlicher Selbsterkenntnis nur deshalb predige, weil sie meinen persönlichen wissenschaftlichen und philosophischen Anschauungen widersprechen. Ich predige weder als eingefleischter Darwinist gegen den Abscheu vor der Descendenzlehre noch als berufsmäßiger Kausalforscher gegen die antikausale Wertempfindung, noch als überzeugter hypothetischer Realist gegen den Idealismus. Ich habe andere Gründe. Man wirft den Naturforschern heute oft vor, sie hätten entsetzliche Gefahren über die Menschheit heraufbeschworen, indem sie ihr allzugroße Macht über die Natur verliehen. Dieser Vorwurf wäre nur dann berechtigt, wenn man den Forschern gleichzeitig die Unterlassungssünde zur Last legen könnte, nicht auch den Menschen selbst zum Gegenstand ihrer Untersuchung gemacht zu haben. Denn die Gefährdung der heutigen Menschheit entspringt nicht so sehr ihrer Macht, physikalische Vorgänge zu beherrschen, als ihrer Ohnmacht, das soziale Geschehen vernünftig zu lenken. Das Fehlen kausaler Einsicht, das an dieser Ohnmacht die Schuld trägt, ist aber, wie ich zeigen möchte, unmittelbare Folge der drei hochmütigen Hemmnisse der Selbsterkenntnis.

Sie verhindern nämlich nur die Erforschung solcher Vorgänge des menschlichen Lebens, die den Menschen als hohe Werte erscheinen, mit anderen Worten solcher, auf die sie *stolz* sind. Man kann es nicht scharf genug sagen: daß uns heute die Funktionen unseres Verdauungstraktes gründlich bekannt sind und daß auf Grund dieser Kenntnisse die Medizin, besonders die Chirurgie des Darmes, alljährlich Tausenden von Menschen das Leben rettet, verdanken wir ausschließlich dem glücklichen Umstande, daß die Leistungen dieses Organs in niemandem besondere Ehrfurcht und Hochachtung erwecken. Wenn die Menschheit auf der anderen Seite der pathologischen Auflösung ihrer sozialen Struktur machtlos gegenübersteht, wenn sie sich, mit Atomwaffen in der Hand, in sozialer Hinsicht um nichts vernünftiger zu verhalten weiß als irgendeine Tierart, so liegt dies zum großen Teil an der hochmütigen Überbewertung des eigenen Verhaltens und seiner daraus folgenden Ausklammerung aus dem als erforschbar betrachteten Naturgeschehen.

Die Naturforscher haben wahrlich keine Schuld daran, daß die Menschen der Selbsterkenntnis ermangeln. Giordano Bruno haben sie verbrannt, als er ihnen sagte, daß sie samt ihrem Planeten nur ein Stäubchen in einer unter unzähligen anderen Stäubchenwolken seien. Als Charles Darwin entdeckte, daß sie mit den Tieren eines Stammes sind, hätten sie ihn auch am liebsten umgebracht; an Versuchen, ihn wenigstens mundtot zu machen, fehlte es nicht. Als Sigmund Freud versuchte, die Motive menschlichen sozialen Verhaltens zu zergliedern und es in seinen Ursachen verständlich zu machen, zwar von der subjektiv-psychologischen Seite her, aber durchaus mit Methodik und Fragestellung echter Naturforschung, wurden ihm Mangel an Ehrfurcht, wertblinder Materialismus und selbst pornographische Tendenzen zur Last gelegt. Die Menschheit verteidigt ihre Selbsteinschätzung mit allen Mitteln, und es ist wahrlich am Platze, Humilitas zu predigen und ernstlich zu versuchen, die hochmütigen Hemmnisse der Selbsterkenntnis in die Luft zu sprengen.

Ich beginne mit der Bekämpfung der Widerstände, die den Erkenntnissen Charles Darwins entgegenstehen, und betrachte es als ermutigendes Zeichen für die allmähliche Verbreitung naturwissenschaftlicher Bildung, daß ich mich nicht mehr mit jenen zu befassen brauche, die sich gegen die Ergebnisse Giordano Brunos erhoben. Ich glaube, ein einfaches Mittel zu kennen, um die Menschen mit der Tatsache zu versöhnen, daß sie selbst ein Teil der Natur und in natürlichem Werden, ohne Verstoß gegen Naturgesetze, entstanden sind: man müßte ihnen nur zeigen, wie groß und schön das Universum ist und wie ehrfurchtgebietend die Gesetze, die es beherrschen. Vor allem glaube ich zuversichtlich, daß keiner, der über das stammesgeschichtliche Werden der Organismenwelt genügend weiß, innere Widerstände gegen die Erkenntnis haben kann, daß auch er selbst diesem großartigsten aller Naturgeschehen sein Dasein verdankt. Die Wahrscheinlichkeit oder, besser gesagt, die all unser historisches Wissen um ein Vielfaches übertreffende Sicherheit der Abstammungslehre will ich hier nicht erst diskutieren. Alles uns jetzt Bekannte fügt sich ihr zwanglos ein, nichts spricht gegen sie, und sie besitzt alle Werte, die einer Schöpfungslehre zukommen können: erklärende Kraft, poetische Schönheit und eindrucksvolle Größe.

Wer dies voll erfaßt hat, kann unmöglich Abscheu vor der Erkenntnis Darwins empfinden, daß wir mit den Tieren eines Stammes sind, noch auch vor der Einsicht Freuds, daß wir selbst noch von den gleichen Instinkten getrieben werden wie unsere vor-menschlichen Ahnen. Vielmehr wird der Wissende eine neue Art von Ehrfurcht vor den Leistungen der Vernunft und der verantwortlichen Moral empfinden, die erst mit der Entstehung des Menschen in die Welt getreten sind und die ihm, woferne er nicht in blindem Hochmut das Vorhandensein des tierischen Erbes in sich selbst leugnet, sehr wohl die Macht geben können, es zu beherrschen.

Ein weiterer Grund für die allgemeine Ablehnung der Abstammungslehre ist die Hochschätzung, die wir Menschen unseren Ahnen zuteil werden lassen. Abstammen heißt auf lateinisch descendere, also wörtlich herabsteigen, und schon im römischen Recht war es üblich, den Ahnherren *oben* in der Ahnentafel einzusetzen und einen sich nach unten verzweigenden Stammbaum zu zeichnen. Daß ein Mensch zwar nur zwei Eltern, aber 256 Urururururururgroßeltern hat, kommt in solchen Stammtafeln auch dann nicht zum Ausdruck, wenn sie sich über entsprechend viele Generationen erstrecken. Man vermeldet dies deshalb, weil sich in dieser Zahl nicht genügend viele Vorfahren fänden, deren man sich rühmen könnte. Nach einigen Autoren hat der Ausdruck Descendenz vielleicht auch damit zu tun, daß man in alter Zeit seine Herkunft gerne von Göttern ableitete.

Daß der Stammbaum des Lebens nicht von oben nach unten, sondern von unten nach oben wächst, entzog sich bis zur Zeit Darwins der Beobachtung der Menschen, und so besagt das Wort »Descendenz« eigentlich das Gegenteil von dem, was es sagen sollte, es sei denn, man wollte es wörtlich dahin auslegen, daß unsere Vorfahren seinerzeit von den Bäumen herabgestiegen seien. Das haben sie tatsächlich getan, wenn auch, wie wir heute wissen, geraume Zeit *bevor* sie zu Menschen wurden.

Nicht viel besser steht es mit den Worten Entwicklung und Evolution. Auch sie sind zu einer Zeit entstanden, als man von dem schöpferischen Geschehen der Stammesgeschichte nichts wußte und nur die Entstehung von Einzelwesen aus Ei und Samenkorn kannte. Es ent-wickelt sich das Hühnchen aus dem Ei oder die Sonnenblume aus dem Samenkorn in ganz buchstäblichem Sinne, d. h., es entsteht aus dem Keime nichts, was nicht vorgeformt in ihm eingeschlossen lag.

Im Wachsen des großen Lebens-Stammbaumes ist dies völlig anders. Wohl ist die Ahnenform die unentbehrliche Voraussetzung für das Entstehen ihrer höherentwickelten Nachfahren, diese sind indessen in keiner Weise aus ihr abzuleiten oder aus ihren Eigenschaften voraussagbar. Daß aus Dinosauriern Vögel geworden sind oder aus Affen Menschen, ist jeweils eine *historisch einmalige* Errungenschaft des stammesgeschichtlichen Werdens, das zwar durch Gesetze, die alles Lebendige beherrschen, in seiner allgemeinen Richtung zum Höheren hin gesteuert, in allen seinen Einzelheiten jedoch vom sogenannten Zufall, das heißt von einer Unzahl grundsätzlich nie restlos erfaßbarer Nebenursachen bestimmt wird. Es ist »Zufall« in diesem Sinne, wenn in Australien aus primitiven Vorfahren Eukalyptusbäume und Känguruhs, in Europa und Asien aber Eichbäume und Menschen entstanden sind.

Die Errungenschaft, das Neuentstandene, das aus der Vorstufe, aus der es seinen Ursprung nahm, nicht abgeleitet werden kann, ist in der erdrückenden Mehrzahl der Fälle etwas *Höheres*, als jene gewesen war. Das naive Werturteil, das sich in dem Titel »Niedere Tiere« ausdrückt, den wir in Golddruck auf dem ersten Bande unseres guten alten ›Brehm's Tierleben‹ lesen, ist für jeden unvoreingenommenen Menschen eine unausweichliche Notwendigkeit des Denkens und des Fühlens. Wer da als Naturforscher um jeden Preis »objektiv« bleiben und sich dem Zwange des »Nur«-Subjektiven um jeden Preis entziehen will, der versuche einmal – natürlich nur im Experiment des Denkens und der Vorstellung –, hintereinander eine Salatpflanze, eine Fliege, einen Frosch, ein Meerschweinchen, eine Katze, einen Hund und schließlich einen Schimpansen vom Leben zum Tode zu befördern. Er wird innewerden, wie verschieden schwer ihm diese nach verschiedenen Organisationshöhen abgestuften Morde fallen! Die Hemmungen, die sich jedem von ihnen entgegenstellen, sind ein gutes Maß für die recht verschiedenen Werte, als die wir diese verschieden hohen Lebensformen empfinden, ob wir wollen oder nicht.

Das Schlagwort von der Wert-Freiheit der Naturwissenschaften darf nicht zu der Meinung verführen, daß die Stammesgeschichte, diese großartigste aller Ketten natürlich erklärbarer Vorgänge, nicht imstande sei, neue Werte zu erzeugen. Daß für uns die Entstehung einer höheren Lebensform aus einem einfacheren Vorfahren einen Wert-*Zuwachs* bedeutet, ist ebenso unleugbare Wirklichkeit wie unser eigenes Sein.

Keine unserer westlichen Sprachen besitzt ein intransitives Zeitwort, das dem mit Wert-Zuwachs einhergehenden phylogenetischen Geschehen gerecht wird. Man kann es unmöglich als Entwicklung bezeichnen, wenn etwas Neues und Höheres aus einer Vorstufe entsteht, in der gerade dasjenige nicht enthalten und aus der gerade dasjenige nicht ableitbar ist, was konstitutiv für sein Neu- und Höher-Sein ist. Dies gilt grundsätzlich für jeden größeren Schritt, den die Genesis des Organismenreiches tut, auch für den ersten, für die Entstehung des Lebens und für den vorläufig letzten, die Menschwerdung des Anthropoiden.

Trotz aller wirklich epochemachenden und zutiefst erregenden neueren Erfolge der Biochemie und der Virusforschung ist und bleibt – *vorläufig!* – die Entstehung des Lebens das rätselvollste aller Geschehnisse. Der Unterschied zwischen anorganischen und organischen Vorgängen läßt sich nur in einer injunktiven Definition festlegen, das heißt in einer solchen, die *mehrere* konstitutive Merkmale des Lebendigen heranzieht, die nur in ihrem Zusammentreffen Leben ausmachen. Für jedes von ihnen, wie etwa für Stoffwechsel, Wachstum, Assimilation usw., gibt es auch im Anorganischen Beispiele. Es ist sicher richtig, wenn wir behaupten: Lebensvorgänge sind chemische und physikalische Vorgänge. Ohne allen Zweifel sind sie als solche grundsätzlich auf natürlichem Wege erklärbar. Kein Wunder braucht gefordert zu werden, um ihre Besonderheit verständlich zu machen, denn die Komplikation der molekularen und sonstigen Strukturen, in denen sie sich abspielen, reicht dazu völlig aus.

Falsch dagegen ist die oft gehörte Aussage: Lebensvorgänge sind *eigentlich nichts als* chemische und physikalische Vorgänge. Sie enthält nämlich unbemerkt ein falsches, der wiederholt diskutierten Anschauungstäuschung entspringendes Werturteil. Gerade »eigentlich«, d.h. hinsichtlich dessen, was ihnen allein zu eigen und für sie konstitutiv ist, sind sie etwas sehr viel anderes, als was man gemeinhin unter chemisch-physikalischen Vorgängen versteht. Auch die wegwerfende Aussage, sie seien »nichts anderes als« solche, ist falsch. Sie sind Vorgänge, die kraft der Struktur der Materie, in der sie sich abspielen, sehr besondere Leistungen der Selbsterhaltung, der Selbstregulierung, des Sammelns von Information und vor allem der Reproduktion der für all dies wesentlichen Strukturen vollbringen. Diese Funktionen sind zwar prinzipiell ursächlich erklärbar, können aber in anderer oder weniger komplex strukturierter Materie nicht vor sich gehen.

Grundsätzlich gleich, wie sich Vorgänge und Strukturen des Lebens zu solchen des Nicht-Lebendigen verhalten, verhält sich innerhalb der Organismenwelt jede höhere Lebensform zu der niedrigeren, aus der sie ihren Ursprung nahm. So wenig der Flügel des Adlers, der uns zum Symbol für alles Streben nach aufwärts geworden ist, »eigentlich nur« ein Reptilienvorderbein ist, so wenig ist der Mensch »eigentlich nur« ein Affe.

Ein sentimentaler Menschenhasser hat den oft nachgeplapperten Aphorismus geprägt: »Seit ich die Menschen kenne, liebe ich die Tiere.« Ich behaupte umgekehrt: Wer die Tiere, einschließlich der höchsten und uns am nächsten verwandten, wirklich kennt und einige Einsicht in das stammesgeschichtliche Werden besitzt, wird dadurch erst instand gesetzt, die Einzigartigkeit des Menschen voll zu erfassen. Wir sind das Höchste, was die großen Konstrukteure des Artenwandels auf Erden bisher erreicht haben, wir sind ihr »letzter Schrei«, aber ganz sicher nicht ihr letztes Wort. Für den Naturforscher sind alle Absolut-Setzungen – selbst solche auf erkenntnis-theoretischem Gebiet – verboten, sind Sünde gegen den Heiligen Geist des παντα ῥεῖ, der großen Erkenntnis des Herakleithos, daß nichts ist, sondern alles in ewigem Werden dahinströmt. Den heutigen Menschen auf einer hoffentlich besonders rasch durchlaufenen Etappe seines Marsches durch die Zeit absolut zu setzen und für die schlechthin nicht mehr zu übertreffende Krone der Schöpfung zu erklären, erscheint dem Naturforscher als das überheblichste und gefährlichste aller haltlosen Dogmen. Wenn ich den Menschen für das *endgültige* Ebenbild Gottes halten müßte, würde ich an Gott irrewerden. Wenn ich mir aber vor Augen halte, daß unsere Ahnen in einer erdgeschichtlich betrachtet erst jüngstvergangenen Zeit ganz ordinäre Affen aus nächster Verwandtschaft des Schimpansen waren, vermag ich einen Hoffnungsschimmer zu sehen. Es ist kein allzu großer Optimismus nötig, um anzunehmen, daß aus uns Menschen noch etwas Besseres und Höheres entstehen kann. Weit davon entfernt, im Menschen das unwiderruflich unübertreffliche Ebenbild Gottes zu sehen, behaupte ich bescheidener und, wie ich glaube, in größerer Ehrfurcht vor der Schöpfung und ihren unerschöpflichen Möglichkeiten: Das langgesuchte Zwischenglied zwischen dem Tiere und dem wahrhaft humanen Menschen – *sind wir!*

Das erste große Hemmnis menschlicher Selbsterkenntnis, die Abneigung, an unsere Abstammung von Tieren zu glauben, beruht, wie ich hiermit gezeigt zu haben vermeine, auf der Unkenntnis oder dem Mißverstehen des Wesens organischer Schöpfung. Wenigstens grundsätzlich kann es also durch Lehren und Lernen aus der Welt geschafft werden. Ähnliches gilt von dem zweiten, nunmehr zu besprechenden Hemmnis, der Abneigung gegen die ursächliche Bestimmtheit des Weltgeschehens. Nur ist das Mißverständnis in diesem Falle weit schwerer zu beheben.

Seine Wurzel ist der grundsätzliche Irrtum, daß ein Vorgang, der ursächlich bestimmt ist, nicht zugleich nach einem Ziele gerichtet sein könne. Es gibt zwar unzählige Vorgänge im Universum, die durchaus nicht zielgerichtet sind und bezüglich deren die Frage »wozu?« ohne Antwort bleiben muß, es sei denn, man wolle eine solche um jeden Preis und in maßloser Überschätzung der Wichtigkeit des Menschen erzwingen, etwa, indem man das Aufgehen des Mondes als Anknipsen der Nachtbeleuchtung zu seinem Wohle auffaßt. Es gibt aber keinen Vorgang, auf den die Frage nach Ursachen nicht angewendet werden kann.

Wie schon im 3. Kapitel steht, ergibt die Frage »wozu?« nur dort einen Sinn, wo die großen Konstrukteure – oder ein von ihnen konstruierter lebendiger Konstrukteur – am Werke waren. Nur dort, wo Teile eines Systemganzen sich unter Arbeitsteilung zu verschiedenen, einander ergänzenden Leistungen spezialisiert haben, ist die Frage »wozu?« sinnvoll; dies gilt für Lebensvorgänge und für solche leblosen Strukturen und Funktionen, deren sich das Leben zu seinen Zwecken bedient, z. B. für vom Menschen hergestellte Maschinen. In diesen Fällen ist die Frage »wozu?« nicht nur sinnvoll, sondern unumgänglich notwendig. Man könnte nicht dahinter kommen, aus welchen *Ursachen* die Katze spitze Krallen hat, ehe man herausgefunden hat, daß das Mäusefangen die besondere Leistung ist, *zu* der sie gemacht sind.

Daß mit der Beantwortung der Frage »wozu?« die Frage nach den Ursachen nicht überflüssig wird, steht am Anfang des 6. Kapitels über das große Parlament der Instinkte. Wie wenig beide Fragen einander ausschließen, will ich an einem primitiven Gleichnis zeigen. Ich fahre mit meinem alten Auto über Land, um in einer fernen Stadt einen Vortrag zu halten, was der Zweck meiner Reise ist. Im Fahren stelle ich Betrachtungen über die Zweckmäßigkeit, die »Finalität« meines Autos und seiner Konstruktion an und freue mich, wie gut es den Zielen meiner Reise dient. Da niest der Motor ein paarmal und bleibt stehen. In diesem Augenblick werde ich peinlich inne, daß der Zweck meiner Reise das Auto nicht fahren macht. Seine unzweifelhafte Finalität ist »nicht auf Zug beanspruchbar«. Ich werde gut daran tun, mich zunächst ausschließlich auf die natürlichen Ursachen seines Fahrens zu konzentrieren und zu ergründen, an welcher Stelle ihre Verkettung unliebsam unterbrochen ist.

Noch besser läßt sich am Beispiele der »Königin aller angewandten Wissenschaften«, an der Medizin, veranschaulichen, wie völlig falsch die Meinung ist, daß kausale und finale Zusammenhänge einander ausschließen. Kein »Sinn des Lebens«, kein »ganzmachender Faktor« und keine noch so wichtige unerfüllte Lebenspflicht helfen dem armen Kranken, in dessen Wurmfortsatz eine Entzündung ausgebrochen ist, aber der jüngste Operationszögling der chirurgischen Klinik kann ihm helfen, woferne er die Ursache der Störung richtig diagnostiziert hat. Finale und kausale Betrachtung eines Lebensvorganges schließen einander also nicht nur nicht aus, sondern sind überhaupt nur miteinander sinnvoll. Wenn der Mensch nicht nach Zielen strebte, wäre seine Frage nach Ursachen sinnlos; wenn er keine Einsicht in ursächliche Zusammenhänge hat, ist er machtlos, das Geschehen nach Zielen hinzulenken, so gut und richtig er diese auch erkannt haben mag.

Diese Beziehung zwischen finaler und kausaler Betrachtung von Lebensvorgängen scheint mir durchaus leicht einzusehen, doch ist offenbar die Anschauungstäuschung von ihrer Unvereinbarkeit für viele Menschen völlig zwingend. Ein klassisches Beispiel dafür, wie zwangsläufig selbst ein großer Geist dieser Täuschung erliegt, findet sich in den Schriften W. McDougalls, des Begründers der »Purposive Psychology«, der Psychologie des Zwecks. In seinem Buch ›Outline of Psychology‹ weist er jede kausal-physiologische Erklärung tierischen Verhaltens von sich, mit einer einzigen Ausnahme: jene Fehlfunktion der Licht-Kompaß-Orientierung, die Insekten nächtlicherweile in die Flammen fliegen läßt, erklärt er auf Grund sogenannter Tropismen, das heißt ursächlich analysierter Orientierungsmechanismen.

Wahrscheinlich fürchten die Menschen die kausale Betrachtung deshalb so sehr, weil sie von der törichten Angst gepeinigt werden, restlose Einsicht in die Ursachen des Weltgeschehens könnte den freien Willen des Menschen als Illusion entlarven. In Wirklichkeit ist natürlich die Tatsache, daß ich es bin, der will, ebensowenig anzuzweifeln wie meine eigene Existenz. Tiefere Einsicht in die physiologischen Ursachenverkettungen des eigenen Handelns kann nicht das Geringste an der Tatsache ändern, *daß* man will, wohl aber kann sie eine Veränderung dessen bewirken, *was* man will.

Nur bei sehr oberflächlicher Betrachtung scheint die Freiheit des Willens darin zu liegen, daß man in völliger Gesetzlosigkeit »wollen kann, was man will«. Demjenigen, der nur klaustrophobisch vor der Kausalität flieht, scheint dies indessen vorzuschweben. Man erinnere sich, wie die Undeterminiertheit mikrophysikalischen Geschehens, die »akausalen« Quantensprünge, mit wahrer Gier aufgegriffen und auf ihrer Grundlage Theorien aufgebaut wurden, die zwischen physikalischem Determinismus und dem Glauben an den freien Willen vermitteln sollten, obwohl diesem so nur die klägliche Freiheit des rein zufällig fallenden Würfels verblieb. Es kann doch keiner ernstlich meinen, freier Wille bedeute, daß es der Willkür des einzelnen, wie einem völlig verantwortungslosen Tyrannen, anheimgestellt sei, über Tun und Lassen zu entscheiden. Unser freiestes Wollen unterliegt den strengen Gesetzen der Moral, und unser Drang nach Freiheit ist unter anderem dazu da, zu verhindern, daß wir anderen Gesetzen als eben diesen gehorchen. Bedeutsamerweise wird die ängstliche Empfindung der Unfreiheit *niemals* durch die Erkenntnis hervorgerufen, daß unser Handeln an die Gesetze der Moral ebenso streng gebunden ist wie die physiologischen Vorgänge an die der Physik. Wir alle sind uns darin einig, daß die größte und schönste Freiheit des Menschen mit dem moralischen Gesetz in ihm identisch ist. Zunehmendes Wissen um die natürlichen Ursachen des eigenen Verhaltens kann sehr wohl das *Können* eines Menschen vermehren und ihm die Macht geben, seinen freien Willen in Handeln umzusetzen. Niemals aber kann es sein Wollen vermindern. Und wenn, in einem utopischen Enderfolg der Ursachenanalyse, der aus prinzipiellen Gründen gar nicht möglich ist, ein Mensch zu völliger Einsicht in die Ursachenketten des Weltgeschehens, einschließlich der in seinem eigenen Organismus wirkenden, gelangt wäre, er würde nicht zu wollen aufhören, sondern er würde dasselbe wollen, was die widerspruchsfreie Gesetzlichkeit des Universums, die »Weltvernunft« des Logos will. Dieser Gedanke ist nur unserem heutigen, westlichen Denken fremd, der altindischen Philosophie und den Mystikern des Mittelalters war er durchaus vertraut.

Ich gelange zum dritten großen Hindernis menschlicher Selbsterkenntnis, zu dem in unserer westlichen Kultur tief eingewurzelten Glauben, daß natürlich Erklärbares jedes Wertes entbehre. Diese Meinung entspringt einer Überspitzung der kantischen Wertphilosophie, die ihrerseits eine Konsequenz der idealistischen Zweiteilung der Welt ist. Wie schon angedeutet, ist die soeben besprochene Kausalitätsfurcht einer der gefühlsmäßig motivierenden Gründe für die Hochwertung des Unerforschbaren; es spielen aber auch andere unbewußte Faktoren mit. Unvoraussagbar ist das Verhalten des Herrschers, der Vaterfigur, zu deren wesentlichen Zügen ein wenig Willkür und Ungerechtigkeit gehört. Unerforschlich ist der Ratschluß Gottes. Das natürlich Erklärbare ist beherrschbar und verliert mit seiner Unvoraussagbarkeit oft den größten Teil seines Schreckens. Benjamin Franklin hat aus dem Donnerkeil, den Zeus in unberechenbarer Willkür schleuderte, einen elektrischen Funken gemacht, gegen den der Blitzableiter unsere Häuser schützt. Die unbegründete Besorgnis, die Natur könnte durch ursächliche Einsicht entgöttert werden, bildet das zweite Hauptmotiv der Kausalitätsangst. So entsteht ein weiteres Forschungshemmnis, das um so stärker ist, je mehr ein Mensch Sinn für die ästhetische Schönheit und die verehrungswürdige Größe des Universums hat und je schöner und verehrungswürdiger ihm das jeweils betrachtete Naturgeschehen erscheint.

Das aus diesem tragischen Zusammenhang sich ergebende Forschungshemmnis ist um so gefährlicher, als es nie über die Schwelle des Bewußtseins tritt. Gefragt, würden die Betreffenden mit gutem Gewissen sich als Freunde der Naturforschung bekennen. Ja, sie können in den Grenzen eines umschriebenen Sachgebiets große Forscher sein. Doch sind sie unbewußt fest entschlossen, ihren Versuch der natürlichen Erklärung nicht über die Grenzen dessen vorzutreiben, was ihnen verehrungswürdig erscheint. Der Fehler, der so entsteht, liegt nicht darin, daß ein Unerforschbares fälschlich angenommen würde. Niemand weiß so gut wie gerade der Naturforscher, daß der menschlichen Erkenntnis Grenzen gesetzt sind, aber er ist sich dauernd bewußt, *daß wir nicht wissen, wo diese Grenzen liegen*. »Ins Innere der Natur«, sagt Kant, »dringt Beobachtung und Zergliederung ihrer Erscheinungen. Man weiß nicht, wie weit dies mit der Zeit noch führen mag.« Das Forschungshemmnis, das so entsteht, ist die durchaus willkürlich gezogene Grenze zwischen dem Erforschbaren und dem nicht mehr Erforschbaren. Viele sehr feine Naturbeobachter haben vor dem *Leben* und seinen Besonderheiten so große Ehrfurcht, daß sie an seinem Ursprung die Grenze ziehen. Sie nehmen eine besondere Lebenskraft, französisch force vitale, an, einen richtunggebenden, ganzmachenden Faktor, der einer natürlichen Erklärung weder für bedürftig noch für zugänglich erachtet wird. Andere ziehen die Grenze dort, wo nach ihrem Gefühl die Menschenwürde allen Versuchen natürlicher Erklärung Halt gebietet.

Wie der echte Naturforscher zu den wirklichen Grenzen menschlichen Erkennens sich verhält oder verhalten soll, wurde mir in früher Jugend durch einen sicher nicht vorbedachten Ausspruch eines großen Biologen in unvergeßlicher Weise klargemacht. Alfred Kühn hatte einen Vortrag vor der Österreichischen Akademie der Wissenschaften gehalten und schloß mit den Worten Goethes: »Das höchste Glück des denkenden Menschen ist es, das Erforschbare erforscht zu haben und das Unerforschliche ruhig zu verehren.« Nach dem letzten Wort stutzte er, hob abwehrend und widerrufend die Hand und sprach, mit scharfer Stimme den schon einsetzenden Applaus übertönend: »Nein, *nicht* ruhig, *ruhig* nicht, meine Herren!« Man könnte den wahren Naturforscher geradezu nach seiner Fähigkeit definieren, das Erforschbare, das er erforscht hat, dennoch unvermindert zu verehren, denn eben daraus erwächst ihm die Möglichkeit, es *wollen* zu können, daß auch das schier Unerforschliche erforscht werde: er hat keine Angst, die Natur durch kausale Einsichten zu entgöttern. Noch nie hat sie, nach natürlicher Erklärung eines ihrer wunderbaren Vorgänge, als ein entlarvter

Jahrmarkts-Scharlatan dagestanden, der den Ruf des Zaubernkönnens verloren hat, stets waren die natürlichen ursächlichen Zusammenhänge großartiger und tiefer ehrfurchtgebietend als selbst die schönste mythische Deutung. Der Naturverständige bedarf nicht des Unerforschlichen, Außernatürlichen, um Ehrfurcht empfinden zu können, und es gibt für ihn nur *ein* Wunder, und das besteht darin, daß schlechterdings alles auf der Welt, einschließlich der höchsten Blüten des Lebendigen, ohne Wunder im herkömmlichen Sinn zustande gekommen ist. Das Universum würde für ihn an Erhabenheit *verlieren*, wenn er erkennen müßte, daß irgendein Geschehen, und sei es das von Vernunft und Moral gesteuerte Verhalten edler Menschen, nur unter einem *Verstoß* gegen die allgegenwärtigen und allmächtigen Gesetze des *einen* Alls vor sich gehen könne.

Man kann die Gefühle, die der Naturforscher der großen Einheit der Naturgesetze entgegenbringt, nicht schöner ausdrükken als durch die Worte: »Zwei Dinge erfüllen das Gemüt mit immer neuer und zunehmender Bewunderung: der bestirnte Himmel über mir und das moralische Gesetz in mir.« Bewunderung und Ehrfurcht haben Immanuel Kant nicht gehindert, für die Gesetzlichkeiten des bestirnten Himmels eine natürliche Erklärung zu finden, und zwar eine solche, die sich aus ihrem Werden ableitet. Würde er, der um das große Werden der Organismenwelt noch nicht wußte, Anstoß daran nehmen, daß wir auch das moralische Gesetz in uns nicht als etwas a priori Gegebenes, sondern als etwas in natürlichem Werden Entstandenes betrachten, ganz genau so, wie er die Gesetze des Himmels betrachtete?

13
Ecce Homo

> Ich darauf, mir meine schwarzen
> Stiefel von den Zehen ziehend,
> sprach: »Dies, Dämon, ist des Menschen
> schauerlich Symbol; ein Fuß aus
> grobem Leder, nicht Natur mehr,
> doch auch noch nicht Geist geworden;
> eine Wanderform vom Tierfuß
> zu Merkurs geflügelter Sohle.«
>
> Christian Morgenstern

Nehmen wir an, ein objektivierender Verhaltensforscher säße auf einem anderen Planeten, etwa dem Mars, und untersuche das soziale Verhalten des Menschen mit Hilfe eines Fernrohrs, dessen Vergrößerung zu gering sei, um Individuen wiederzuerkennen und in ihrem Einzelverhalten verfolgen zu können, das aber wohl gestatte, grobe Ereignisse, wie Völkerwanderungen, Schlachten usw. zu beobachten. Er würde nie auf den Gedanken kommen, daß das menschliche Verhalten von Vernunft oder gar von verantwortlicher Moral gesteuert sei.

Wenn wir annehmen, unser außer-irdischer Beobachter sei ein reines Verstandeswesen, das, selbst bar aller Instinkte, nichts davon wüßte, wie Instinkte im allgemeinen und Aggressionen im besonderen funktionieren und welcher Weise ihre Funktion mißlingen kann, er würde in arger Verlegenheit sein, die menschliche Geschichte zu verstehen. Die sich immer wiederholenden Ereignisse der Geschichte können aus menschlichem Verstand und menschlicher Vernunft nicht erklärt werden. Es ist ein Gemeinplatz zu sagen, sie seien durch dasjenige verursacht, was man gemeinhin »menschliche Natur« nennt. Die vernünftige und unlogische menschliche Natur läßt zwei Nationen miteinander wetteifern und kämpfen, auch wenn keine wirtschaftlichen Gründe sie dazu zwingen, sie veranlaßt zwei politische Parteien oder Religionen trotz erstaunlicher Ähnlichkeit ihrer Heilsprogramme zu erbittertem Kampf, und sie treibt einen Alexander oder Napoleon, Millionen von Untertanen dem Versuch zu opfern, die ganze Welt unter seinem Zepter zu einen. Merkwürdigerweise lernen wir in der Schule, Menschen, die diese und ähnliche Absurditäten begangen haben, mit Respekt zu betrachten, ja als große Männer zu verehren. Wir sind dazu erzogen, uns der sogenannten politischen Klugheit der für die Staatsführung Verantwortlichen zu unterwerfen, und wir sind an alle hier in Rede stehenden Phänomene so gewöhnt, daß die meisten von uns sich daraus nicht klar darüber werden, wie ungemein dumm und menschheits-schädlich das historische Verhalten der Völker ist.

Hat man dies aber einmal erkannt, so kann man der Frage nicht ausweichen, wie es kommt, daß angeblich vernünftige Wesen sich so unvernünftig verhalten können. Ganz offenbar müssen überwältigend starke Faktoren am Werke sein, die imstande sind, der individuellen Vernunft des Menschen die Führung so völlig zu entreißen, und die außerdem völlig unfähig sind, aus Erfahrung zu lernen. Wie Hegel sagt, lehrt uns die Erfahrung der Geschichte, daß Menschen und Regierungen nie aus der Geschichte gelernt oder Folgerungen aus ihr gezogen haben.

Alle diese erstaunlichen Widersprüche finden eine zwanglose Erklärung und lassen sich lückenlos einordnen, sowie man sich zu der Erkenntnis durchgerungen hat, daß das soziale Verhalten des Menschen keineswegs ausschließlich von Verstand und kultureller Tradition diktiert wird, sondern immer noch allen jenen Gesetzlichkeiten gehorcht, die in allem phylogenetisch entstandenen instinktiven Verhalten obwalten, Gesetzlichkeiten, die wir aus dem Studium tierischen Verhaltens recht gut kennen.

Nehmen wir nun aber an, unser extraterrestrischer Beobachter sei ein erfahrener Ethologe, der alles gründlich weiß, was in den vorangehenden Kapiteln kurz dargestellt wurde – er müßte unvermeidbar den Schluß ziehen, die menschliche Sozietät sei sehr ähnlich beschaffen wie die der Ratten, die ebenfalls innerhalb der geschlossenen Sippe sozial und friedfertig, wahre Teufel aber gegen jeden Artgenossen sind, der nicht zur eigenen Partei gehört. Wüßte unser Beobachter vom Mars außerdem noch von der explosiven Bevölkerungszunahme, der ständig anwachsenden Furchtbarkeit der Waffen und von der Verteilung der Menschheit auf einige wenige politische Lager – er würde ihre Zukunft nicht rosiger beurteilen als diejenige einiger feindlicher Rattensozietäten auf einem beinahe leergefressenen Schiff. Dabei wäre diese Prognose noch optimistisch, denn von den Ratten läßt sich voraussagen, daß nach dem großen Morden immerhin genug von ihnen übrig bleiben werden, um die Art zu erhalten, was vom

Menschen nach Gebrauch der Wasserstoffbombe gar nicht so sicher ist.

Es liegt tiefe Wahrheit im Symbol der Früchte vom Baume der Erkenntnis. Erkenntnis, die dem begrifflichen Denken entsprang, vertrieb den Menschen aus dem Paradies, in dem er bedenkenlos seinen Instinkten folgen und tun und lassen konnte, wozu die Lust ihn ankam. Das dialogisch fragende Experimentieren mit der Umwelt, das aus dem begrifflichen Denken herkommt, schenkte ihm seine ersten Werkzeuge, den Faustkeil und das Feuer. Er verwendete sie prompt dazu, seinen Bruder totzuschlagen und zu braten, wie die Funde in den Wohnstätten der Pekingmenschen beweisen: neben den ersten Spuren des Feuergebrauchs liegen zertrümmerte und deutlich angeröstete Menschenknochen. Das begriffliche Denken verschaffte dem Menschen die Herrschaft über seine außer-artliche Umwelt und gab damit der intraspezifischen Selektion die Zügel frei, von deren üblen Auswirkungen wir schon gehört haben (S. 46) und auf deren Schuldkonto wahrscheinlich auch der übertriebene Aggressionsdrang zu setzen ist, an dem wir heute noch leiden. Das begriffliche Denken verlieh dem Menschen mit der Wortsprache die Möglichkeit zur Weitergabe über-individuellen Wissens und zur Kulturentwicklung; diese aber bewirkte in seinen Lebensbedingungen so schnelle und umwälzende Änderungen, daß die Anpassungsfähigkeit seiner Instinkte an ihnen scheiterte.

Fast möchte man meinen, es müsse grundsätzlich jede Gabe, die dem Menschen von seinem Denken beschert wird, mit einem gefährlichen Übel bezahlt werden, das sie unausweichlich im Gefolge hat. Zu unserem Glück ist dem nicht so, denn dem begrifflichen Denken entspringt auch die vernunftmäßige *Verantwortlichkeit* des Menschen, auf der allein seine Hoffnung beruht, den ständig wachsenden Gefahren steuern zu können.

Um meiner Darstellung der gegenwärtigen biologischen Lage der Menschheit einige Übersichtlichkeit zu verleihen, will ich die einzelnen sie bedrohenden Gefahren in der gleichen Reihenfolge diskutieren, in der sie im obigen Absatz aufgezählt sind, und mich dann der Besprechung der verantwortlichen Moral, ihrer Leistungen und Leistungsbeschränkungen zuwenden.

Wir haben in dem Kapitel über moralanaloges Verhalten von den Hemmungsmechanismen gehört, die bei verschiedenen sozialen Tieren die Aggression zügeln und ein Beschädigen und Töten von Artgenossen verhindern. Wie gesagt, sind diese natürlicherweise bei solchen Tieren am wichtigsten und daher auch am höchsten ausgebildet, die imstande sind, ungefähr gleichgroße Lebewesen ohne weiteres umzubringen. Ein Kolkrabe kann einem anderen mit einem Schnabelhieb das Auge aushacken, ein Wolf einem anderen mit einem einzigen Zuschnappen die Halsvenen aufreißen. Es gäbe längst keine Raben und keine Wölfe mehr, wenn nicht verläßliche Hemmungen solches verhinderten. Eine Taube, ein Hase und selbst ein Schimpanse sind nicht imstande, durch einen einzigen Schlag oder Biß ihresgleichen zu töten. Dazu kommt noch die Fluchtfähigkeit solcher nicht besonders bewaffneter Wesen, die hinreicht, um selbst den »berufsmäßigen« Raubtieren zu entkommen, die im Nachjagen, Einfangen und Abschlachten weit tüchtiger sind als ein noch so stark überlegener Artgenosse. In freier Wildbahn besteht also für gewöhnlich gar nicht die Möglichkeit, daß ein solches Tier ein gleichartiges wesentlich beschädigt. So ist auch kein Selektionsdruck wirksam, der Tötungshemmungen herauszüchtet. Daß solche tatsächlich nicht vorhanden sind, merkt der Tierhalter zu seinem und seiner Pfleglinge Schaden, wenn er die innerartlichen Kämpfe völlig »harmloser« Tiere nicht ernst nimmt. Unter den unnatürlichen Bedingungen der Gefangenschaft, in der ein Besiegter dem Sieger nicht in schneller Flucht entkommen kann, kommt es immer wieder vor, daß dieser ihn in mühevoller Kleinarbeit langsam und grausam umbringt. Ich habe in meinem Buch ›Er redete mit dem Vieh, den Vögeln und den Fischen‹ im Kapitel ›Moral und Waffen‹ geschildert, wie das Sinnbild alles Friedlichen, das Turteltäubchen, ohne jede Hemmung seinesgleichen zu Tode schinden kann.

Man kann sich lebhaft vorstellen, was geschehen würde, wenn ein nie dagewesenes Naturspiel jählings einer Taube den Schnabel eines Kolkraben verleihen würde. Der Lage dieser Mißgeburt scheint die des Menschen genau zu entsprechen, der eben den Gebrauch eines scharfen Steines als Schlagwaffe erfunden hat. Man schaudert bei dem Gedanken an ein Wesen von der Erregbarkeit und dem Jähzorn eines Schimpansen, das einen Faustkeil in der Hand schwingt.

Die allgemeine Meinung und selbst die mancher Geisteswissenschaftler geht dahin, daß alle menschlichen Verhaltensweisen, die nicht dem Wohle des Individuums, sondern dem der Gemeinschaft dienen, von der vernunftmäßigen Verantwortung diktiert werden. Diese Meinung ist nachweislich falsch, wie wir noch in diesem Kapitel an konkreten Beispielen demonstrieren werden. Der uns mit dem Schimpansen gemeinsame Ahne war sicherlich seinem Freunde ein mindestens ebenso treuer Freund, wie es schon eine Wildgans oder eine Dohle und erst recht ein Pavian oder ein Wolf ist, er ging ganz gewiß mit demselben todesverachtenden Einsatz seines Lebens zur Verteidigung seiner Sozietät vor, er war ebenso zart und schonungsvoll gegen junge Artgenossen und hatte dieselben Tötungshemmungen wie alle diese Tiere. Zu unserem Glück haben auch wir noch in vollem Maße die entsprechenden »tierischen« Instinkte mitbekommen.

Anthropologen, die sich mit der Lebensweise von Australopithecus, dem afrikanischen Vormenschen, beschäftigt haben, haben behauptet, daß diese Vorfahren, weil sie von der Jagd auf Großwild lebten, der Menschheit das gefährliche Erbe einer »Raubtiernatur« (carnivorous mentality) hinterlassen hätten. Diese Aussage bedeutet eine gefährliche Verwechslung der beiden Begriffe des Raubtieres und des Kannibalen: diese Begriffe schließen einander fast völlig aus, Kannibalismus kommt bei Raubtieren nur in seltenen Ausnahmen vor. In Wirklichkeit ist es tief beklagenswert, daß der Mensch eben gerade *keine* »Raubtiernatur« hat. Ein Großteil der Gefahren, die ihn bedrohen, kommen daher, daß er von Natur aus ein verhältnismäßig harmloser Allesfresser ist, dem natürliche, am Körper gewachsene Waffen fehlen, mit denen er große Tiere töten könnte, denn eben deshalb fehlen ihm ja auch jene stammesgeschichtlich entstandenen Sicherheitsmechanismen, die alle »berufsmäßigen« Raubtiere daran verhindern, ihre Fähigkeiten zum Töten großer Tiere gegen Artgenossen zu mißbrauchen. Löwen oder Wölfe töten zwar manchmal fremde Artgenossen, die ins Gruppenterritorium ihres Rudels eingedrungen sind, es mag vielleicht sogar vorkommen, daß ein solches Tier einen Gruppengenossen in plötzlich aufwallendem Zorne durch einen unglücklichen Biß oder Prankenschlag ums Leben bringt, wie dies zumindest in Gefangenschaft manchmal vorkommt. Solche Ausnahmen dürfen indessen nicht die wichtige Tatsache vergessen lassen, daß, wie schon im Kapitel über moralanaloge Verhaltensweisen gesagt, bei allen derartigen schwerbewaffneten Raubtieren hochentwickelte Hemmungsmechanismen vorhanden sein müssen, die eine Selbstvernichtung der Art verhindern.

In der Vorgeschichte der Menschen waren keine besonders hochentwickelten Hemmungsmechanismen zur Verhinderung plötzlichen Totschlages nötig, da ein solcher sowieso nicht möglich war. Der Angreifer konnte sein Opfer ja sowieso nur durch Kratzen, Beißen und Würgen ums Leben bringen, und dabei hatte dieses reichlich Gelegenheit, durch Demutgebärden und Angstschreie an die Aggressionshemmung des Angreifers zu appellieren. Bei einem nur schwach bewaffneten Tier war begreiflicherweise kein Selektionsdruck am Werke, der jene starken und verläßlichen Hemmungen des Waffengebrauches hervorbringen konnte, die für das Überleben einer mit gefährlichen Waffen ausgestatteten Tierart unbedingt notwendig sind. Als dann die Erfindung künstlicher Waffen mit einem Schlage neue Tötungsmöglichkeiten eröffnete, wurde das vorher vorhandene Gleichgewicht zwischen den verhältnismäßig schwachen Aggressionshemmungen und der Fähigkeit zum Töten von Artgenossen gründlich gestört.

Die Menschheit hätte sich tatsächlich durch ihre ersten großen Erfindungen selbst vernichtet, wenn nicht wunderbarerweise die Möglichkeit, Erfindungen zu machen und die große Gabe der Verantwortlichkeit gleicherweise Früchte derselben spezifisch menschlichen Fähigkeit wären, der Fähigkeit, Fragen zu stellen. Wenn der Mensch, bisher wenigstens, an den Folgen seiner eigenen Erfindungen nicht zugrunde gegangen ist, so verdankt er dies seiner Befähigung, sich die Frage nach den Folgen seines Handelns vorzulegen und zu beantworten. Sicherheit vor der Selbstvernichtung aber hat diese einzigartige Gabe der Menschheit nicht gebracht. Wenn moralische Verantwortlichkeit und die aus ihr erwachsenen Tötungshemmungen auch seit der Erfindung des Faustkeiles erheblich gewachsen sind, so hat leider die Leichtigkeit des Tötens in gleichem Maße zugenommen, und vor allem hat es die verfeinerte Tötungstechnik mit sich gebracht, daß dem Handelnden die Folgen seines Tuns nicht unmittelbar ans Herz greifen. Die Entfernung, auf die alle Schußwaffen wirken, schirmt den Tötenden gegen die Reizsituationen ab, die ihm anderenfalls die Gräßlichkeit der Konsequenzen sinnlich nahebringen würden. Die tiefen gefühlsmäßigen Schichten unserer Seele nehmen es einfach nicht mehr zur Kenntnis, daß das Abkrümmen eines Zeigefingers zur Folge hat, daß unser Schuß einem anderen Menschen die Eingeweide zerreißt. Kein geistig gesunder Mensch würde auch nur auf die Hasenjagd gehen, müßte er das Wild mit Zähnen und Fingernägeln töten. Nur durch Abschirmung unserer Gefühle gegen alle sinnfälligen Folgen unseres Tuns wird es möglich, daß ein Mensch, der es kaum fertig brächte, einem unartigen Kind eine verdiente Ohrfeige zu geben, es sehr wohl über sich bringen kann, den

Auslöseknopf einer Raketenwaffe oder einer Bombenabwurf-Vorrichtung zu betätigen und damit Hunderte von liebenswerten Kindern einem gräßlichen Flammentod zu überantworten. Gute, brave, anständige Familienväter haben Bombenteppiche gelegt. Eine entsetzliche und heute beinahe schon unglaubhafte Tatsache! Demagogen besitzen offenbar ganz ausgezeichnete, wenn auch nur praktische Kenntnis des menschlichen Instinktverhaltens und benutzen die Abschirmung der zu verhetzenden Partei gegen aggressionshemmende Reizsituationen zielbewußt als ein wichtiges Werkzeug.

Mittelbar mit der Erfindung der Waffe hängt das Vorherrschen der intraspezifischen Selektion und all ihrer unheimlichen Auswirkungen zusammen. Ich habe im dritten Kapitel, in dem von der arterhaltenden Leistung der Aggression die Rede ist, und auch im zehnten, das von der Gesellschaftsordnung der Ratten handelt, bereits ziemlich ausführlich auseinandergesetzt, wie die Konkurrenz der Artgenossen, wenn sie ohne Beziehung zur außer-artlichen Umwelt Zuchtwahl treibt, zu den merkwürdigsten und unzweckmäßigsten Auswüchsen führen kann. Die Schwingen des Argusfasans und das Arbeitstempo der westlichen Zivilisation waren Beispiele, die mein Lehrer Heinroth zur Illustration dieser üblen Auswirkungen heranzog. Wie ebenfalls schon erwähnt, glaube ich, daß die Hypertrophie des menschlichen Aggressionstriebes Wirkung der gleichen Ursache ist.

Im Jahre 1955 schrieb ich in einer kleinen Schrift ›Über das Töten von Artgenossen‹: »Ich glaube – und es wäre Sache der Humanpsychologen, insbesondere der Tiefenpsychologen und Psychoanalytiker, dies zu prüfen –, daß der heutige Zivilisierte überhaupt unter ungenügendem Abreagieren aggressiver Triebhandlungen leidet. Es ist mehr als wahrscheinlich, daß die bösen Auswirkungen der menschlichen Aggressionstriebe, für deren Erklärung Sigmund Freud einen besonderen Todestrieb annahm, ganz einfach darauf beruhen, daß die intra-spezifische Selektion dem Menschen in grauer Vorzeit ein Maß von Aggressionstrieb angezüchtet hat, für das er in seiner heutigen Gesellschaftsordnung kein adäquates Ventil findet.« Wenn in diesen Worten ein leichter Vorwurf liegt, muß ich ihn hier ausdrücklich zurücknehmen. Zur Zeit, da ich dies schrieb, gab es schon Psychoanalytiker, die durchaus nicht an den Todestrieb glaubten, sondern die selbstvernichtenden Auswirkungen der Aggression ganz richtig als Fehlleistungen eines an sich lebenserhaltenden Instinktes deuteten. Ich habe auch einen kennengelernt, der schon zu jener Zeit genau mit der oben erwähnten Fragestellung das Problem der durch intraspezifische Selektion verursachten Hypertrophie der Aggression untersuchte.

Sidney Margolin, Psychiater und Psychoanalytiker in Denver, Colorado, hat sehr genaue psychoanalytische und sozialpsychologische Studien an Prärie-Indianern, besonders an den Utes, angestellt und gezeigt, daß diese Menschen schwer an einem Übermaß aggressiver Triebe leiden, die sie unter den geregelten Lebensbedingungen der heutigen nordamerikanischen Indianer-Reservate nicht abzureagieren vermögen. Nach Ansicht Margolins muß während der verhältnismäßig wenigen Jahrhunderte, während derer die Indianer der Prärie ein wildes, fast nur aus Krieg und Raub bestehendes Leben führten, ein ganz extremer Selektionsdruck auf Herauszüchtung größter Aggressivität wirksam gewesen sein. Daß er in so kurzer Zeit wirkliche Veränderungen des Erbbildes erzeugt hat, ist durchaus möglich; durch scharfe Zuchtwahl lassen sich Haustierrassen ähnlich schnell verändern. Außerdem spricht für Margolins Annahme, daß auch solche Ute-Indianer, die bereits unter völlig anderen Erziehungseinflüssen großgeworden sind, genauso leiden wie ihre älteren Stammesgenossen, weiters auch, daß die in Rede stehenden pathologischen Erscheinungen *nur* von Prärie-Indianern bekannt sind, deren Stämme dem erwähnten Ausleseprozeß unterworfen waren.

Die Ute-Indianer leiden so häufig an Neurosen, wie dies von keiner anderen menschlichen Gruppe je nachgewiesen wurde, und als gemeinsame Ursache dieser Erkrankung fand Margolin immer wieder unausgelebte Aggression. Viele der Indianer empfinden und bezeichnen sich selbst als krank und können auf die Frage, worin die Krankheit denn bestehe, keine andere Antwort geben als: »Ich bin eben ein Ute!« Gewalttätigkeit und Totschlag gegen nicht zum Stamm Gehörige sind an der Tagesordnung, gegen Stammesgenossen dagegen ungemein selten, weil sie durch Tabus verhindert sind, deren mitleidlose Strenge ebenfalls leicht aus der Vorgeschichte der Utes zu verstehen ist: Der in stetem Kampfe mit den Weißen und mit benachbarten Indianern befindliche Stamm mußte Streitigkeiten zwischen seinen Mitgliedern um jeden Preis verhindern. Wer einen Stammesgenossen getötet hat, ist durch die Strenge der Tradition verpflichtet, Selbstmord zu begehen. An dieses Gebot hielt sich selbst ein Ute, der Polizist war und beim Versuch, einen

Stammesgenossen festzunehmen, diesen in Notwehr erschossen hatte. Der Festzunehmende hatte im Rausche seinem Vater einen Messerstich versetzt, der die Schenkelarterie eröffnete und zur Verblutung führte. Als der Polizist den dienstlichen Befehl bekam, den Totschläger – um Mord handelte es sich zweifellos nicht – festzunehmen, machte er seinem weißen Vorgesetzten Vorstellungen. Der Delinquent, so argumentierte er, *wolle* sterben, er sei zum Selbstmord verpflichtet und werde diesen nun ganz sicher in der Weise begehen, daß er sich der Festnahme widersetzen und ihn, den Polizisten, zwingen werde, ihn zu erschießen. Dann aber müsse er selbst sich töten. Da der offenbar mehr als kurzsichtige Sergeant auf seinem Befehl bestand, rollte die Tragödie denn auch in der vorausgesagten Weise ab. Dieses und andere Protokolle Margolins lesen sich wie griechische Trauerspiele, in denen ein unausweichliches Schicksal die Menschen zwingt, schuldig zu werden und freiwillige Sühne für die unfreiwillig erworbene Schuld zu leisten.

Objektiv überzeugend, ja beweisend für die Richtigkeit der Interpretation, die Margolin für dieses Verhalten der Ute-Indianer gibt, wirkt die Anfälligkeit dieser Indianer für Unfälle. Es ist erwiesen, daß »accident-proneness« als Folge unausgelebter Aggression auftritt, und bei den Utes übertrifft die Rate der Autounfälle in bizarrer Weise die jeglicher anderen automobilbenutzenden Menschengruppe. Wer einmal selbst mit wirklichem Zorn im Leibe einen schnellen Wagen gefahren hat, weiß – woferne er in diesem Zustand der Selbstbeobachtung noch fähig war –, welche starke Neigung zu selbstvernichtenden Verhaltensweisen in dieser Situation auftritt. Auf solche Sonderfälle scheint sogar der Ausdruck »Todestrieb« zu passen.

Selbstverständlich züchtet die intra-spezifische Selektion auch heute noch in unerwünschter Richtung, aber die Besprechung aller dieser Erscheinungen würde uns vom Thema der Aggression allzuweit abbringen. Auf den instinktiven Grundlagen des Ansammelns von Besitz, auf Geltungstrieb usw. usw. steht ein hohes positives, auf schlichter Anständigkeit ein fast ebenso hohes negatives Selektions-Prämium. Die kommerzielle Konkurrenz droht heute mindestens ebenso gräßliche Hypertrophien der erwähnten Triebe herauszuzüchten, wie es der kriegerische Wettbewerb zwischen den Stämmen der Steinzeitmenschen mit der intraspezifischen Aggression getan hat. Ein Glück ist nur, daß der Gewinn von Reichtum und Macht nicht zu Kinderreichtum führt, sonst wäre die Lage der Menschheit noch schlimmer zu beurteilen.

Neben Waffenwirkung und innerartlicher Zuchtwahl ist das schwindelerregend beschleunigte *Entwicklungstempo* die dritte Quelle von Übeln, die der Mensch mit der hohen Gabe seines begrifflichen Denkens in Kauf nehmen mußte. Aus dem begrifflichen Denken und allem, was es im Gefolge hat, vor allem aus der Symbolik der Wortsprache, erwächst dem Menschen eine Fähigkeit, die keinem anderen Lebewesen zukommt. Wenn der Biologe von der Vererbung erworbener Eigenschaften spricht, denkt er nur an erworbene Veränderungen der Erbmasse, des Genoms. Er denkt gar nicht mehr daran, daß »Vererben« schon viele Jahrhunderte vor Gregor Mendel eine juridische Bedeutung hatte und daß dieses Wort zunächst rein gleichnishaft auf biologische Vorgänge angewendet wurde. Heute ist uns diese zweite Bedeutung so geläufig geworden, daß ich wahrscheinlich mißverstanden worden wäre, hätte ich ohne weiteres hingeschrieben: Der Mensch allein besitzt die Fähigkeit, erworbene Eigenschaften zu vererben, womit ich folgendes meine: wenn etwa ein Mensch Pfeil und Bogen erfindet, oder von einem kulturell höher entwickelten Nachbarvolk stiehlt, so *hat* fortan nicht nur seine Nachkommenschaft, sondern seine gesamte Sozietät diese Werkzeuge so fest im Besitz, als wären sie durch Mutation und Selektion entstandene, am Körper gewachsene Organe. Ihr Gebrauch wird bestimmt nicht leichter wieder vergessen, als ein ähnlich lebenswichtiges Organ rudimentär wird.

Selbst wenn nur ein einziges Individuum eine solche arterhaltend wichtige Eigenschaft oder Fähigkeit erwirbt, ist diese alsbald Gemeinbesitz einer ganzen Population, und eben dies bewirkt die erwähnte, vieltausendfache Verschnellerung des historischen Werdens, die mit dem begrifflichen Denken des Menschen in die Welt trat. Anpassungsvorgänge, die bisher geologische Epochen in Anspruch nahmen, können sich nun im winzigen Zeitraum von wenigen Generationen abspielen. Über die langsam und im Vergleich zu dem neuen Geschehen fast unmerklich weiterlaufende Stammesgeschichte oder Phylogenese lagert sich von nun ab die Geschichte, die Historie, über dem phylogenetisch entstandenen Schatz der Erbmasse erhebt sich der hohe Bau der geschichtlich erworbenen und traditionell weitergegebenen Kultur.

Wie der Waffen- und Werkzeuggebrauch und die aus beiden

erwachsene Weltherrschaft des Menschen, so hat auch die dritte und schönste Gabe des begrifflichen Denkens Gefährliches im Gefolge. Alle kulturellen Errungenschaften des Menschen haben den einen großen Haken: sie betreffen nur solche seiner Eigenschaften und Leistungen, die durch individuelle Modifikation, durch Lernen beeinflußbar sind. Sehr viele unserer arteigenen, angeborenen Verhaltensweisen sind das *nicht;* das Tempo ihrer Veränderlichkeit im Artenwandel ist das gleiche geblieben wie dasjenige irgendwelcher körperlichen Merkmale, das gleiche, in dem sich alles Werden vollzog, ehe das begriffliche Denken auf den Plan trat.

Was sich wohl abgespielt haben mag, als zum erstenmal ein Mensch einen Faustkeil in der Hand hatte? Sehr wahrscheinlich etwas Ähnliches, wie man es an zwei- und selbst drei- und mehrjährigen Kindern beobachten kann, die durch keinerlei instinktive oder moralische Hemmung daran gehindert werden, einander schwere Gegenstände, die sie kaum zu heben vermögen, mit aller Kraft auf den Kopf zu hauen. Ebensowenig hat wahrscheinlich der Erfinder des ersten Faustkeiles gezögert, damit nach einem Genossen zu schlagen, der eben seinen Zorn erregte. Gefühlsmäßig wußte er ja nichts von der furchtbaren Wirkung seiner Erfindung, die angeborenen Tötungshemmungen des Menschen waren damals wie heute auf seine natürliche Bewaffnung abgestimmt. Ob er betreten war, als der Stammesbruder tot vor ihm lag? Wir dürfen es mit Sicherheit annehmen. Soziale höhere Tiere reagieren oft in höchst dramatischer Weise auf den plötzlichen Tod eines Artgenossen. Graugänse stehen zischend, in äußerster Verteidigungsbereitschaft über dem toten Freund, wie Heinroth berichtet, der einst eine Gans im Beisein ihrer Familie erschoß. Ich erlebte dasselbe, als eine Nilgans ein Graugansjunges auf den Kopf geschlagen hatte, das taumelnd zu seinen Eltern lief und dort alsbald an Hirnblutung starb. Die Eltern hatten den Totschlag nicht sehen können und reagierten dennoch in der beschriebenen Weise auf das Hinstürzen und Sterben ihres Kindes. Der Münchner Elefant Wastl, der ohne jede aggressive Absicht im Spiel seinen Wärter schwer verletzt hatte, geriet in die größte Erregung, stellte sich schützend über den Verwundeten und verhinderte dadurch leider, daß diesem rechtzeitig ärztliche Hilfe gebracht werden konnte. Bernhard Grzimek erzählte mir, daß ein Schimpansenmann, der ihn gebissen und erheblich verletzt hatte, sofort nach Abklingen seines Zornes versuchte, die Wundränder mit den Fingern zusammenzudrücken.

Der erste Kain hat sehr wahrscheinlich das Entsetzliche seiner Tat sofort erkannt. Es hat sich nicht erst langsam herumsprechen müssen, daß eine unerwünschte Schwächung des Kampfpotentials der eigenen Horde entsteht, wenn man allzu viele Mitglieder totschlägt. Was immer aber die abdressierende Strafe gewesen sein mag, die den hemmungslosen Gebrauch der neuen Waffe verhinderte, auf alle Fälle entstand eine, wenn auch primitive Form von Verantwortlichkeit, die schon damals die Menschheit vor der Selbstvernichtung bewahrte.

Die erste Leistung, die verantwortliche Moral in der Menschheitsgeschichte vollbrachte, bestand also darin, das verlorengegangene Gleichgewicht zwischen Bewaffnung und angeborener Tötungshemmung wiederherzustellen. In allen übrigen Belangen dürften die Forderungen, die von der vernunftmäßigen Verantwortlichkeit an den einzelnen gestellt wurden, bei den ersten Menschen noch recht einfach und leicht zu erfüllen gewesen sein.

Es ist durchaus keine allzu gewagte Spekulation, wenn wir annehmen, daß die ersten echten Menschen, die wir aus der Vorgeschichte kennen, etwa die Cro-Magnon, ziemlich genau dieselben Instinkte, dieselben natürlichen Neigungen hatten wie wir selbst, und weiters, daß sie sich im Aufbau ihrer Gemeinschaften und in zwischengemeinschaftlichen Auseinandersetzungen nicht allzu verschieden von gewissen heute noch lebenden Stämmen, etwa den Papuas in Zentral-Neuguinea, verhielten. Bei diesen steht jede der winzigen Siedlungen mit der benachbarten in dauerndem Kriegszustande und im Verhältnis eines milden gegenseitigen Kopfjagens; »milde« ist hier im Sinne von Margaret Mead so zu verstehen, daß man nicht organisierte Raubzüge zum Zwecke der Erwerbung der begehrten Männerköpfe unternimmt, sondern nur gelegentlich, wenn man an der Gebietsgrenze zufällig eine alte Frau oder ein paar Kinder trifft, deren Köpfe »mitgehen heißt«.

Nun stelle man sich, diese Annahmen als richtig voraussetzend, einmal vor, man lebe mit zehn bis fünfzehn seiner besten Freunde sowie deren Frauen und Kindern in einer derartigen Sozietät. Die paar Männer müssen notwendigerweise zu einer verschworenen Gemeinschaft werden, sie sind *Freunde* im wahrsten Sinne des Wortes. Jeder hat dem anderen viele Male das Leben gerettet, und wenn zwischen ihnen, etwa wie zwischen

Schulbuben, stets auch eine gewisse Rivalität betreffs Rangordnung, Mädchen usw. bestanden haben mag, trat diese sicherlich stark zurück hinter der ständigen Notwendigkeit, sich gemeinsam gegen die feindlichen Nachbarn zu wehren. Man mußte gegen diese so oft um die Existenz der eigenen Gemeinschaft kämpfen, daß alle Triebe intra-spezifischer Aggression reichlich Absättigung nach außen hin fanden. Ich glaube, jeder von uns würde unter diesen Umständen gegen seine Genossen in jener Fünfzehn-Mann-Sozietät *schon aus natürlicher Neigung* die zehn Gebote des Mosaischen Gesetzes halten und jene weder töten noch verleumden, noch auch einem von ihnen seine Frau oder sonstiges, was sein ist, stehlen. Ganz sicher würde er nicht nur Vater und Mutter aus natürlicher Neigung ehren, sondern die Alten und Weisen überhaupt, wie das nach Fraser Darling schon bei Hirschen und nach Beobachtungen von Washburn, de Vore und Kortlandt bei Primaten erst recht der Fall ist.

Mit anderen Worten, die natürlichen Neigungen des Menschen sind gar nicht so schlecht. Der Mensch ist gar nicht so böse von Jugend auf, er ist nur *nicht ganz gut genug* für die Anforderungen des modernen Gesellschaftslebens.

Schon die Vergrößerung der zu einer Sozietät gehörenden Individuenzahl muß zwei Wirkungen entfalten, die das Gleichgewicht zwischen den wichtigsten Instinkten der gegenseitigen Anziehung und Abstoßung, das heißt zwischen dem persönlichen Band und der inner-artlichen Aggression stören. Erstens ist es den persönlichen Bindungen abträglich, wenn ihrer zu viele werden. Es ist alte Sprichwortweisheit, daß man nur wenige wirklich gute Freunde haben kann. Das große Angebot an »Bekannten«, wie jede größere Gemeinschaft es zwangsläufig mit sich bringt, vermindert daher die Festigkeit der Einzelbindung. Zweitens bewirkt das enge Zusammendrängen vieler Individuen auf kleinem Raum eine Ermüdung aller sozialen Reaktionen. Jeder moderne Großstadtmensch, der mit sozialen Beziehungen und Verpflichtungen aller Art zwangs-überfüttert ist, kennt die beunruhigende Erscheinung, daß man sich über den Besuch eines Freundes, selbst wenn man ihn wirklich liebt und ihn lange nicht gesehen hat, nicht mehr ganz so freuen kann, wie man erwarten sollte. Auch bemerkt man in sich eine deutliche Neigung zu knurriger Abwehr, wenn nach dem Abendessen noch das Telephon läutet. Vermehrte Bereitschaft zu aggressivem Verhalten ist eine kennzeichnende Folge des Zusammengepferchtseins (engl. crowding), wie die experimentierenden Soziologen schon seit langem wissen.

Zu diesen unerwünschten Folgen des Anwachsens unserer Sozietät gesellen sich noch diejenigen der Unmöglichkeit, aggressive Triebe im artgemäß »vorgesehenen« Ausmaße abzureagieren. Frieden ist die erste Bürgerpflicht, und das feindliche Nachbardorf, das einst der intraspezifischen Aggression befriedigende Objekte bot, ist in ideale Ferne gerückt.

Mit der höheren Entwicklung der Zivilisation werden alle Voraussetzungen für das richtige Funktionieren unserer natürlichen Neigungen zu sozialem Verhalten immer ungünstiger, während die Anforderungen, die an dieses gestellt werden, immer größer werden. Wir sollen unseren »Nächsten« so behandeln, als wäre er unser bester Freund, obwohl wir ihn vielleicht nie gesehen haben, ja, wir können mit Hilfe unserer Vernunft durchaus einsehen, daß wir verpflichtet sind, sogar unsere Feinde zu lieben, worauf wir auf Grund unserer natürlichen Neigungen nie verfallen wären. Alle Predigten der Askese, die davor warnen, den instinktmäßigen Antrieben die Zügel schießen zu lassen, die Lehre von der Erbsünde, die besagt, daß der Mensch böse von Jugend auf sei, sie alle haben den gleichen Wahrheitsgehalt: die Einsicht, daß der Mensch seinen ererbten Neigungen nicht blindlings folgen darf, sondern lernen muß, sie zu beherrschen und ihre Auswirkungen vorausschauend in verantwortlicher Selbstbefragung zu überprüfen.

Man kann erwarten, daß die Zivilisation – hoffentlich, ohne die Kultur hinter sich zu lassen – in ständig sich beschleunigendem Tempo weiterwachsen wird. Die Leistung, die der verantwortlichen Moral aufgebürdet wird, muß sich in gleichem Maße vergrößern und erschweren. Die Diskrepanz zwischen dem, was der Mensch aus natürlicher Neigung für die Allgemeinheit zu tun bereit ist, und dem, was sie von ihm fordert, wird immer größer und daher durch seine Verantwortlichkeit immer schwerer überbrückbar. Diese Einsicht ist deshalb sehr beunruhigend, weil man mit bestem Willen keine selektiven Vorteile am Werke sieht, die heute etwa einem Menschen aus der Stärke seines Verantwortlichkeits-Gefühles oder aus der besonderen Güte seiner natürlichen Neigungen erwachsen könnten. Es steht vielmehr ernstlich zu befürchten, daß die heutige, kommerzielle Gesellschaftsordnung unter dem wahrhaft teuflischen Einfluß des zwischenmenschlichen Wettbewerbes Zuchtwahl in genau umgekehrter Richtung treibt. Der

Verantwortlichkeit erwächst also auch in dieser Richtung eine ständig schwerer werdende Aufgabe.

Wir werden der verantwortlichen Moral die Lösung dieses Problems nicht erleichtern, wenn wir ihre Macht überschätzen. Eher mag dies durch die bescheidene Erkenntnis erreicht werden, daß sie »nur« ein *Kompensationsmechanismus* ist, der unsere Ausstattung mit Instinkten an die Anforderungen des Kulturlebens anpaßt und *mit ihnen eine funktionelle Systemganzheit bildet*. Diese Auffassung macht vieles sonst Unverständliche verständlich.

Wir alle *leiden* unter der Notwendigkeit, unsere Triebe beherrschen zu müssen, der eine mehr, der andere weniger, je nach unserer sehr verschiedenen Ausstattung mit sozialen Instinkten oder Neigungen. Nach einer guten alten psychiatrischen Definition ist ein *Psychopath* ein Mensch, der unter den Anforderungen, die von der Sozietät an ihn gestellt werden, entweder selbst leidet, oder aber seinerseits die Sozietät leiden macht. In gewissem Sinne sind wir also *alle* Psychopathen, denn jeder von uns leidet unter den Triebverzichten, die das Gemeinwohl von ihm fordert. Die Definition ist aber im besonderen auf jene Menschen gemünzt, die unter diesen Forderungen zusammenbrechen, indem sie entweder neurotisch, also krank, oder aber delinquent werden. Auch nach dieser genauen Definition unterscheidet sich der »Normale« vom Psychopathen, der gute Bürger vom Verbrecher, durchaus nicht so scharf, wie sich sonst Gesundes von Krankem unterscheidet! Der Unterschied ist vielmehr demjenigen analog, der zwischen einem Menschen mit kompensiertem Herzfehler und einem solchen besteht, der an einem »dekompensierten Vitium« leidet, das heißt, dessen Herz nicht länger imstand ist, durch vermehrte Muskelarbeit wettzumachen, daß eine Klappe nicht ganz schließt oder sich verengt hat. Dieses Gleichnis trifft auch die Tatsache, daß die Kompensationsleistung *Energie kostet*.

Diese Auffassung von der wesentlichen Leistung verantwortlicher Moral vermag einen Widerspruch in der kantischen Morallehre aufzulösen, der schon Friedrich Schiller aufgefallen ist. Er, den Herder »den geistvollsten aller Kantianer« nannte, lehnte sich gegen die Entwertung aller natürlichen Neigungen durch die Morallehre Kants auf und verspottete diese in der herrlichen Xenie: »Gerne dien' ich dem Freund, doch leider tu ich's aus Neigung, darum wurmt es mich oft, daß ich nicht tugendhaft bin!«

Wir *dienen* aber nicht nur unserem Freunde aus Neigung, wir *beurteilen* auch seine Freundestaten nach dem Gesichtspunkt, ob es die warme, natürliche Neigung war, die ihn zu diesem Verhalten veranlaßte! Wenn wir bis in die letzte Konsequenz getreue Kantianer wären, müßten wir ja das Umgekehrte tun, wir müßten den Mann am höchsten schätzen, der uns von Natur aus ganz und gar nicht leiden kann, aber durch verantwortliche Selbstbefragung *gegen* die Neigung seines Herzens gezwungen wird, sich anständig gegen uns zu benehmen. In Wirklichkeit aber bringen wir solchen Wohltätern höchstens eine sehr kühle Form der Achtung entgegen, *lieben* werden wir nur denjenigen, der sich deshalb freundschaftlich zu uns verhält, weil es ihm Freude macht, und der bei seinem Tun gar nicht auf den Gedanken verfällt, Dankenswertes vollbracht zu haben.

Als mein unvergeßlicher Lehrer Ferdinand Hochstetter mit 71 Jahren seine Abschiedsvorlesung hielt, dankte ihm der damalige Rektor der Wiener Universität in sehr warmherzigen Worten für sein langes und segensreiches Wirken. Auf diesen Dank gab Hochstetter eine Antwort, in der das ganze Paradoxon von Wert und Unwert der natürlichen Neigung konzentriert erscheint, er sagte nämlich: »Sie danken mir da für etwas, wofür ich keinen Dank zu beanspruchen habe! Danken Sie meinen Eltern, meinen Vorfahren, die mir diese und keine anderen Neigungen vererbt haben. Aber wenn Sie mich fragen, was ich in Forschung und Lehre mein ganzes Leben lang getrieben habe, so muß ich Ihnen aufrichtig sagen: ich habe eigentlich immer das getan, was mir gerade am meisten Spaß gemacht hat!«

Welch merkwürdiger Widerspruch! Dieser große Naturforscher, der, wie ich ganz sicher weiß, niemals Kant gelesen hat, nimmt hier genau dessen Standpunkt bezüglich der Wert-Indifferenz der natürlichen Neigung ein und führt doch gleichzeitig durch den hohen Wert seines Lebens und Wirkens kantische Wertlehre noch gründlicher ad absurdum als Schiller in seiner Xenie! Und doch ist der Ausweg aus dieser Aporie nur die sehr einfache Lösung eines Scheinproblems, sowie man die verantwortliche Moral als einen Kompensationsmechanismus und die natürliche Neigung als nicht wertlos betrachtet.

Wenn man die *Handlungen* eines bestimmten Menschen, etwa die eigenen, zu beurteilen hat, wird man sie selbstverständlich um so höher bewerten, je weniger sie der einfachen natürlichen Neigung entsprechen. Wenn man aber *einen Menschen* bewerten soll, etwa indem man ihn zum Freunde wählt, so wird man ebenso selbstverständlich denjenigen bevorzugen, dessen freundschaftliches Verhalten ganz und gar nicht vernunftmäßigen Erwägungen – und seien diese noch so moralisch – entspringt, sondern ausschließlich dem warmen Gefühle natürlicher Neigung. Es ist nicht nur kein Paradoxon, sondern gesunder Menschenverstand, wenn wir in dieser Weise zwei verschiedene Wert-Maßstäbe verwenden, je nachdem, ob wir Taten eines Menschen oder ob wir Menschen beurteilen.

Wer schon aus natürlicher Neigung sozial handelt, beansprucht unter gewöhnlichen Umständen den Kompensationsmechanismus seiner Verantwortlichkeit nur wenig und verfügt in Zeiten der Not über gewaltige moralische Reserven. Wer schon unter den Bedingungen des Alltagslebens die ganze zügelnde Kraft moralischer Verantwortlichkeit aufwenden muß, um den Forderungen der Kultursozietät gerecht zu werden, bricht naturgemäß bei Mehrbeanspruchung viel eher zusammen. Die energetische Seite unseres Gleichnisses vom Herzfehler stimmt auch hier sehr genau, denn die Mehrbeanspruchung, unter welcher das soziale Verhalten des Menschen »dekompensiert« wird, kann sehr verschiedener Natur sein, woferne sie nur »Kräfte« verzehrt. Es ist keineswegs die einmal und plötzlich an den Menschen herantretende übergroße Versuchung, vor der seine Moral am leichtesten versagt, es ist die kräfteverzehrende Wirkung langdauernder nervlicher Überbeanspruchung, welcher Art immer sie sei. Sorge, Not, Hunger, Furcht, Überarbeitung, Hoffnungslosigkeit usw. haben alle die gleiche Wirkung. Wer je Gelegenheit hatte, im Krieg oder in Gefangenschaft viele Menschen in Nöten dieser Art zu beobachten, der weiß, wie unvoraussagbar und plötzlich die moralische Dekompensation eintritt. Menschen, auf die man glaubte Häuser bauen zu können, brechen jählings zusammen, und andere, denen man gar nichts Besonderes zugetraut hätte, erweisen sich als Quellen schier unerschöpflicher Kraft und verhelfen durch ihr schlichtes Beispiel unzähligen anderen dazu, ihr moralisches Wollen aufrechtzuerhalten. Wer derlei erlebt hat, weiß aber auch, daß die Stärke des guten Willens und seine Ausdauer zwei unabhängige Variablen sind. Wenn man dies eingesehen hat, hat man gründlich gelernt, sich nicht über denjenigen erhaben zu fühlen, der etwas eher zusammenbricht als man selbst. Auch der Beste und Edelste kommt schließlich zu dem Punkt, an dem er ganz einfach nicht mehr kann: Eli, Eli, lama asabthani?

Nach Kantischer Morallehre liefert die innere Gesetzmäßigkeit der menschlichen Vernunft allein und auf sich gestellt den kategorischen Imperativ als Antwort auf die verantwortliche Selbstbefragung. Kants Begriff der Vernunft und des Verstandes sind keineswegs identisch. Für ihn ist es selbstverständlich, daß ein Vernunftwesen unmöglich einem anderen, gleichgearteten, Schaden zufügen wollen kann. Schon im Worte Vernunft steckt etymologisch die Fähigkeit, sich »ins Benehmen« zu setzen, mit anderen Worten, die Existenz gefühlsmäßig hochbewerteter sozialer Beziehungen zwischen allen Vernunftwesen. Für Kant ist somit etwas selbstverständlich und evident, was für den Verhaltensforscher einer Erklärung bedarf, nämlich die Tatsache, *daß* ein Mensch einen anderen nicht schädigen will. Daß der große Philosoph hier etwas der Erklärung Bedürftiges als selbstverständlich hinnimmt, ist zwar eine kleine Inkonsequenz in der großartigen Folge seiner Gedanken, aber sie macht seine Lehre dem biologisch Denkenden annehmbarer. Sie stellt die kleine Lücke dar, durch die sich das Gefühl, mit anderen Worten die instinktive Motivation, in die sonst rein rationalen Schlußfolgerungen seines bewunderungswürdigen Gedankenbaues einschleicht. Auch Kant glaubt nicht, daß ein Mensch von irgendeiner Tat, zu der natürliche Neigung ihn drängt, durch die rein verstandesmäßige Erkenntnis eines logischen Widerspruchs in der Maxime seiner Handlung zurückgehalten werde. Selbstverständlich ist ein gefühlsmäßiger Faktor notwendig, um eine rein verstandesmäßige Erkenntnis in einen Imperativ oder in ein Verbot zu verwandeln. Wenn wir aus unserem Erleben die gefühlsmäßigen Wertempfindungen, wie etwa die für verschiedene Evolutionsstufen, wegdenken, wenn für uns ein Mensch, ein Menschenleben und Menschlichkeit keine Werte bedeuten, so bliebe der in sich restlos stimmige Apparat unseres Verstandes ein leerlaufendes Räderwerk ohne Motor. Auf sich selbst gestellt, ist er nur imstande, uns Mittel zur Erreichung sonstwie bestimmter Ziele an die Hand zu geben, nicht aber, solche Ziele zu setzen oder uns Befehle zu erteilen. Wenn wir Nihilisten vom Typus des Mephistopheles wären und der Ansicht, »drum besser wär's, daß nichts entstünde«, so wäre in der Maxime unseres Handelns keinerlei verstandesmäßiger Widerspruch enthalten, wenn wir auf den Auslöseknopf der Wasserstoffbombe drückten.

Erst die Wertempfindung, erst das Gefühl ist es, was der Antwort, die wir auf die kategorische Selbstbefragung erhalten, das

Vorzeichen von plus und minus erteilt und sie zu einem Imperativ oder Verbot werden läßt. Beides aber entspringt nicht der Vernunft, sondern dem Drang der Dunkelheit, in die unser Bewußtsein nicht hinabreicht. In diesen, der menschlichen Vernunft nur mittelbar zugänglichen Schichten bilden das Instinktive und das Erlernte eine hochkomplizierte Organisation, die derjenigen höherer Tiere nicht nur brüderlich verwandt, sondern ihr zu erheblichem Teil einfach gleich ist. Nur dort ist sie von jener wesensverschieden, wo beim Menschen die kulturmäßige Tradition in das Erlernte mit eingeht. Aus dem Gefüge dieser fast ausschließlich im Unterbewußtsein sich abspielenden Wechselwirkungen entspringt der Antrieb zu allen unseren Handlungen, auch zu denjenigen, die am allerstärksten der Steuerung durch unsere selbstbefragende Vernunft unterworfen sind. Ihm entspringen Liebe und Freundschaft, alle Wärme des Gefühls, der Sinn für Schönheit, der Drang zu künstlerischem Schaffen und zu wissenschaftlicher Erkenntnis. Der alles sogenannten Tierischen entkleidete, des Drangs der Dunkelheit beraubte Mensch, der Mensch als reines Vernunftwesen wäre *keineswegs ein Engel: er wäre weit eher das Gegenteil!*

Es ist indessen nicht schwer, einzusehen, weshalb sich die Meinung durchsetzen konnte, daß alles Gute, und nur das Gute, der menschlichen Gemeinschaft Dienliche, der Moral zu danken sei und alle »egoistischen«, mit den Anforderungen der Sozietät unvereinbaren Handlungsmotive des Menschen den »tierischen« Instinkten entsprängen. Wenn man sich nämlich Kants kategorische Frage stellt: »Kann ich die Maxime meines Handelns zum Naturgesetz erheben, oder ergäbe sich bei diesem Versuch etwas der Vernunft Widersprechendes?«, so erweisen sich alle Verhaltensweisen, auch rein instinktive, als durchaus vernünftig, vorausgesetzt, daß sie die arterhaltende Leistung vollbringen, zu der sie von den großen Konstrukteuren des Artenwandels geschaffen wurden. *Vernunftwidriges ergibt sich nur bei der Fehlfunktion eines Instinktes.* Sie aufzuspüren ist die Aufgabe der kategorischen Frage, sie zu kompensieren, die des kategorischen Imperativs. Instinkte, die richtig »im Sinne der Konstrukteure« funktionieren, vermag die Selbstbefragung nicht von Vernunftmäßigem zu unterscheiden. Fragt man in einem solchen Falle: »Kann ich die Maxime meines Handelns zum Naturgesetz erheben?«, so erhält man deshalb eine deutlich bejahende Antwort, weil sie sowieso schon ein solches ist!

Ein Kind fällt ins Wasser, ein Mann springt ihm nach, zieht

es heraus, prüft die Maxime seines Handelns und findet, daß sie, zum Naturgesetz erhoben, etwa folgendermaßen lauten würde: Wenn ein erwachsener Mann von Homo sapiens L. ein Kind seiner Art in Lebensgefahr sieht, aus der er es zu erretten imstande ist, so tut er dies. Enthält diese Abstraktion vernunftmäßige Widersprüche? Ganz sicher nicht! So klopft sich der Retter innerlich auf die Schulter und ist stolz darauf, so vernunftmäßig und moralisch gehandelt zu haben. Hätte er das wirklich getan, so wäre das Kindchen längst tief versunken gewesen, bevor er ins Wasser gesprungen wäre. Dennoch hört der Mensch, woferne er unserem westlichen Kulturkreis angehört, nur recht ungern, daß er rein instinktmäßig gehandelt hat und daß jeder Pavian in analoger Lage zuverlässig dasselbe getan hätte.

Die alte chinesische Weisheit, daß zwar alles Tier im Menschen, nicht aber aller Mensch im Tiere steckt, besagt durchaus nicht, daß dieses »Tier im Menschen« etwas von vornherein Böses, Verächtliches und nach Möglichkeit Auszurottendes sei. Es gibt eine Reaktion des Menschen, die besser als jede andere geeignet ist, zu demonstrieren, wie völlig unentbehrlich eine eindeutig »tierische«, von den anthropoiden Ahnen ererbte Verhaltensweise sein kann, und zwar für Handlungen, die nicht nur für spezifisch menschlich und hochmoralisch gelten, sondern es tatsächlich sind. Diese Reaktion ist die sogenannte *Begeisterung*. Schon das Wort, das die deutsche Sprache für sie geschaffen hat, drückt aus, daß etwas sehr Hohes, spezifisch Menschliches, nämlich der Geist, den Menschen beherrsche. Das griechische Wort Enthusiasmus besagt gar, daß ein Gott von ihm Besitz ergriffen habe. In Wirklichkeit aber ist es unser alter Freund und neuerer Feind, die intraspezifische Aggression, die den Begeisterten beherrscht, und zwar in Form einer uralten und keineswegs etwa sublimierten Reaktion der sozialen Verteidigung.

Sie wird dementsprechend mit geradezu reflexhafter Voraussagbarkeit durch solche Außensituationen ausgelöst, die kämpferischen Einsatz für soziale Belange erheischen, besonders für solche, die durch kulturelle Tradition geheiligt sind. Sie können konkret durch die Familie, die Nation, die Alma Mater oder den Sportverein repräsentiert sein oder durch abstrakte Begriffe wie die alte Burschenherrlichkeit, die Unbestechlichkeit künstlerischen Schaffens oder das Arbeitsethos induktiver Forschung. Ich nenne in einem Atem Dinge, die mir selbst als

Werte erscheinen, und solche, die unbegreiflicherweise von anderen als solche empfunden werden, und zwar in der Absicht, den Mangel an Selektivität zu illustrieren, der die Begeisterung gelegentlich so gefährlich werden läßt.

Zu der Reiz-Situation, die Begeisterung optimal auslöst und die von Demagogen zielbewußt hergestellt wird, gehört erstens Bedrohung der oben erwähnten Werte. Der Feind oder die Feind-Attrappe kann fast beliebig gewählt werden und, ähnlich wie die bedrohten Werte, konkret oder abstrakt sein. »Die« Juden, Boches, Huns, Exploitatoren, Tyrannen usw. wirken genauso gut wie der Weltkapitalismus, Bolschewismus, Faschismus, Imperialismus und viele andere -ismen. Zweitens gehört zu der in Rede stehenden Reizsituation eine möglichst mitreißende Führer-Figur, deren bekanntlich auch die am schärfsten antifaschistischen Demagogen nicht entraten können, wie denn überhaupt die Gleichheit der Methoden, die von den verschiedensten politischen Richtungen angewandt werden, für die instinktive Natur der demagogisch ausnützbaren menschlichen Begeisterungsreaktion spricht. Drittens, und als beinahe wichtigstes Moment, gehört zu stärkster Auslösung der Begeisterung noch eine möglichst große Zahl von Mit-Hingerissenen. Die Gesetzlichkeiten der Begeisterung gleichen in diesem Punkt ganz denjenigen der im 8. Kapitel geschilderten anonymen Scharbildung, bei der ja gleichfalls die mitreißende Wirkung mit steigender Individuenzahl in wahrscheinlich geometrischer Progression zunimmt.

Jeder einigermaßen gefühlsstarke Mann kennt das subjektive Erleben, das mit der in Rede stehenden Reaktion einhergeht. Es besteht in erster Linie in der als Begeisterung bekannten Gefühlsqualität; dabei läuft einem ein »heiliger« Schauer über den Rücken und, wie man bei genauer Beobachtung feststellt, auch über die Außenseite der Arme. Man fühlt sich aus allen Bindungen der alltäglichen Welt heraus- und emporgehoben, man ist bereit, alles liegen und stehen zu lassen, um dem Rufe der heiligen Pflicht zu gehorchen. Alle Hindernisse, die ihrer Erfüllung im Wege stehen, verlieren an Bedeutung und Wichtigkeit, die instinktiven Hemmungen, Artgenossen zu schädigen und zu töten, verlieren leider viel von ihrer Macht. Vernunftmäßige Erwägungen, alle Kritik sowie die Gegengründe, die gegen das von der mitreißenden Begeisterung diktierte Verhalten sprechen, werden dadurch zum Schweigen gebracht, daß eine merkwürdige Umwertung aller Werte sie nicht nur haltlos, sondern geradezu niedrig und entehrend erscheinen läßt. Kurz, wie ein ukrainisches Sprichwort so wunderschön sagt: »Wenn die Fahne fliegt, ist der Verstand in der Trompete!«

Diesem Erleben ist folgendes, objektiv beobachtbare Verhalten korreliert: der Tonus der gesamten quergestreiften Muskulatur erhöht sich, die Körperhaltung strafft sich, die Arme werden etwas seitlich angehoben und ein wenig nach innen rotiert, so daß die Ellbogen etwas nach außen zeigen. Der Kopf wird stolz angehoben, das Kinn vorgestreckt, und die Gesichtsmuskulatur bewirkt eine ganz bestimmte Mimik, die wir alle aus dem Film als das »Heldengesicht« kennen. Auf dem Rücken und entlang der Außenseite der Arme sträuben sich die Körperhaare; eben dies ist die objektive Seite des sprichwörtlich gewordenen »heiligen Schauers«.

An der Heiligkeit dieses Schauers sowie an der Geistigkeit der Begeisterung wird derjenige zweifeln, der je die entsprechende Verhaltensweise eines Schimpansenmannes gesehen hat, der mit beispiellosem Mute zur Verteidigung seiner Horde oder Familie sich einsetzt. Auch er schiebt das Kinn vor, strafft seinen Körper und hebt die Ellbogen ab, auch ihm sträuben sich die Haare, was eine gewaltige und sicher einschüchternd wirkende Vergrößerung der Körperkonturen bei Ansicht von vorne bewirkt. Die Innenrotation der Arme zielt ganz offensichtlich darauf ab, ihre am längsten behaarte Seite nach außen zu kehren, um so zu diesem Effekt beizutragen. Die ganze Kombination von Körperstellung und Haaresträuben dient also genau wie bei der buckel-machenden Katze einem »Bluff«, nämlich der Aufgabe, das Tier größer und gefährlicher erscheinen zu lassen, als es tatsächlich ist. Unser »heiliger Schauer« aber ist nichts anderes als das Sträuben unseres nur mehr in Spuren vorhandenen Pelzes.

Was der Affe bei seiner sozialen Verteidigungsreaktion erlebt, wissen wir nicht, wohl aber, daß er ebenso selbstlos und heldenhaft sein Leben aufs Spiel setzt wie der begeisterte Mensch. An der echten stammesgeschichtlichen Homologie der schimpanslichen Hordenverteidigungsreaktion und der menschlichen Begeisterung ist nicht zu zweifeln, ja man kann sich recht gut vorstellen, wie eins aus dem anderen hervorgegangen ist. Auch bei uns sind ja die Werte, für deren Verteidigung wir uns begeistert einsetzen, primär sozialer Natur. Wenn wir uns an das im Kapitel »Gewohnheit, Zeremonie und Zauber« Gesagte erinnern, scheint es beinahe unausbleiblich, daß eine Reaktion, die ursprünglich der Verteidigung der individuell bekannten, konkreten Sozietäts-Mitglieder diente, mehr und mehr die überindividuellen, durch Tradition überlieferten Kulturwerte unter ihren Schutz nahm, die dauerhafter sind als Gruppen von Einzelmenschen.

Ich empfinde es nicht als ernüchternd, sondern als eine tiefernste Mahnung zur Selbstbesinnung, daß unser mutiges Eintreten für das, was uns das Höchste scheint, auf homologen Nervenbahnen verläuft wie die sozialen Verteidigungsreaktionen unserer anthropoiden Ahnen. Ein Mensch, der ihrer entbehrt, ist ein Instinktkrüppel, den ich nicht zum Freunde haben möchte. Ein solcher aber, der sich von ihrer blinden Reflexhaftigkeit hinreißen läßt, ist eine Gefahr für die Menschheit, denn er ist ein leichtes Opfer für jene Demagogen, die den Menschen kampfauslösende Reizsituationen ebensogut vorzugaukeln verstehen wie wir Verhaltensphysiologen unserer Versuchstieren. Wenn mich beim Hören alter Lieder, oder gar von Marschmusik, ein heiliger Schauer überlaufen will, wehre ich der Verlockung, indem ich mir sage, daß auch die Schimpansen schon, wenn sie sich zum sozialen Angriff aufstacheln wollten, rhythmische Geräusche hervorbringen. Mitsingen heißt dem Teufel den kleinen Finger reichen.

Die Begeisterung ist ein echter, autonomer Instinkt des Menschen, wie etwa das Triumphgeschrei einer der Graugänse ist. Sie hat ihr eigenes Appetenzverhalten, ihre eigenen Auslösemechanismen und stellt, wie jedermann aus eigener Erfahrung weiß, ein so außerordentlich befriedigendes Erlebnis dar, daß seine verlockende Wirkung schier unwiderstehlich ist. Wie das Triumphgeschrei die soziale Struktur der Graugänse wesentlich beeinflußt, ja beherrscht, so bestimmt auch der Trieb zum begeisterten kämpferischen Einsatz weitgehend den gesellschaftlichen und politischen Aufbau der Menschheit. Diese ist nicht kampfbereit und aggressiv, weil sie in Parteien zerfällt, die sich feindlich gegenüberstehen, sondern sie ist in eben dieser Weise strukturiert, *weil dies die Reizsituation darstellt, die für das Abreagieren sozialer Aggression erforderlich ist.* »Sollte also eine Heilslehre«, schreibt Erich von Holst, »wirklich einmal die ganze Erde überziehen, so würde sie sogleich in mindestens zwei heftig befeindete Auslegungen zerfallen (die eigene wahre und die andere ketzerische), und Feindschaft und Kampf blühten weiter wie zuvor – weil die Menschheit leider so ist, wie sie ist.«

Das ist der Januskopf des Menschen: Das Wesen, das allein imstande ist, sich begeistert dem Dienste des Höchsten zu weihen, bedarf dazu einer verhaltensphysiologischen Organisation, deren tierische Eigenschaften die Gefahr mit sich bringen, daß es seine Brüder totschlägt, und zwar in der Überzeugung, dies im Dienste eben dieses Höchsten tun zu müssen. Ecce homo!

14
Bekenntnis zur Hoffnung

Bilde mir nicht ein, ich könnte was lehren,
Die Menschen zu bessern und zu bekehren.
Goethe

Im Gegensatz zu Faust bilde ich mir ein, ich könnte was lehren, die Menschen zu bessern und zu bekehren. Mir scheint diese Meinung nicht überheblich, weniger jedenfalls, als die gegenteilige es dann ist, wenn sie nicht der Überzeugung von der eigenen Lehr-Unfähigkeit entspringt, sondern der Annahme, daß »die Menschen« nicht imstande seien, die neuen Lehren zu verstehen. Dies trifft nur in dem Sonderfalle zu, in dem ein Geistesriese seiner Zeit Jahrhunderte voraus ist. Er bleibt unverstanden und läuft Gefahr, totgemartert oder zumindest totgeschwiegen zu werden. Wenn die Zeitgenossen jemandem zuhören und gar seine Bücher lesen, darf man mit Sicherheit annehmen, daß er *kein* Geistesriese ist. Er darf sich günstigenfalls schmeicheln, er habe etwas zu sagen, was gerade »fällig« sei. Die beste Wirkung dessen, was man sagen kann, ist dann zu erwarten, wenn man den Angesprochenen mit seinen neuen Einsichten gerade nur um eine Nasenlänge voraus ist. Dann reagieren sie mit dem Gedanken: »Tatsächlich ja, da hätte ich eigentlich selbst draufkommen können!«

Es ist also wirklich das Gegenteil von Überheblichkeit, wenn ich ehrlich davon überzeugt bin, daß in einer nahen Zukunft sehr viele, ja vielleicht die Mehrzahl aller Menschen für selbstverständliche und für bereits banale Wahrheit halten werden, was in diesem Buche über die intraspezifische Aggression und über die Gefahren gesagt wurde, die ihre Fehlleistungen für die Menschheit heraufbeschwören.

Wenn ich nun hier die Folgerungen aus dem Inhalt dieses Buches ziehe und ähnlich, wie die altgriechischen Weisen es zu tun pflegten, zu praktischen Verhaltens-Vorschriften zusammenfasse, habe ich gewiß mehr den Vorwurf der Banalität zu befürchten als begründeten Widerspruch. Nach dem, was im letzten Kapitel über die gegenwärtige Lage der Menschheit steht, werden die Vorschläge zu Abwehrmaßnahmen gegen die drohenden Gefahren dürftig erscheinen. Dies spricht indessen durchaus nicht gegen die Richtigkeit des Gesagten. Dramatische Änderungen des Weltgeschehens bewirkt die Forschung selten, es sei denn im Sinne der Zerstörung, denn es ist leicht, Macht zu mißbrauchen. Die Ergebnisse der Forschung schöpferisch und segensreich anzuwenden, erfordert dagegen meist nicht weniger Scharfsinn und mühevolle Kleinarbeit als ihre Gewinnung.

Die erste und selbstverständlichste Vorschrift ist schon im Γνῶθι σαυτόν ausgesprochen: es ist die Forderung nach Vertiefung unserer Einsicht in die Ursachenketten unseres eigenen Verhaltens. Die Richtungen, in denen eine angewandte Verhaltenslehre sich wahrscheinlich entwickeln wird, beginnen sich schon abzuzeichnen. Die eine ist die objektiv-physiologische Erforschung der Möglichkeit, die Aggression in ihrer ursprünglichen Form an Ersatzobjekten abzureagieren, wir wissen jetzt schon, daß es bessere gibt als leere Karbid-Kanister. Die zweite ist die Untersuchung der sogenannten Sublimierung mit den Methoden der Psychoanalyse; man darf erwarten, daß auch diese spezifisch menschliche Form der Katharsis viel zur Entspannung gestauten Aggressionstriebes beitragen wird.

Auch auf seinem heutigen, bescheidenen Stande ist unser Wissen über die Natur der Aggression nicht ganz ohne Anwendungswert. Als solcher ist es schon zu werten, wenn wir mit Sicherheit zu sagen vermögen, was *nicht* geht. Zwei naheliegende Versuche, der Aggression zu steuern, sind nach allem, was wir über Instinkte im allgemeinen und die Aggression im besonderen wissen, völlig hoffnungslos. Man kann sie erstens ganz sicher nicht dadurch ausschalten, daß man auslösende Reizsituationen vom Menschen fernhält, und man kann sie zweitens nicht dadurch meistern, daß man ein moralisch motiviertes Verbot über sie verhängt. Beides wäre ebenso gute Strategie, als wollte man dem Ansteigen des Dampfdruckes in einem dauernd geheizten Kessel dadurch begegnen, daß man am Sicherheitsventil die Verschlußfeder fester schraubt.

Eine weitere Maßnahme, die ich für zwar theoretisch möglich, aber für höchst unratsam halte, wäre der Versuch, den Aggressionstrieb durch gezielte Eugenik wegzuzüchten. Wir wissen aus dem vorhergehenden Kapitel, daß intraspezifische Aggression in der menschlichen Reaktion der Begeisterung steckt, die, obzwar gefährlich, dennoch unerläßlich zur Erreichung höchster Menschheitsziele ist. Wir wissen aus dem Kapitel über das Band, daß Aggression bei sehr vielen Tieren und wahrscheinlich auch beim Menschen ein unentbehrlicher Bestandteil der persönlichen

Freundschaft ist. Schließlich steht im Kapitel über das große Parlament der Instinkte sehr ausführlich, wie komplex die Wechselwirkung verschiedener Triebe ist. Die Folgen wären unvoraussagbar, fiele einer von ihnen – noch dazu einer der stärksten – ganz aus. Wir wissen nicht, in wie vielen und wie wichtigen Verhaltensweisen des Menschen Aggression als motivierender Faktor mit enthalten ist. Ich vermute, daß deren sehr viele sind. Das »Aggredi« im ursprünglichsten und weitesten Sinne, das Anpacken einer Aufgabe oder eines Problems, die Selbstachtung, ohne die vom täglichen Rasieren bis hinauf zum sublimsten künstlerischen oder wissenschaftlichen Schaffen so ziemlich alles wegfallen würde, was ein Mann von morgens bis abends tut, alles, was mit Ehrgeiz, Rangordnungsstreben zu tun hat, und unzähliges anderes, ebenso Unentbehrliches würde wahrscheinlich mit der Ausschaltung des Aggressionstriebes aus dem menschlichen Leben verschwinden. Ebenso verschwände sehr wahrscheinlich eine sehr wichtige und spezifische menschliche Fähigkeit, nämlich das Lachen!

Meiner Aufzählung dessen, was ganz sicher nicht geht, vermag ich leider nur Vorschläge solcher Maßnahmen gegenüberzustellen, deren Erfolg ich für wahrscheinlich halte.

Am sichersten ist dies von jener Katharsis zu erwarten, die durch Abreagieren der Aggression am Ersatzobjekt bewirkt wird. Dieser Weg wurde ja, wie im Kapitel über ›Das Band‹ steht, auch von den beiden großen Konstrukteuren eingeschlagen, als es darum ging, das Kämpfen bestimmter Individuen zu verhindern. Grund zum Optimismus ist es ferner, daß jeder einigermaßen der Selbstbeobachtung fähige Mensch imstande ist, willkürlich seine aufquellende Aggression gegen ein geeignetes Ersatzobjekt umzuorientieren. Wenn ich, wie im Kapitel über die Spontaneität der Aggression erzählt, damals im Gefangenenlager trotz schwerster Polarkrankheit nicht meinen Freund geschlagen, sondern einen leeren Karbid-Kanister zerstampft habe, so war dies ganz sicher meinem Wissen um die Symptome der Instinkt-Stauung zu danken. Und wenn meine im selben Kapitel geschilderte Tante von der abgründigen Verworfenheit ihres armen Hausmädchens so felsenfest überzeugt war, so beharrte sie in diesem Irrtum nur deshalb, weil sie von den in Rede stehenden physiologischen Vorgängen nichts wußte. Die Einsicht in die Ursachenketten unseres eigenen Verhaltens kann unserer Vernunft und Moral tatsächlich die Macht verleihen, dort lenkend einzugreifen, wo der kategorische Imperativ, auf sich allein gestellt, hoffnungslos scheitert.

Neu-Orientierung der Aggression ist der nächstliegende und hoffnungsvollste Weg, sie unschädlich zu machen. Leichter als die meisten anderen Instinkte nimmt sie mit Ersatzobjekten vorlieb und findet an ihnen volle Befriedigung. Schon die alten Griechen kannten den Begriff der Katharsis, des reinigenden Abreagierens, und die Psychoanalytiker wissen sehr genau, wieviele höchst lobenswerte Handlungen aus »sublimierter« Aggression ihren Antrieb gewinnen und zusätzlich Nutzen durch deren Minderung stiften. Sublimierung ist selbstverständlich durchaus nicht nur einfache Neuorientierung. Es besteht ein erheblicher Unterschied zwischen dem Manne, der mit der Faust auf den Tisch, statt dem Gesprächspartner ins Gesicht haut, und jenem anderen, der aus unausgelebtem Zorne gegen seinen Vorgesetzten begeisterte Streitschriften mit edelster Zielsetzung verfaßt.

Eine im menschlichen Kulturleben entwickelte, ritualisierte Sonderform des Kampfes ist der *Sport*. Wie phylogenetisch entstandene Kommentkämpfe verhindert er sozietätsschädigende Wirkungen der Aggression und erhält gleichzeitig ihre arterhaltenden Leistungen unverändert aufrecht. Außerdem aber vollbringt diese kulturell ritualisierte Form des Kämpfens auch die unvergleichlich wichtige Aufgabe, den Menschen zur bewußten und verantwortlichen Beherrschung seiner instinktmäßigen Kampfreaktion zu erziehen. Die »Fairness« oder Ritterlichkeit des Sports, die auch unter stark aggressionsauslösenden Reizwirkungen aufrecht erhalten wird, ist eine wichtige kulturelle Errungenschaft der Menschheit. Außerdem wirkt der Sport segensreich, indem er wahrhaft begeisterten Wettstreit zwischen überindividuellen Gemeinschaften ermöglicht. Er öffnet nicht nur ein ausgezeichnetes Ventil für gestaute Aggression in der Form ihrer gröberen, mehr individuellen und egoistischen Verhaltensweisen, sondern gestattet ein volles Ausleben auch ihrer höher differenzierten kollektiven Sonderform. Kampf um die Rangordnung innerhalb der Gruppe, gemeinsamer harter Einsatz für ein begeisterndes Ziel, mutiges Bestehen großer Gefahren und gegenseitige Hilfe unter Mißachtung des eigenen Lebens usw. usf. sind Verhaltensweisen, die in der Vorgeschichte der Menschheit hohen Selektionswert besaßen. Unter der schon geschilderten Wirkung intraspezifischer Selektion (S. 46) wurde sie weiter hochgezüchtet, und bis in die jüngste Zeit waren sie sämtlich in gefährlicher Weise geeignet, vielen mannhaften und naiven Menschen den Krieg als etwas keineswegs ganz Verabscheuenswürdiges erscheinen zu lassen. Deshalb ist es ein großes Glück, daß sie sämtlich in den härteren Formen des Sports, wie Bergsteigen, Tauchen oder Expeditionen und dergleichen, ihre volle Befriedigung finden. Die Suche nach weiteren, möglichst internationalen und möglichst gefährlichen Wettbewerben ist nach Ansicht Erich von Holsts das wichtigste Motiv für die *Raumflüge*, die eben deshalb so sehr im Zentrum des öffentlichen Interesses stehen. Mögen sie das auch weiterhin tun!

Wettkämpfe zwischen Nationen stiften indes nicht nur dadurch Segen, daß sie ein Abreagieren nationaler Begeisterung ermöglichen, sie rufen noch zwei weitere Wirkungen hervor, die der Kriegsgefahr entgegenwirken: sie schaffen erstens *persönliche Bekanntschaft* zwischen Menschen verschiedener Nationen und Parteien, und zweitens rufen sie die einigende Wirkung der Begeisterung dadurch hervor, daß sie Menschen, die sonst wenig gemeinsam hätten, für *dieselben Ideale* begeistern. Dies sind zwei machtvoll der Aggression entgegentretende Kräfte, und es muß kurz besprochen werden, in welcher Weise sie ihre segensreiche Wirkung entfalten und durch welche weiteren Mittel sie auf den Plan gerufen werden können.

Aus dem Kapitel über ›Das Band‹ wissen wir schon, daß persönliches Sich-Kennen nicht nur die Voraussetzung für komplexere, aggressionshemmende Mechanismen ist, sondern an sich schon dazu beiträgt, dem Aggressionstrieb die Spitze zu nehmen. Anonymität trägt viel dazu bei, die Auslösung aggressiven Verhaltens zu erleichtern. Der Naive empfindet besonders echte und warme Gefühle des Zornes und der Wut für »die« Preißen, »die« chaibe Schwobe, »die« Katzelmacher, »die« Juden und wie die freundlichen, meist mit der Vorsilbe »Sau-« kombinierbaren Bezeichnungen für Nachbarvölker alle heißen. Er mag am Stammtisch gegen sie wettern, aber er denkt gar nicht daran, auch nur unhöflich zu sein, wenn er einem Einzelwesen der gehaßten Nation von Angesicht zu Angesicht gegenübersteht. Der Demagoge kennt die aggressionshemmende Wirkung der persönlichen Bekanntschaft selbstverständlich ganz genau und trachtet daher folgerichtig, jeden persönlichen Kontakt zwischen den Einzelmenschen jener Sozietäten zu verhindern, die er in treuer Feindschaft erhalten will. Auch der Stratege weiß, wie gefährlich alles »Fraternisieren« zwischen den Gräben für die Aggressionslust der Soldaten ist.

Ich habe schon gesagt, wie hoch ich das praktische Wissen der Demagogen über das menschliche Instinktverhalten einschätze. Ich weiß nichts Besseres vorzuschlagen als die Nachahmung der von ihnen erprobten Methoden zur Erreichung unseres Zieles der Befriedung. Wenn Freundschaft zwischen Individuen feindlicher Nationen dem Nationalhaß so abträglich ist, wie die Demagogen – offensichtlich mit gutem Grunde – annehmen, so müssen wir eben alles tun, um individuelle, inter-nationale Freundschaften zu fördern. Kein Mensch kann ein Volk hassen, von dem er mehrere Einzelmenschen zu Freunden hat. Wenige »Stichproben« dieser Art genügen auch, um ein gebührendes Mißtrauen gegen jene Abstraktionen zu erwecken, die »dem« Deutschen, Russen oder Engländer typische Nationaleigenschaften – in erster Linie natürlich hassenswerte – anzudichten pflegen. Meines Wissens ist mein Freund Walter Robert Corti der erste gewesen, der den ernstgemeinten Versuch unternahm, internationale Aggression durch internationale persönliche Freundschaften unter Hemmung zu setzen. Er hat in seinem berühmten Kinderdorf in Trogen in der Schweiz junge Menschen aller nur erreichbaren Nationen in freundschaftlichem Beisammensein vereinigt. Möge er in größtem Stil Nachahmer finden!

Die dritte Maßnahme, die sofort ergriffen werden könnte und müßte, um verheerende Auswirkungen eines der edelsten menschlichen Instinkte zu verhindern, ist die einsichtige und kritische Beherrschung der im vorangehenden Kapitel besprochenen Reaktion der *Begeisterung*. Auch hier brauchen wir uns durchaus nicht zu schämen, die Erfahrungen herkömmlicher Demagogie zu nutzen und zum Guten und Friedlichen zu verwenden, was jener zur Kriegshetze diente. Wie wir bereits wissen, gehören zu der begeisterungs-auslösenden Reizsituation drei unabhängig voneinander veränderliche Gegebenheiten. Erstens etwas zu Verteidigendes, in dem man einen Wert sieht, zweitens ein Feind, der diesen Wert bedroht, und drittens soziale Kumpane, mit denen man sich eins fühlt und zur Verteidigung der bedrohten Werte einsetzt. Als weniger unentbehrlicher Faktor kann dazu noch ein Führer kommen, der zum »heiligen« Kampfe aufruft.

Wie ebenfalls schon gesagt, können diese Rollen des Dramas von sehr verschiedenen konkreten und abstrakten, belebten und unbelebten Figuren gespielt werden. Wie die Auslösung vieler instinktmäßiger Reaktionen gehorcht auch die der Begeisterung der sogenannten Reiz-Summen-Regel. Diese besagt, daß die verschiedenen auslösenden Reize sich in ihrer Wirkung addieren, so daß die Schwäche oder selbst das Fehlen des einen durch vergrößerte Wirksamkeit anderer wettgemacht werden kann. Daher ist es möglich, echte Begeisterung *für* etwas Wertvolles auszulösen, ohne daß notwendigerweise Feindseligkeit *gegen* einen wirklichen oder fingierten Feind wachgerufen wird.

Die Funktion der Begeisterung gleicht in mehreren Hinsichten derjenigen des Triumphgeschreis der Graugänse und analog entstandener Reaktionsweisen, die aus der Wirkung eines starken sozialen Bandes zum Bundesgenossen und aus Aggression gegen den Feind zusammengesetzt sind. Ich habe im 11. Kapitel dargestellt, wie bei geringerer Differenziertheit jener Instinkthandlungen, etwa bei Buntbarschen und Brandenten, die Feindfigur noch unentbehrlich ist, während sie auf höherer Entwicklungsstufe, wie bei den Graugänsen, nicht mehr nötig ist, um die Zusammengehörigkeit und das Zusammenwirken der Freunde aufrechtzuerhalten. Ich möchte glauben und hoffen, daß die Begeisterungsreaktion des Menschen gleiche Unabhängigkeit von der urtümlichen Aggression erlangt hat oder doch zu erlangen im Begriffe ist.

Immerhin ist die Feind-Attrappe heute noch ein sehr wirksames Mittel des Demagogen, um Einigung und begeistertes Gefühl der Zusammengehörigkeit zu erzeugen, immerhin sind militante Religionen stets die politisch erfolgreichsten gewesen. Es ist also keine ganz leichte Aufgabe, die Begeisterung vieler Menschen für die friedlichen Ideale *ohne* Benützung einer Feindattrappe ebenso stark zu aktivieren, wie die Brandstifter es *mit* ihrer Hilfe zu tun vermögen.

Der naheliegende Gedanke, gewissermaßen den Teufel als Feindattrappe zu benutzen und die Menschen auf »das Böse« schlechthin zu hetzen, wäre selbst bei geistig hochstehenden Menschen bedenklich. Das Böse ist ja per definitionem dasjenige, was das Gute, also das, was man als Wert empfindet, in Gefahr bringt. Da nun für den Wissenschaftler Erkenntnisse die höchsten aller Werte darstellen, sieht er die tiefsten aller Unwerte in allem, was sich ihrer Verbreitung hindernd in den Weg stellt. Mir selbst würden die bösen Einflüsterungen meines Aggressionstriebes daher nahelegen, in den geisteswissenschaftlichen Verächtern der Naturforschung, besonders in den Gegnern der Abstammungslehre, die Verkörperung des zu bekämpfenden

Prinzips zu sehen. Wenn ich nicht um die Physiologie der Begeisterungs-Reaktion und die reflexähnliche Zwangsläufigkeit ihres Ansprechens wüßte, wäre ich vielleicht in Gefahr, mich in einen Religionskrieg gegen jene Meinungsgegner hineinhetzen zu lassen. Man wird also besser auf jede Personifizierung des Bösen verzichten. Aber auch ohne sie kann die gruppenvereinigende Wirkung der Begeisterung zur Feindschaft zwischen zwei Gruppen führen, dann nämlich, wenn sich jede von ihnen für ein bestimmtes, scharf umschriebenes Ideal einsetzt und sich *nur* mit ihm »identifiziert«, wobei ich dieses Wort hier im herkömmlichen und nicht im psychoanalytischen Sinne gebrauche. J. Hollo hat mit Recht darauf hingewiesen, daß in unserer Zeit nationale Identifizierungen deshalb so gefährlich sind, weil sie so scharfe Grenzen haben. Man kann sich »dem Russen« gegenüber »ganz als Amerikaner« fühlen und vice versa. Wenn einer *viele* Werte kennt und sich kraft seiner Begeisterung für sie mit allen Menschen eins fühlt, die gleich ihm für Musik, Poesie, Naturschönheit, Wissenschaft und vieles andere begeistert sind, kann er mit ungehemmten Kampfreaktionen nur auf Menschen ansprechen, die an *keiner* dieser Gruppen teilhaben. Es gilt also, die Zahl solcher Identifizierungen zu vermehren, und das kann nur durch eine Hebung der allgemeinen Bildung der Jugend bewirkt werden. Liebevolle Beziehung zu Menschheitswerten hat Lernen und Erziehung in Schule und Elternhaus zur Voraussetzung. Sie allein machen den Menschen zum Menschen, und nicht ohne Grund nennt sich eine bestimmte Art von Bildung humanistisch: Werte, die von Lebenskampf und Politik himmelweit entfernt scheinen, können Rettung bringen. Dazu ist es nicht notwendig, ja vielleicht nicht einmal wünschenswert, daß die Menschen verschiedener Sozietäten, Nationen und Parteien dazu erzogen werden, den gleichen Idealen nachzustreben. Schon ein bescheidenes Überlappen der Ansichten darüber, was begeisternde und zu verteidigende Werte seien, kann Völkerhaß vermindern und Segen stiften.

Diese Werte können im Einzelfall sehr spezieller Art sein. Ich bin z. B. überzeugt, daß jene Männer, die beiderseits des großen Vorhangs ihr Leben für das große Abenteuer der Weltraumeroberung einsetzen, einander nur Hochachtung entgegenbringen. Ganz sicher billigt hier jede Seite der anderen zu, daß sie für wirkliche Werte kämpft. Ganz sicher stiftet der Raumflug in dieser Hinsicht großen Segen.

Es gibt aber noch zwei größere und im wahrsten Sinn des

Wortes kollektive Unternehmen der Menschheit, denen in einem um sehr viel weiter gespannten Rahmen die Aufgabe zufällt, bisher beziehungslose oder feindliche Parteien oder Nationen in gemeinsamer Begeisterung für die gleichen Werte zu vereinen. Das sind die Kunst und die Wissenschaft. Beider Wert ist unbestritten, und selbst den tollkühnsten Demagogen ist es bisher noch nie eingefallen, die gesamte Kunst der Parteien oder Kulturen, gegen die sie hetzten, als wertlos oder »entartet« zu bezeichnen. Die Musik und die bildenden Künste wirken außerdem noch unbehindert durch sprachliche Schranken und sind schon deshalb dazu berufen, den Menschen auf einer Seite eines Vorhanges zu sagen, daß auch auf der anderen solche wohnen, die dem Guten und Schönen dienen. Eben um dieser Aufgabe willen *muß Kunst unpolitisch bleiben*. Das maßlose Grauen, das uns bei politisch tendenziös gesteuerter Kunst befällt, ist voll berechtigt.

Wissenschaft hat mit Kunst das eine gemeinsam, daß sie wie diese einen unbestrittenen, in sich gegründeten Wert darstellt, der unabhängig von der Parteizugehörigkeit des sie betreibenden Menschen ist. Im Gegensatz zur Kunst ist sie nicht unmittelbar allgemeinverständlich und vermag daher eine Brücke gemeinsamer Begeisterung zunächst nur zwischen einigen wenigen Individuen zu schlagen, zwischen diesen aber um so besser. Über den relativen Wert von Kunstwerken kann man verschiedener Meinung sein, obwohl auch hier Wahres und Falsches unterscheidbar ist. In der Naturwissenschaft aber haben diese Worte eine engere Bedeutung. Nicht die Meinungsäußerung von Individuen, sondern die Ergebnisse weiterer Forschung entscheiden, ob eine Aussage wahr oder falsch ist.

Auf den ersten Blick scheint es aussichtslos, große Zahlen moderner Menschen für den abstrakten Wert der wissenschaftlichen Wahrheit zu begeistern. Sie scheint ein allzu weltfremder und blutleerer Begriff, um mit jenen Attrappen in erfolgreichen Wettbewerb zu treten, die, wie die Fiktion einer Bedrohung der eigenen Sozietät und eines sie bedrohenden Feindes, in den Händen sachkundiger Demagogen bisher stets erfolgreiche Schlüssel zur Entfesselung von Massenbegeisterung waren. Bei näherem Zusehen wird man an dieser pessimistischen Meinung zweifeln. Die Wahrheit ist, im Gegensatz zu den genannten Attrappen, keine Fiktion. Naturwissenschaft ist durchaus nichts anderes als der Gebrauch des gesunden Menschenverstandes und alles andere als weltfremd. Es ist viel leichter, die Wahrheit zu erzählen als ein Gewebe von Lügen zu spinnen, das sich nicht durch innere Widersprüche als solches verrät. »Es trägt Verstand und rechter Sinn mit wenig Kunst sich selber vor.«

Mehr als jedes andere Kulturgut ist die wissenschaftliche Wahrheit das *kollektive* Eigentum der *ganzen* Menschheit. Sie ist es deshalb, weil sie nicht von Menschenhirnen gemacht ist, wie die Kunst und die Philosophie, denn auch diese ist »Poesie«, wenn auch im höchsten und edelsten Sinne des griechischen Wortes ποιεῖν – erzeugen, schaffen. Die wissenschaftliche Wahrheit ist etwas, was Menschenhirne nicht erschaffen, sondern der umgebenden, außer-subjektiven Wirklichkeit abgerungen haben. Weil diese Wirklichkeit für alle Menschen dieselbe ist, kommt auch bei der Naturforschung auf allen Seiten aller politischen Vorhänge in verläßlicher Übereinstimmung immer wieder dasselbe heraus. Wenn ein Forscher – was unbewußt und völlig bona fide geschehen kann – seine Ergebnisse auch nur im geringsten im Sinne seiner politischen Überzeugung verfälscht, sagt die Wirklichkeit schlicht nein dazu: Die betreffenden Resultate versagen beim Versuch der praktischen Anwendung. Im Osten hat sich z. B. vorübergehend eine Schule der Erbforschung entwickelt, die aus offensichtlich politischen und hoffentlich unbewußten Motiven die Vererbung erworbener Eigenschaften behauptete. Für denjenigen, der an die Einheit der wissenschaftlichen Wahrheit glaubt, war dies zutiefst beunruhigend. Es ist still um diese Behauptung geworden, die Genetiker aller Welt meinen wieder dasselbe. Es ist dies sicherlich nur ein kleiner Teilsieg, aber ein Sieg der Wahrheit und damit Grund zu hoher Begeisterung.

Viele beklagen die Nüchternheit unserer Zeit und die tiefe Skepsis unserer Jugend. Beides entspringt indessen, wie ich fest glaube und hoffe, einer an sich gesunden Abwehr gegen gemachte Ideale, gegen begeisterung-auslösende Attrappen, denen die Menschen, insbesondere die jungen, in letzter Zeit so gründlich auf den Leim gegangen sind. Ich glaube, daß man gerade diese Nüchternheit benutzen sollte, jene Wahrheiten zu predigen, die sich, wenn sie auf harten Unglauben stoßen, durch Zahlen beweisen lassen, vor denen jede Skepsis kapitulieren muß. Wissenschaft ist kein Mysterium und keine schwarze Magie, sondern in einfacher Methodik lehrbar. Ich glaube, daß man gerade die Nüchternen und Skeptischen für die nachweisbare Wahrheit und für alles, was sie mit sich bringt, begeistern könnte.

Ganz gewiß kann man sich für die abstrakte Wahrheit begeistern, doch ist sie immerhin ein etwas trockenes Ideal, und es ist gut, daß man zu ihrer Verteidigung eine andere Verhaltensweise des Menschen heranziehen kann, die alles andere als trocken ist – das *Lachen*. Es ist der Begeisterung in mehrfacher Hinsicht ähnlich, sowohl in seiner Eigenschaft als Instinktverhalten als in seiner stammesgeschichtlichen Herkunft aus der Aggression, vor allem aber in seiner sozialen Funktion. Wie die Begeisterung für denselben Wert, so schafft das Lachen über dieselbe Sache ein Gefühl brüderlicher Zusammengehörigkeit. Zusammen lachen können ist nicht nur eine Voraussetzung für wahre Freundschaft, sondern beinahe schon ein erster Schritt zu ihrer Entstehung. Wie wir aus dem Kapitel ›Gewohnheit, Zeremonie und Zauber‹ wissen, ist das Lachen wahrscheinlich durch Ritualisierung aus einer neuorientierten Drohbewegung entstanden, ganz wie das Triumphgeschrei der Gänse. Wie dieses und wie auch die Begeisterung erzeugt das Lachen neben der Verbundenheit der Teilnehmenden eine aggressive Spitze gegen Außenstehende. Wenn man nicht mitlachen kann, fühlt man sich ausgeschlossen, selbst wenn das Gelächter sich ganz und gar nicht gegen einen selbst oder überhaupt gegen irgend etwas richtet. Wo das der Fall ist, wie beim Auslachen, wird der Gehalt an Aggression und gleichzeitig die Analogie zu gewissen Formen des Triumphgeschreis noch deutlicher.

Und doch ist das Lachen in einem höheren Sinne als die Begeisterung spezifisch menschlich. Es hat sich formal und funktionell höher über die Drohgebärde hinausentwickelt, die in beiden Verhaltensweisen noch enthalten ist. Im Gegensatz zur Begeisterung besteht auch bei den höchsten Intensitätsgraden des Lachens nicht die Gefahr, daß die ursprüngliche Aggression durchbricht und zum tätlichen Angriff führt. Hunde, welche bellen, beißen immerhin manchmal, aber Menschen, welche lachen, schießen *nie*! Und wenn auch die Motorik des Lachens spontaner und instinkthafter ist als die der Begeisterung, so sind auf der anderen Seite die Mechanismen seiner Auslösung selektiver und besser von der menschlichen Vernunft kontrollierbar. Lachen macht nie unkritisch.

Trotz aller dieser Eigenschaften ist das Lachen eine grausame Waffe, die bösen Schaden stiften kann, wenn sie unverdientermaßen einen Wehrlosen trifft; ein Kind auszulachen ist ein Verbrechen. Immerhin aber erlaubt die verläßliche

Herrschaft der Vernunft über das Gelächter, mit ihm etwas zu tun, was mit der Begeisterung wegen ihrer Kritiklosigkeit und ihres tierischen Ernstes höchst gefährlich wäre: man darf es bewußt und gezielt auf einen Feind hetzen. Dieser Feind ist eine ganz bestimmte Form der Lüge. Es gibt wenig auf dieser Welt, was so uneingeschränkt als böse und vernichtenswert gelten darf, wie die Fiktion einer Sache, die künstlich gemacht ist, um Verehrung und Begeisterung auszulösen, und es gibt wenig, was so zwerchfellerschütternd komisch wirkt, wie ihre plötzliche Entlarvung. Wenn gemachtes Pathos von seinen angemaßten Kothurnen jählings herabstürzt, wenn der Ballon der Aufgeblasenheit unter dem Stich des Humors mit lautem Knall platzt, so dürfen wir uns dem befreienden Gelächter ungehemmt hingeben, was von dieser besonderen Art plötzlicher Entspannung so wundervoll ausgelöst wird. Es ist eine der wenigen Instinkthandlungen des Menschen, die von der kategorischen Selbstbefragung uneingeschränkt bejaht werden.

Der katholische Philosoph und Schriftsteller G. K. Chesterton hat die überraschende Meinung ausgesprochen, die Religion der Zukunft werde sich zu erheblichem Teile auf eine höher entwickelte, subtile Form des Humors gründen. Das mag etwas überspitzt sein, aber ich glaube – um meinerseits ein Paradoxon von mir zu geben –, daß wir heute den Humor noch nicht ernst genug nehmen. Ich glaube, daß er eine Segensmacht ist, die der in der heutigen Zeit schwer überforderten verantwortlichen Moral als starker Bundesgenosse zur Seite steht. Ich glaube, daß diese Macht nicht nur in kultureller Entwicklung, sondern auch stammesgeschichtlich im Wachsen ist.

Von der Darstellung dessen, was ich weiß, bin ich in stufenweisem Übergang zur Schilderung dessen übergegangen, was ich für sehr stark wahrscheinlich halte, und schließlich, auf den letzten Seiten, zum Bekenntnis dessen, was ich glaube. Das ist auch dem Naturforscher erlaubt.

Ich glaube, kurz gesagt, an den Sieg der Wahrheit. Ich glaube, daß das Wissen um die Natur und ihre Gesetze mehr und mehr zum Allgemeingut der Menschen werden wird, ja ich bin überzeugt, daß es heute schon auf dem besten Wege dazu ist. Ich glaube, daß zunehmendes Wissen den Menschen echte Ideale geben und die ebenfalls zunehmende Macht des Humors ihnen helfen wird, unechte zu verlachen. Ich glaube, daß beides zusammen schon hinreicht, um in wünschenswerter Richtung Selektion zu treiben. Manche Eigenschaften des Mannes, die vom Paläolithikum bis in die jüngste Vergangenheit als höchste Tugenden galten, manche Wahlsprüche, wie »right or wrong, my country«, die eben noch in hohem Maße begeisterungsauslösend wirkten, scheinen heute schon jedem Denkenden gefährlich und jedem Humorbegabten komisch. Dies *muß* günstig wirken! Wenn bei den Utes, diesem unglücklichsten aller Völker, die Zuchtwahl binnen weniger Jahrhunderte eine verderbliche Hypertrophie des Aggressionstriebes herbeigeführt hat, darf man ohne übertriebenem Optimismus hoffen, daß er bei den Kulturmenschen unter der Wirkung dieser neuen Art von Selektion auf ein erträgliches Maß zurückgehen wird.

Ich glaube keineswegs, daß die großen Konstrukteure des Artenwandels das Problem der Menschheit dadurch lösen werden, daß sie deren intraspezifische Aggression *ganz* abbauen. Dies entspräche gar nicht ihren bewährten Methoden. Wenn ein Trieb beginnt, in einer bestimmten, neu auftretenden Lebenslage Schaden zu stiften, so wird er nie als Ganzes beseitigt, dies hieße auf alle seine unentbehrlichen Leistungen verzichten. Es wird vielmehr stets ein besonderer Hemmungsmechanismus geschaffen, der, an jene neue Situation angepaßt, die schädliche Auswirkung des Triebes verhindert. Als in der Stammesgeschichte mancher Wesen die Aggression gehemmt werden mußte, um das friedliche Zusammenwirken zweier oder mehrerer Individuen zu ermöglichen, entstand das Band der persönlichen Liebe und Freundschaft, auf dem auch unsere menschliche Gesellschaftsordnung aufgebaut ist. Die heute neu auftretende Lebenslage der Menschheit macht unbestreitbar einen Hemmungsmechanismus nötig, der tätliche Aggression nicht nur gegen unsere persönlichen Freunde, sondern gegen alle Menschen verhindert. Daraus leitet sich die selbstverständliche, ja geradezu der Natur abgelauschte Forderung ab, alle unsere Menschenbrüder, ohne Ansehen der Person, zu lieben. Die Forderung ist nicht neu, unsere Vernunft vermag ihre Notwendigkeit, unser Gefühl ihre hehre Schönheit voll zu erfassen, aber dennoch vermögen wir sie, so wie wir beschaffen sind, nicht zu erfüllen. Das volle und warme Gefühl von Liebe und Freundschaft können wir nur für Einzelmenschen empfinden, daran kann der beste und stärkste Wille nichts ändern! Doch die großen Konstrukteure können es. Ich glaube, daß sie es tun werden, denn ich glaube an die Macht der menschlichen Vernunft, ich glaube an die Macht der Selektion und ich glaube, daß die Vernunft vernünftige Selektion treibt. Ich glaube, daß dies unseren Nachkommen in einer nicht allzu fernen Zukunft die Fähigkeit verleihen wird, jene größte und schönste Forderung wahren Menschentums zu erfüllen.

Register der Tiernamen

Ährenfische — Atherinidae
Andengans — Chloephaga melanoptera
Argusfasan — Argusianus argus
Bachstelze — Motacilla alba
Barrakuda — Sphyraena barracuda
Baßtölpel — Sula Bassana
Beau-Gregory — Pomacentrus leucostictus
Bergfink — Frigilla montifringilla
Beutelteufel — Sarcophilus
Beutelwolf — Thylacinus
Blauer Teufel — Pomacentrus coeruleus
Brandente — Tadorna tadorna
Breitstirn-Buntbarsch — Aequidens latifrons
Buntbarsch, gelber ostindischer — Etroplus maculatus
Buntbarsche — Cichlidae
Chilenische Pfeifente — Mareca sibilatrix
Damhirsch — Dama dama
Demoiselles — Pomacentridae
Dohle — Coloeus monedula
Drückerfisch, blauer — Odonus niger
Drückerfische — Balistidae
Elritze — Phoxinus laevis
Engelfisch, blauer — Angelichthys ciliaris
Engelfisch, schwarzer — Pomacanthus arcuatus
Engelfische — Pomacanthidae
Gartenrotschwanz — Phoenicurus phoenicurus
Gafsah-Maulbrüter — Haplochromis desfontainesii
Gimpel — Pyrrhula pyrrhula
Girlitz — Serinus canarius
Gottesanbeterin — Mantis
Grauedelsänger — Serinus leucopygius
Graugans — Anser anser
Grünling — Chloris chloris
Haftkiefer — Plectognathidae
Haubentaucher — Podiceps cristatus
Hausratte — Rattus rattus
Heitere Schneiderfliege — Hilara sartor
Hirnkoralle — Maeandrina
Hirschhornkoralle — Acropora
Hornhecht — siehe Nadelfisch
Igelfische — Diodontidae
Kaiserfisch — Pomacanthodes imperator
Kampffisch — Betta splendens
Kampfläufer — Philomachus pugnax
Königsfisch — Pomacanthus semicirculatus
Kofferfische — Ostracionidae
Kolbenente — Netta ruffina

Kranich — Grus grus
Kugelfisch — Tetraodon
Lippfische — Labridae und Coridae
Loggerhead-Schwamm — Spheciospongia vesparia
Mandarinente — Aix galericulata
Maurische Tanzfliege — Hilara maura
Moorente — Aythya nyroca
Moostiere — Bryozoa
Nachtreiher — Nycticorax nycticorax
Nadelfische — Belonidae
Nilgans — Alopochen aegyptiacus
Nordische Tanzfliege — Empis borealis
Papageifische — Scaridae
Paradiesvögel — Paradiseidae
Pavian — Papio babuin
Perlmutterfisch — Geophagus brasiliensis
Pfeifente — Mareca penelope
Picassofisch — Rhinecanthus aculeatus
Purpurmaul — Haemulon
Purpurmaul, blaugestreiftes — Haemulon sciurus
Purpurmaul, gelbgestreiftes — Haemulon flavolineatus
Purpurmaul, weißes — Haemulon plumieri
Putzerfisch — Labroides dimidiatus
Putzerfisch-Nachahmer — Aspidontus taeniatus
Raub- oder Mordfliegen — Asilidae
Rentier — Rangifer tarandus
Rock Beauty — Holocanthus tricolor
Rostente — Tadorna ferruginea
Rostgans — Tadorna ferruginea
Schamadrossel — Copsychus malabaricus
Schirmakazien-Alge — Penicillium
Schmetterlingsfisch — Chaetodon
Schmetterlingsfisch, Augenfleck — Ch. ocellatus
Schmetterlingsfisch, brauner — Ch. collaris
Schmetterlingsfisch, schwarzweißer — Ch. vagabundus var. pictus
Schmetterlingsfisch, weißgelber — Ch. auriga
Schmetterlingsfisch, weißgelbschwarzer — Ch. vagabundus
Schnapper — Lutianidae
Schneegans — Anser caerulescens atlanticus
Schwimmenten — Anatini
Seegras — Thalassia
Seekuh — Manatus
Sergeant major — Abudefduf saxatilis
Smaragdeidechse — Lacerta viridis
Sperber — Accipiter nisus
Spitzzahn — Abudefduf — A. oxyodon
Stachelschweinfisch, gehörnter — Chilomycterus schöpfii
Star — Sturnus vulgaris
Sternhimmelchen (Jewel Fish) — Microspathodon chrysurus
Stichling — Gasterosteus aculeatus
Stockente — Anas platyrhynchos
Sumatrabarbe — Barbus partipentazona

Tanzfliegen — Empidae
Tauchenten — Aythyini
Tölpel — Sulidae
Wanderratte — Rattus norvegicus
Wasserralle — Rallus aquaticus
Zebrabuntbarsch — Cichlasoma nigrofasciatum
Zwergseegras — Zostera